创新同城化

成都都市圈探索实践

主编

中国区域科学协会

四川省推进成德眉资同城化发展领导小组办公室

中国发展出版社
CHINA DEVELOPMENT PRESS

图书在版编目（CIP）数据

创新同城化：成都都市圈探索实践 / 中国区域科学协会，四川省推进成德眉资同城化发展领导小组办公室主编. -- 北京：中国发展出版社，2025. 6. -- ISBN 978-7-5177-1472-9

Ⅰ. F299. 277. 11

中国国家版本馆CIP数据核字第2025JV7819号

审图号：川S【2025】00014号

书　　名：创新同城化：成都都市圈探索实践
主　　编：中国区域科学协会　四川省推进成德眉资同城化发展领导小组办公室
责任编辑：王　沛
出版发行：中国发展出版社
联系地址：北京经济技术开发区荣华中路22号亦城财富中心1号楼8层（100176）
标准书号：ISBN 978-7-5177-1472-9
经 销 者：各地新华书店
印 刷 者：北京博海升彩色印刷有限公司
开　　本：787mm × 1092mm 1/16
印　　张：22.5
字　　数：385千字
版　　次：2025 年 6 月第 1 版
印　　次：2025 年 6 月第 1 次印刷
定　　价：98.00元

联系电话：（010）68990625 68990630
购书热线：（010）68990682 68990686
网络订购：http://zgfzcbs.tmall.com
网购电话：（010）68990639 88333349
本社网址：http://www.develpress.com
电子邮件：330165361@qq.com

《创新同城化：成都都市圈探索实践》

编 委 会

序言一

深入调研，助力全面深化改革

丁仲礼

十四届全国人大常委会副委员长、民盟中央主席

2024年7月，党的二十届三中全会审议通过《中共中央关于进一步全面深化改革、推进中国式现代化的决定》（以下简称《决定》）。民盟中央随即作出部署，要求全盟认真学习贯彻中共二十届三中全会精神，凝聚共识，特别是围绕《决定》所确立的重大改革举措如何更好落地献计出力，为进一步全面深化改革、推动中国式现代化发挥民盟应有作用。

民盟中央为此设立了一批调研课题，这些课题力求对《决定》包含的主要领域有所覆盖，以此提高民盟同志对改革全局的认识。民盟中央还提出要发挥文化、教育、科技界的特别优势，在相关领域拿出更多更好的调研成果。我在民盟十三届八次中常会上讲话，希望民盟同志走出书房，在大量深入调研的坚实基础上，提炼总结各地区各部门创造的可复制、可推广的新鲜经验，辩证分析制约高质量发展的堵点问题、影响社会公平正义的热点问题、民生方面的难点问题、各领域的风险问题等，形成具有针对性、实效性的建言成果。

民盟各级组织对调研进行了认真的组织安排。其中，民盟中央参政议政部与中国区域科学协会、成都都市圈（成都、德阳、眉山、资阳四市）原本就有调研合作基础。《决定》对都市圈体制机制改革提出了新的要求，这几家单位于是牵头组成“课题组”，以成都都市圈为案例，在大量实地调研之后，整理汇总出百余个案例做法，比较具体地记录和回答了都市圈改革进程中的七十多个“怎么办？”。他们还邀请了中国科学院的陆大道院士、国家发展和改革委员会国土开发与地区经济研究所的周毅仁所长、民盟中央社会委员会的董祚继主任等六十多位各领域专家学者对案例的创新性以及下一步如

何深化改革进行点评。这些案例做法、专家点评的内容将进一步提炼，并计划以《创新同城化：成都都市圈探索实践》为名公开出版。

我愿意推荐这个成果。首先，都市圈是城镇化重要的空间形态，是经济社会发展的“发动机”。全国正在建设的都市圈有大大小小几十座，人口占全国总人口的五到六成，经济总量占到六到七成。近几年，国家在多份政策文件中要求“培育现代化都市圈”，并已批复包括南京都市圈、成都都市圈、深圳都市圈等十八个国家级都市圈。党的二十届三中全会《决定》将“建立都市圈同城化发展体制机制”作为一项重要的改革任务。民盟在历史上一直重视对新老各类区域问题的研究，我赞成要继续组织力量，持续深化对都市圈规划原理、发展内容、提升路径等方面的研究，为培育现代化都市圈提供理论支撑。

其次，党的二十届三中全会《决定》确定了改革的方向，今后一个时期的任务是如何找准和解决改革过程中的堵点、热点、难点问题以及风险等。虽然各地各部门的具体情况有所不同，但通过总结其“破题”意识、“解题”思路、“答题”方法，可为类似地区和部门起到互相借鉴、共同提高的作用。比如，成都都市圈回答了七十多个“怎么办”，他们有一些做法对其他都市圈在规划制定、基础设施共建、公共服务共享、生态环境共治等方面有所启示。另一方面，类似成都都市圈这样，敢于将改革中的探索和做法“亮相”，必然能获得圈内外专家和同行或褒或贬的意见反馈，这有利于优化完善原先的改革方案，取得更好的改革成效。

最后，民盟内外的专家围绕成都都市圈开展较大规模的专题调研，这种肯下功夫的做法也是值得鼓励的。我担任民盟中央主席以来，对民盟组织、专委会或专家个人报上来的重点调研成果，一般都会询问他们到过哪些地方进行调研，调研中有哪些细节，有没有达到相当的深度，等等。客观来说，民盟不少同志的调研质量有明显提高，但在肯下功夫这一方面还有很大的提升空间。党的二十届三中全会要求到 2029 年完成《决定》提出的改革任务，我希望民盟能有更多基层组织和专家成员，结合《决定》内容，选择一个区域、一个行业，甚至一个村庄、一个企业，与盟外力量一道，在较长的时间里跟踪开展更加深入细致的调查研究，这样，我们的参政议政水平一定会有实质性的突破，一定会有扎实的成果助力于全面深化改革。

序言二

研究有中国特色的都市圈问题

陆大道

中国科学院院士、中国地理学会原理事长

《创新同城化：成都都市圈探索实践》由中国区域科学协会、四川省推进成德眉资同城化发展领导小组办公室共同主编完成，并由中国发展出版社出版。这三家单位联名请我简要作序推荐，我欣然同意。

“都市圈”这个概念，最早是从日语引入的。我国的政府部门和学术界对此的认识并不统一，有的部门和研究人员只是简单地照搬照抄，实际上存在内涵和外延不准确的问题。“圈”字，在日语里是“区域”“范围”的意思，而不是一个城市及其周围的圆（环）形范围。因此，在过去相当长的时间里，我不用这个概念，而是用“城市区”“城市地区”等更为明确的概念。比如我于 2007 年 11 月，在一个全国性的座谈会上就“大都市区的发展及其规划”发言。2008 年 3 月，我提出了将京津冀等地培育成为高度现代化的大都市区和产业集聚区等观点。当然，我也注意到，国内关于都市圈的概念现在已十分通行，经过学术界、政府部门和有关地方的共同推动，都市圈的内涵和外延渐渐明确，领头的几个都市圈成为高质量发展和国际竞争的重要平台。那也就约定俗成吧。

我赞同进一步研究有我们中国特色的都市圈问题，同时在实践中大力培育和发展现代化的都市圈。培育和发展都市圈是中国式现代化的一项重要任务。我国以超大特大和大城市为引领，十几个城市群、几十个都市圈近年来实现快速发展，已承载了全国七成以上的人口、八成以上的经济总量。相较于单体城市，都市圈的治理面临新的任务和挑战。党的二十届三中全会通过的《决定》要求，推动形成超大特大城市智慧高效治理新体系，建立都市圈同城化发展体制机制。中国区域科学协会等单位开展成都都市圈同城化改革发展的课题研究是有重大意义的。

都市圈的发展需要“因圈而异”，其中“同城化”是最为突出的模式特征。在这方面，成都都市圈的同城化改革探索具有创新性、示范性。2024 年 7 月 27 日，由中国科学院学部工作局主办的“中国国情与发展”论坛在北京举办，成都市的与会同志介绍了成都、德阳、眉山、资阳推进同城化的思路、做法与下一步设想。我本人以及与会的中国科学院、中国社会科学院、北京大学等多位专家学者对成都都市圈同城化的探索实践都给予充分肯定。与会学者认为四川省成都市、德阳市、眉山市、资阳市关于同城化治理架构、完善都市圈国土空间规划协同体系、推进城乡土地改革等多方面的想法和做法，包含了浓度很高的制度性创新，甚至在全国也属首创，可供学术界与一线管理人员进一步研究。这种研究不是简单效仿美西方学者过于偏重计量模型，而是从观察、了解实例入手，重视学习、考察、探究现实资料与典型案例，其价值并不逊色于甚至还要高于纸面上“空对空”推理生产出的所谓高级论文。从中国学术界来看，深刻细致的案例研究，需要学者们深入一线获得一手鲜活的素材资料，可惜的是近年来这样的研究太少了！

我从《创新同城化：成都都市圈探索实践》中也得到一些研究方面的启发。在全球和国家尺度上，“点”的形式可以是各类城市，当然也可以是都市圈和城市群；“轴”既可以在全国尺度上表现为国家主干网“大通道”，也可以在城市群和都市圈层面上是城际轴线、科创走廊等。一些学者在点评《创新同城化：成都都市圈探索实践》的案例中，追溯和引用了我的“点 – 轴”理论，在此我表示感谢。

总之，在我看来，《创新同城化：成都都市圈探索实践》在编著形式、实践创新方面可圈可点，并且引起了我的一些新思考，因此愿意为序推荐。

前言

《创新同城化：成都都市圈探索实践》即将正式出版。这是一本集体成果，由中国区域科学协会、四川省推进成德眉资同城化发展领导小组办公室等作为主编单位，由民盟中央参政议政部、北京大学政府管理学院、清华大学中国新型城镇化研究院、南开大学经济与社会发展研究院等多家单位协作完成。

在2024年12月27日举办的第四届成都都市圈建设论坛上，该书初稿的部分成果曾向出席论坛的嘉宾作了汇报，得到国家发展和改革委员会、自然资源部等部委以及来自国内十多个都市圈相关单位的一致“点赞”，关心关注都市圈同城化工作的“同仁”们希望我们尽快将其出版，促进彼此互鉴、共同提升。这使我们感到有必要、也有信心将其正式出版。

《创新同城化：成都都市圈探索实践》的最大创新点是：以都市圈为主题，以同城化为方向，以改革为主线，努力将政策、案例、学术三方面研究汇聚在一本书中。

我们希望准确展示主题的“政策味”。习近平总书记指出，增强中心城市和城市群等经济发展优势区域的经济和人口承载能力[①]，发展一批现代化都市圈。党的二十届三中全会《决定》第20条要求建立都市圈同城化发展体制机制。《成渝地区双城经济圈建设规划纲要》明确要求围绕重庆主城和成都培育现代化都市圈，带动中心城市周边市地和区县加快发展。在国家发展和改革委员会、自然资源部等国家部委指导支持下，四川省委、省政府于2020年初就已部署推动成德眉资同城化发展，将培育建设现代化成都都市圈作为落实国家战略的支撑性工程。本书紧扣国家关于区域协调发展特别是都市圈同城化主题，自认为是一本扎实的政策研究成果。

我们希望充分展示案例的“原创味”。2020年，四川省委办公

① 习近平：《国家中长期经济社会发展战略若干重大问题》，《求是》2020年第21期。

厅、四川省人民政府办公厅印发了《关于推动成德眉资同城化发展的指导意见》。2021 年，《成都都市圈发展规划》经国家发展和改革委员会批复同意、四川省人民政府印发实施，成为全国第三个、中西部首个获批的国家层面批复的都市圈发展规划。2024 年底，四川省在 19 个国家级都市圈同城化区域中首个批复实施《成都都市圈国土空间规划》。5 年来，成都市主动担当中心城市责任，协同德阳市、眉山市、资阳市，不断丰富同城化功能供给和制度供给，以都市圈为空间单元推动发展布局梯次优化、基础设施同城同网、科技创新协同联动、产业协作走深走实、对外开放提质提能、公共服务普惠共享、安全底座稳步筑牢、体制机制创新探索，圆满完成 2020—2022 年起步期三年行动计划，顺利达成 2023—2025 年成长期三年行动计划阶段性目标。本书的主体部分是 73 篇案例，全部带有“腹地”“单核”“同城化”“宜居地”“大城市带大农村”等成都都市圈的独有辨识度或独特烟火味。这些案例有名有姓、有地点有时间、有想法有做法。北京大学教育部案例研究课题组、南开大学国家社科基金研究课题组等团队的评价是：成都都市圈相当一部分案例在全国都市圈属于首发、首创。

我们希望提炼展示观点的“学术味”。针对目前都市圈同城化理论指引不足的现状，中国区域科学协会多次组织科研院所的专家学者赴成都都市圈的市（县、区）进行深度调研，通过数年时间轴线和不同空间单元，思考分析夹层治理模式和跨行政层级的经济区管理。针对目前都市圈同城化技术支撑不足的现状，清华大学中国新型城镇化研究院以成都都市圈作为研究基地，连续四年开展现代化都市圈高质量发展指标研究，并对外公开发表。国内知名专家学者、研究机构以成都都市圈案例为基础，开展教学和科研工作。据不完全统计，5 年来，先后有 200 余名专家学者或因自身课题所需，或受四川省有关部门邀请前往成都都市圈考察调研，对都市圈发展案例进行了精彩、独到的分析。本书收录了其中 60 余位专家学者针对成都都市圈案例的点评，这些点评将地方的探索实践上升到学术研究的层面，也为下一步成都都市圈发展提出了方向性意见。

前 言

在本书出版之际，我们要特别感谢全国人大常委会副委员长、民盟中央主席丁仲礼先生，他对我们的选题给予充分肯定，要求我们认真学习领会党的二十届三中全会精神，开展全面扎实的调查研究。我们衷心感谢为本书提供案例的四川省和成德眉资四市的有关部门（单位），感谢近百位辛勤付出的案例编写者，感谢来自50家科研院所的60余位专家学者的专业点评，也感谢中国发展出版社为本书出版所付出的心血！

培育现代化都市圈是中国式现代化进程中的一项重要任务。都市圈同城化探索，可能达成长久恒远制度性创新，值得为之付出。成德眉资同城化发展暨成都都市圈建设的五年实践，是“源于道路、成于实践”的中国式现代化逻辑的生动注释，已经产生由点及线案例效应，无论是量级还是能级都不应忽视。我们希望本书的出版，能够助力党的二十届三中全会关于都市圈改革任务落地落细，能够助力凝聚发展共识、涵养事业生态，从而激发创新创造，倡导实干实效，促进检视评价。

冯 奎 尹 宏

2025年6月

目录

壹 深化体制机制改革

肆 协同提升创新驱动发展水平

伍 共建现代化高端产业集聚区

陆 提升开放合作水平

柒 促进公共服务便利共享

捌 推进生态环境共保共治

壹

深化体制机制改革

成都、德阳、眉山、资阳四市，从以往单一城市的体制机制，逐步发展成具有影响力的成都都市圈，基本方向就是深化体制机制改革，持续探索建立都市圈同城化发展体制机制。

建立都市圈同城化发展体制机制，从结果上看是系统集成，而从过程上看是点的突破。本章提供了 18 个案例，陈雯、锁利铭、王琛伟、林家彬等专家点评帮助我们了解：在立法、税收协同、公共数据跨城流转、企业注册登记、统计监测、共建农村产权交易市场等诸多难点、热点上，成都都市圈如何先行突破，有哪些经验？下一步又如何继续改革创新？

如何用“决定+法规”新模式为都市圈协同立法？①

激发各类主体的活力和创造力，组织动员全社会力量落实规划，形成推动成都都市圈发展的强大合力。

——《成都都市圈发展规划》第十一章第一节

《成德眉资同城化发展生态环境保护规划》提出，推动大气污染防治共同立法，加快构建与同城化发展定位相适应的法规制度体系。成都、德阳、眉山、资阳四市人大常委会在党委领导下，深入开展协同立法，不断完善制度机制，共同提升区域立法质效，创新“决定＋法规”模式，为同城化更高质量发展提供有力法治支撑，切实将协同立法制度优势转化为协同治理效能，为成渝地区双城经济圈建设和成都都市圈发展保驾护航。

一、探索

成都、德阳、眉山、资阳（以下简称成德眉资）四市人大常委会积极探索协同立法新模式新路径，创新形成了“决定＋法规”的协同立法模式，构建起协同立法基本制度框架，实现了协同立法新突破。

（一）签订协议，奠定制度基础

2020年7月30日，成德眉资四市人大常委会签订《关于建立助推成德眉资同城化发展工作协作机制的协议》，明确了坚持党的领导、坚持服务中心大局、坚持以人民为中心、坚持依法开展协作、坚持共建共享共赢五个协作原则，地方立法工作协同、开展监督工作联动、协同讨论决定重大事项、协同组织代表活动、协同组织课题

① 本案例由成都市人大常委会办公厅供稿，《创新同城化：成都都市圈探索实践》编委会组织编写。

研究、共享人大工作经验六个协作形式，以及主任座谈会制度、秘书长沟通会商制度、工作推进落实机制三个协作机制，商定在立法、监督、重大事项决定、代表等各方面，深入开展交流协作。

（二）建立机制，搭建立法平台

2020 年 11 月，四市人大常委会共同研究制定《成德眉资四市人大法制工作机构联系办法》，建立法制工作机构联席会议制度（见图 1），明确法制工作机构在立法协同中的职责和工作原则，探索立法工作协作和立法信息资源共享方法，强化协同立法依据，完善协同工作机制，优化协同立法程序，推动协同立法制度化、规范化、持久化开展。自 2020 年 11 月成德眉资四市人大法制工作机构第一次联席会议召开以来，已先后召开九次联席会议，有力有序推进成德眉资协同立法工作。

图 1　成德眉资人大协同立法工作联席会议[①]

（三）开展研究，提升立法水平

聚焦成德眉资同城化主题，深入研究区域立法工作现状、存在问题和发展需求，对协同立法的着力方向和制度保障提出对策建议，形成专项研究成果指导立法实践，打造区域法治标杆。

---

① 本书图片除特殊标注外，均来自供稿单位。

（四）首创一项指导性决定

首创采用重大事项决定形式对区域协同立法作出系统谋划、总体部署，四市人大同步出台《关于加强区域协同立法推动成德眉资同城化更高质量发展的决定》，深化协同立法，形成层级更高、效力更强的区域协同立法制度引领。

（五）创新一种协同立法模式

兼顾区域共同发展和个性需求，创新开展“决定先行+法规跟进”的协同立法模式，即先对协作事项同步作出内容一致的重大事项决定，再根据各地实际陆续出台法规，对决定予以细化，凝聚协同立法最大公约数，有别于国内现有的协同立法模式，形成了成都都市圈的实践样本。

二、成效

（一）统一排放标准，联防联控联治，大气污染防治协同立法取得率先突破

四市共同制定大气污染防治条例，设置“区域协同”专章对建立大气污染联合防治协调机制、协同制定大气污染防治相关政策制度、推进联合执法协作、加强重污染天气联合应对、共建大气环境监测网络、推动大气污染防治资源共享等内容进行规定（见图2），推进成都平原大气污染防治工作一体化，推动实现锅炉大气污染物排放标准在四市统一执行。成都市空气质量得到大幅改善，优良天数逐步增加。

嘉宾点评

陈雯 中国科学院南京地理与湖泊研究所研究员、中国科学院区域可持续发展研究中心副主任

成德眉资四市人大常委会在党委领导下，深入开展协同立法，创新“决定＋法规”模式，先对跨市协作事项同步作出内容一致的重大事项决定，再根据各地实际陆续出台条例，对决定予以细化，凝聚协同立法最大公约数，充分体现都市圈同城化发展“一盘棋”的战略思维，为全国都市圈协同立法开辟了新路径。翻阅四市共同决定以及各地法规可以发现，共同决定主要围绕都市圈同城化发展中的共性问题，诸如空间治理、现代化产业体系、优质公共服务和生活服务、成德眉资市场、都市圈治理等，由四市作出承诺；各地法规则侧重细化和落实，体现地方立法特色和可操作性，可以形象地概括为“基础套餐＋定制套餐”的立法组合。“决定”突出了都市圈立法的整体性，“法规”突出了各地立法的针对性，在立法层面上解决了发展诉求的共性与个性问题，具有非常好的推广价值。

跨区域协同立法已经成为推动城市群一体化和都市圈同城化机制创新的重要内容。2024年5月1日起，上海、江苏、浙江同步制定的《促进长三角生态绿色一体化发展示范区高质量发展条例》正式施行，这是《中华人民共和国立法法》修改明确区域协同立法制度后，国内第一个综合性跨省域创制性立法，也是长三角一体化制度创新的又一重大成果。近年来，长三角人大协同立法，不仅保障示范区创新发展，三省一市也协同开展了长江流域禁捕、长江船舶污染防治、铁路安全管理、居民服务一卡通等方面的立法，为落实长三角一体化发展国家战略保驾护航。

成都、德阳、眉山、资阳跨市域“决定＋法规”模式已经在全国都市圈协同立法方面走在前列，下一步需要将决定和条例切实落地，真正将协同立法的制度优势转化为协同治理效能，为成渝地区高质量发展和成渝地区双城经济圈建设提供高水平法治支撑。

图 2　成德眉资区域协同立法新闻发布会

（二）共饮一江水，共抓大保护，水环境治理协同立法合作共赢

成都、眉山分别出台《成都市三岔湖水环境保护条例》和《眉山市人大常委会关于加强三岔湖眉山区域水环境保护的决定》，设置专门条款加强跨区域环境保护合作，推动三岔湖保护区域农业面源污染和城乡生活污染联合治理、湖区植树造林水土涵养等协同工作依法开展，湖区森林覆盖率已超过 85%，水质长期保持Ⅲ类水质标准，鸟类种类和数量逐年增加，生态与经济社会效益凸显。成都、资阳积极配合省人大制定出台《四川省老鹰水库饮用水水源保护条例》，建立健全老鹰水库饮用水水源保护协调机制，条例施行后，老鹰水库水源地环境质量显著改善、水质持续达标，居民水源地保护意识进一步增强。

（三）市场统一开放，要素自由流动，优化营商环境协同立法携手创新

2022 年，为贯彻落实党中央关于加快建设全国统一大市场、深化“放管服”改革的决策部署，在四市党委的领导下，四市人大多次研究，商定开展优化区域营商环境协同立法，实现全国设区的市范围内经济发展领域协同立法的首次探索。2022 年 10 月四市人大同步表决通过《关于协同推进优化成德眉资区域营商环境的决定》，围绕共建开放统一市场环境、便捷高效政务环境、公平公正法治环境，明确 21 项同城化措施。同时，成都市人大发挥首位作用，同步推进优化营商环境条例制定，衔接细化 23 项协同措施，前瞻引领最新改革，于 2023 年 1 月和《决定》同步施行。德眉资三市人大对标梯次跟进，陆续出台法规。通过成德眉资四地合力，“决定”“法规”双轮驱动，将进一步破除区域间市场壁垒、促进要素畅通流动、降低制度性交易成本，推动市场化、法治化、国际化、便利化区域营商环境加快建设。

（四）强化统筹规划，共建旅游大市场，推动旅游业高质量发展行稳致远

2024年，为贯彻实施文化强省、旅游强省发展战略，进一步发掘成德眉资四市在旅游文化、市场、资源等方面的互补性和合作潜力，四市人大在旅游业协同立法上发力，由成都市牵头起草，继续以“决定先行+法规跟进”的模式，共同研究制定《关于协同推进成德眉资区域旅游业高质量发展的决定》，于2025年3月1日起同步施行，建立健全规划统筹、资源共享、设施共建、执法协同四项联动机制，推动实现宣传营销、区域标准、人才培养、政务服务“四个一体化”，并在决定框架下推进出台成都市旅游业促进条例，推动区域旅游业高质量发展。

媒体点评

中国日报网

为切实发挥法治对成德眉资四市协同发展的引领、推动和保障作用，2021年12月1日，四市同步审议通过表决并同步发布《关于加强区域协同立法推动成德眉资同城化更高质量发展的决定》（以下简称《决定》），并定于2022年1月1日同一天正式实施。

为推动区域立法决策和改革发展决策相衔接，成都、德阳、眉山、资阳四市人大常委会在各自市委领导下，商定采用人大常委会“重大事项决定”的形式，出台《决定》，以形成更高效力的协作制度机制，搭建更高层级的协作工作平台，共同提升区域立法水平和成效，为夯实区域协同发展的民意基础，推动成德眉资同城化再上新台阶，助力建设成渝地区双城经济圈注入法治动力。

此次《决定》出台形式为全国首创。近年来，各地开展协同立法的案例不在少数，或签订协作框架协议，或针对某个具体项目开展合作，但以地方人大常委会“重大事项决定”的形式，对区域协同立法实践进行总结提升和总体谋划，形成一个层级更高、效力更强的区域协同立法制度引领还属首次。

资料来源：《成德眉资共同出台协同立法〈决定〉》，中国日报网，2021年12月5日。

四市政协如何助力同城化发展？①

成都都市圈内各级党委和政府要切实履行职责，激发各类主体的活力和创造力，组织动员全社会力量落实本规划，形成推动成都都市圈发展的强大合力。

——《成都都市圈发展规划》第十一章第一节

一、探索

近年来，成德眉资四市政协从制度机制入手，联合制定印发《关于协同助推成都都市圈建设的实施意见》（以下简称《意见》），成立工作领导小组，建立联席会议制度（见图 1），健全互邀参加重要会议活动常态化机制，通过开展跨区域专题协商、联合视察调研、联动民主监督等履职活动，整合协商资源、加强协同联动，有力助推相关领域行业健康蓬勃发展。

（一）紧扣“当务之急”开展调研协商

针对四市近年来共同遭遇的罕见高温干旱、缺电保供、暴雨山洪和疫情袭扰等灾害事故，协商确定“强化成德眉资应急联动同城化发展”课题，重点分析四市在应急联动领域存在的制度建设、统筹推进、基础配套、协同能力、产业支撑等方面的问题，对风险监测预警、应急联动救援、自然灾害救助、应急设施共用、重大风险化解等方面深度合作，不断探索区域应急联动机制、应急资源与信息共享、联合应急演练等方面，提出对策建议（见图 2）。

① 本案例由中国人民政治协商会议成都市委员会办公厅供稿，《创新同城化：成都都市圈探索实践》编委会组织编写。

图 1 2024 年 11 月，成德眉资四市政协主席联系会议暨“加快飞地园区建设 促进产业协同发展”联合协商会议召开

图 2 2022 年 10 月 19 日，成德眉资四市政协“强化成德眉资应急联动同城化发展”联合调研组赴国家西南区域应急救援中心建设项目调研

（二）坚持“久久为功”献计献策

自 2020 年起，持续围绕“菜篮子”建设、特色农业示范区建设、农产品安全供给体系建设、农业全产业链融合发展和农业社会化服务体系建设等五个专题，开展联合调研协商。其中，针对四市“菜篮子”供给问题，对规划拟制、区域建设、资源统筹等方面提出建议；针对农业园区现状，对园区发展、先行示范区建设、基础设施完

善、优势产业做大做强、完善工作推进机制等方面提出建议；着眼区域重要农产品动态供给安全，对构建供给协同机制、完善供给体系、通畅农产品流通等方面提出建议；聚焦农业社会化服务体系建设，对整合服务资源、育强服务主体、创新服务模式、完善要素支撑等方面提出建议。

（三）坚持“借势聚力”促进提升

随着国家铁路路网功能的完善及铁路枢纽布局调整，成德眉资同城化正处于见效成势的关键阶段，为利用和改造成德眉资交通路网结构创造了条件。围绕提高出行需求匹配度、提升通勤吸引力、完善配套设施、增强公交化服务的水平和能力等方面深入调研协商，同时，聚焦毗邻地区交界地，选取乡村“断头路”、新建道路、提档升级道路、乡村客运公交一体化、道路联合管理养护等，对促进观念、规划、政策、体制机制同城化等方面提出对策建议。

二、创新

（一）议题共商，让选题精准聚焦

每年初或上一年底召开一次联席会议，通报四市重点工作，协商讨论联合履职议题等事项。在确定联合履职主题后，四市政协明确分管领导及相关专委会，并围绕协商重点、组织形式、任务分工、阶段步骤等相关内容共同商议。根据商议情况，四市政协分别成立联合协商课题组，既发挥各市政协自有优势，又围绕主题统筹协调一致启动联合履职工作。

（二）课题共研，让调研形成合力

四市政协充分吸纳各级政协委员、专家学者、相关部门，以及毗邻地区交界地带的街道、镇村有关同志进入课题组，在成德眉资全域范围内精心选择 4 ~ 5 个具有代表性的点位开展联合调研，共同研讨面临的问题短板；同时，调研内容及时互通、资料数据全面共享，为四市政协课题组形成“一盘棋”、合力攻坚提供支撑保障。

（三）成果共享，让影响不断扩展

四市政协轮流承办联合协商座谈会，承办单位邀请省政协、省级相关部门及各市政协和相关部门参加协商会。各市政协课题组对收集撰写的报告进行完善、挑选，向承办单位提交 1 篇主旨报告和 2 篇子课题报告，在会上进行发言。会后，由承办协商会的政协牵头整理相关材料，形成调研成果分享给各市政协，让四市同时受益，意见建议互为借鉴。

三、成效

（一）站位更高、视野更宽

目前，成德眉资政协跨区域联动履职平台搭建已基本成形，四市政协主席联席会、秘书长碰头会制度化定期召开。从主题的选取确定到联合履职的具体实践，再到调研协商成果的借鉴分享，四市政协坚持打破“本位主义”利益格局，形成了跳出本市看全局、站在全局谋本市的站位和视野，“一盘棋”的履职思维更加深入人心，建言角度更加广泛，履职成果普惠性更强。

（二）成效更明显、成果更丰富

联合履职中，四市全国政协委员、省政协委员和市政协委员同心同向，省市职能部门、属地乡镇街道同力同行，紧扣共同关心关注主题、需要争取国家和省级支持的重大问题，高质量形成联合调研协商成果。在此基础上，通过全国“两会”、省“两会”积极呼吁发声，以联合提案和反映社情民意信息等方式主动建言献策，进一步扩大了联合履职的影响力和覆盖面，在一定程度上引起了国家和省级层面的关注和支持。

（三）交流更深入、融合更紧密

为了提升成德眉资四市政协委员联合履职能力水平，搭建优势互补、相互学习、互动交流平台，健全互邀参加重要会议和重要活动常态化机制，四市政协召开的专题议政性常委会会议以及开展的重要协商活动、重要视察调研，根据工作实际，邀请其他三市政协领导、相关专委会和政协委员参加；建立健全四市政协委员联动培训机制，相互邀请政协委员参加相关学习培训，碰撞

嘉宾点评

锁利铭 南开大学周恩来政府管理学院行政管理系教授

都市圈同城化的普遍困境在于沟通协商机制的交易成本偏高和主体间合作风险难以克服。该案例展示了成都都市圈内成德眉资四市在政协层面建立了联合调研协商机制，并在长短期及多领域内发挥了可信、有效的协调协商协同的功能。政协作为我国政治协商、民主监督和参政议政的政治主体，具有不同区域、不同党派、不同行业委员的专业优势，以及长期形成的协调协商的观念认知、联系通道和经验做法，是突破行政区之间仅依靠单一政府行政部门协同合作局限的重要创新，既形成了政协工作的区域化拓展，也形成了多通路并进的都市圈协同发展路径。

从案例可以看出，针对四市应急管理领域的“当务之急”和“菜篮子”供给的“久久为功”，以及充分利用国家铁路路网建设发展机遇的“借势聚力”等同城化发展需求，四市采取联合制定行动方案、成立工作领导小组，建立联席会议制度，健全互邀参加重要会议活动常态化机制等措施，通过协商讨论联合履职议题、成立联合协商课题组、联合多方力量、开展联合视察调研、共同探讨解决问题、共享调研成果等方式整合协商资源、加强协同联动，取得了一定的成效，有效推动了成德眉资四市的同城化进程。案例呈现出的成都都市圈内四市联合调研协商模式具有较高的创新价值和推广性，可以给同类型，尤其是面临相似发展机遇和挑战的都市圈根据自身实际情况进行借鉴的方向。未来还可以通过进一步加强顶层设计，形成四大班子的大政府区域协同发展格局；以及提升协同机制的数字化水平，充分利用大数据、云计算等技术，建立信息共享平台，提高协商能力。

思维、交流感情、共同提升。

近年来，四市政协通过联合调研协商、精准建言，在应急联动同城化发展方面，推动建立了灾害联防联控、灾情联合会商、灾难互帮互助等应急联动机制；在“三农”现代化建设方面，围绕“菜篮子”建设、特色农业示范区建设、农产品安全供给体系建设、农业全产业链融合发展、农业社会化服务体系建设，从规划、机制、要素保障、资源统筹等环节加力助推；在“轨道上的都市圈”和毗邻地区交界地道路建设、乡村客运公交一体化、加快飞地园区建设等方面，促进了基础设施加快建设，努力消除地区间的隔阂与差异，让同城化带来的便利和实惠真正惠及成德眉资四市群众。

如何构建“四同四共”区域协同监督体系？①

一、探索

构建成德眉资纪检监察协同监督工作机制，是打破纪检监察工作区域壁垒的有效途径，是深化纪检监察体制改革的有益探索，也是实现“党中央决策部署到哪里，监督执纪就跟进到哪里”的机制保障。成德眉资四地纪检监察机关以一体推进“三不腐”，为同城化发展清障护航，以惩治群众身边腐败和“四风”问题促进发展成果惠及群众，以纠“四风”、树新风营造良好发展氛围，以严管与厚爱相结合的理念激励干部担当作为，切实发挥监督保障执行、促进完善发展作用，为同城化发展提供坚强的纪律保障。

二、创新

（一）明确监督方向，推进重点领域“同抓共管”

围绕成德眉资同城化发展暨成都都市圈建设重大部署制发《成德眉资纪检监察协同监督实施方案》，紧盯市域铁路 S11 线（成德）、S5 线（成眉）、成渝中线高铁（成资）等跨区域重点合作项目，开展联合、交叉监督检查 150 余次，发现并推动解决项目难点堵点。大力支持都市圈农村产权交易“应进必进，阳光交易”全覆盖，积极推动四市农村产权交易良性流转，坚决杜绝“微腐败”。推动毗邻区（市）县、镇街“结对”建立协同监督机制，在四川成都天府新区、永兴街道、高家镇、籍田街道和眉山天府新区视高街道开展协同监督试点（见图 1）。成都东部新区、眉山天府新区、资阳临空经济区等毗邻地区纪检监察机构签订《纪检监察工作协作共建框架协议》，聚焦世园会、成渝中线建设、临空经济区建设、政务服务同城化等重大事项，发挥

① 本案例由纪检监察协同监督专项合作组组长单位成都市纪委监委，副组长单位德阳市纪委监委、眉山市纪委监委、资阳市纪委监委供稿，《创新同城化：成都都市圈探索实践》编委会组织编写。

监督合力推动综合试验区高质量发展。成都市彭州市纪委监委和德阳市什邡市纪委监委同向发力推进系统治理，重点查纠在彭什融合发展中侵害群众利益问题。简阳、中江、仁寿、乐至四地纪委监委建立协同监督机制，首次实现成德眉资四地毗邻区域协同监督联动发展。成都市新都区与德阳市广汉市建立职能部门派单、发展改革部门接单、纪委跟单的“跨区呼叫”协同机制，促进人才、旅游、政务服务等跨区域“链接”发展。成都市青白江区和德阳市广汉市两地巡察机构持续开展联动巡察试点，两地纪委监委紧盯“校园餐”领域突出问题开展专项监督，查纠问题并推动整改。

（二）构建监督格局，推进执纪执法“同频共振”

深化信访检举控告“一窗进出”绿色直通车，依规依纪依法开展执纪执法协作配合，制发《关于成德眉资谈话场所共享共用的机制》，促进异地办案便利化。扎实推进纪检监察内网综合办公平台一体化建设，实现四地 OA 互通。搭建信息协查平台，开通异地在线查询申请和反馈功能。编印《成德眉资纪检监察系统案件审理工作制度汇编》，为推动高质量办理案件提供借鉴方法和路径。

（三）营造监督氛围，推进廉洁文化“同兴共享”

四市互相开放廉洁教育基地，共享廉洁教育资源，相互开展廉洁教育共建活动 30 余次。组建成德眉资警示教育案例库，共同开展廉洁教育专题讲座、以案释纪释法等普规普纪活动。在《中国纪检监察报》及中央纪委国家监委网站、客户

嘉宾点评

平凡　中央广播电视总台评论员、记者

成德眉资四地纪检监察机关的“四同四共”监督体系，就像为同城化发展搭建了一座坚固的桥梁，不仅连接了地理上的隔阂，更在纪律和监督上实现了无缝对接。这座桥梁的建立，让原本分散的力量汇聚成流，共同为同城化发展注入了强劲的动力。

四地通过构建“同频共振”的执纪执法协作机制，实现了异地办案的便利化，加强了信息共享和案件审理的合作，这有助于提高办案的质量和效率，同时为区域间的纪检监察工作提供了有力支持。

在监督氛围上，四地通过共享廉洁教育资源和开展廉洁教育活动，营造了良好的廉洁文化氛围。这种“同兴共享”的做法，不仅提升了公众的廉洁意识，也为区域的廉洁治理提供了文化支撑。

在监督力量上，四地通过整合监督力量，推进干部队伍的“同育共强”，加强了业务培训和经验交流，提升了纪检监察干部的专业能力和业务水平，为区域协同监督提供了人才保障。

四地的纪检监察机关就像精准的“探照灯”，它们聚焦于跨区域重点项目，照亮了前进的道路，确保了项目能够顺利推进。这种“同抓共管”的监督方式，就形成了一个强大的光源，照亮了项目实施中的每一个角落，让任何潜在的问题都无所遁形。

成德眉资四地纪检监察机关的协同监督实践，为区域协同发展提供了有力的纪律保障，其创新举措和成效值得肯定。这种区域协同监督模式，为其他地区提供了可借鉴的经验，有助于推动更广泛的区域协同发展。

图 1　四川成都天府新区籍田街道、眉山天府新区视高街道纪工委工作人员联合开展接访，解决群众急难愁盼问题

端同步刊发《倾听民声，他们履职尽责助推两地协同发展携手同行共监督》，报道成都市彭州市和德阳市什邡市两地纪检监察机关监督保障彭什区域融合发展共建共享的生动实践。成都市、德阳市两地纪委监委联合在中央纪委国家监委网站、微信公众号推出短视频。围绕成德眉资协同发展主题，在清廉蓉城网站、微信公众号推出《同题共答！“成眉实践”取得新进展》《同抓共管同频共振四地纪委持续做实协同监督》等宣传稿件 20 余篇，持续营造良好声势。

（四）整合监督力量，推进干部队伍“同育共强”

进一步加大联合干部培训力度，成都市纪委监委举办“强化制度机制建设、提升服务保障中心工作能力”专题培训班，邀请德阳市、眉山市、资阳市纪检监察领导干部代表参加培训。推进成德眉资纪检监察业务培训师资库建设，开展“审查调查中涉案财物管理”“如何在巡察中发现问题线索”等“小切口”、实用性、专业性业务培训，将优秀师资入库管理。在成德眉资四地办公业务综合平台“调研工作”栏目专题刊发优秀调研成果，促进先进经验互学共用。

三、成效

聚焦市域铁路 S11 线（成德）、S5 线（成眉）、成渝中线高铁（成资）等跨区域重点合作项目开展监督检查，发现并推动解决用地报征进度较慢、施工手续办理拖沓等问题 330 余个。通过信访检举控告“一窗进出”绿色直通车，互移信访举报件 62 件。对成德眉资移送问题线索优先分办，互移问题线索 42 条。在四川成都天府新区、眉山天府新区的永兴街道与高家镇、籍田街道与视高街道，联合开展生态环保、社会治理、基础设施建设等专项监督 37 次，推动解决群众急难愁盼问题 50 余个。通过成都市新都区与德阳市广汉市“跨区呼叫”协同机制，推动成德眉资云端招才引智平台成功搭建，西南石油大学、广汉市成德石油装备发展产业联盟加快成势，新都—德阳两地精品旅游线路宣传受众上百万人次，公共资源交易异地远程评标 47 次，新增发布“一件事 · 跨域办”事项 18 个。成都市青白江区和德阳市广汉市两地纪委监委联合开展“校园餐”领域突出问题专项监督，查纠问题 32 个。推动成都农交所在三市共建交易机构，设立农村产权交易分中心、服务站，共同推进基层产权交易“应进必进、阳光交易”，一年来成交 2.5 万宗 437 亿元，在压缩腐败空间的同时，有效促进资源高效配置，个别项目溢价率达 783%。

如何促进成德眉资税收协同？①

扩大政务服务跨市“无差别化”受理事项范围，统一项目审批标准和流程。

——《成都都市圈发展规划》第十章第二节

成德眉资四市税务部门协同推进成德眉资税收征管服务一体化，探索推动四市税收政策执行标准趋同，合作建立成德眉资税（费）票证寄递中心，深度聚焦税收数据共享、税收联合监管，初步构建了联通、规范的同城化税收征管体系，都市圈税收营商环境显著提升。

一、探索

（一）推出同城化涉税业务办理指南

制定《同城化涉税业务办理指南》，涵盖“发票办理”“申报纳税”“优惠办理”“证明办理”等15类202个涉税事项，提供“事项名称”“申请条件”“办理材料”“办理时间”等8个纳税人办理业务需要注意的维度，并同步推出办税指南二维码，方便纳税人快捷查询。

（二）打造成德眉资税（费）票证寄递中心

依托成德眉资税（费）票证寄递中心（见图1），通过统一发票服务标准、规范发票寄递管理，实现了“数据集中处理、发票就近配送”的寄递服务目标（见专栏）。自2021年11月起，成德眉资税（费）票证寄递中心升级为成都省级发票寄递中心，负责德阳、眉山等全省14个市（州）的发票集中寄递，2022年3月挂牌为“四川省发票寄递中心成都分中心”。截至2024年11月，四川省发票寄递中心成都分中心共服务117.53万户纳税人，寄递7.78亿份发票。

① 本案例由国家税务总局四川省税务局、国家税务总局成都市税务局、中国人民银行四川省分行供稿，《创新同城化：成都都市圈探索实践》编委会组织编写。

优化都市圈发票管理服务

四川税务聚焦纳税人服务需求，在成德眉资四市创新推出“票 e 达”发票寄送服务品牌，建立成德眉资税（费）票证寄递中心，率先实现成德眉资区域内发票申领业务“网上申领、邮政配送”，减轻办税服务厅的压力，打破地域壁垒，为纳税人提供更为便捷的办税方式，推动纳税服务提质增效。

一是依托线上服务，业务办理实现“零接触”。依托自动化审核、吐票、打印快递单，确保了各环节流转高质高效，税（费）票证通过邮政实现快速、精准寄递，纳税人从“最多跑一次”到“一次都不跑”。

二是依托数据应用，发票寄递量突破“千万级”。将网上申领平台、终端机具等一网连接，实现税务机关和邮政双方业务的无缝对接；通过大数据应用，实现数据互通互用，打破区域壁垒，因地制宜、就近配送。

三是依托风险监控，保障发票寄递“安全性”。寄递中心通过将邮寄信息系统数据接入税务部门发票寄递监管系统，全面全域设置发票寄递流转和配送时限，实现了发票状态实时监测监控、超期预警、超限考核；建立了发票追溯机制，实现了发票信息全记录、可查询、能追溯，有效确保了海量发票寄递的安全可控。

资料来源：国家税务总局四川省税务局、国家税务总局成都市税务局。

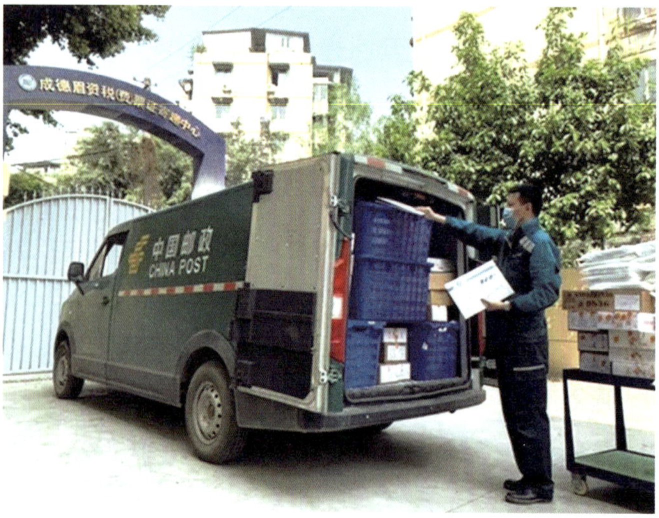

图 1　成德眉资税（费）票证寄递中心为区域内纳税人提供发票寄送服务

（三）推进办税服务厅和天府·税邮驿站标准化建设

2021 年，由四川省税务局统筹推进，按照统一设计、统一标识、统一管理打造了便民办税缴费服务场所天府·税邮驿站，主要服务实体税费服务力量较薄弱的区域、乡镇等地的纳税人。结合落实成德眉资同城化发展要求，进一步推进税费服务专项升级。2022 年，成德眉资通办业务事项提升至 75 项，合理布局建立天府·税邮驿站 549 个，覆盖区域内所有偏远乡镇及邮政各金融网点、便民服务站。

二、创新

（一）推动政策执行统一规范，促进营商环境更加公平

围绕纳税人、缴费人感受最深的“政策执行口径是否一致”问题，在四川省税务局统筹领导下，成德眉资四市税务部门进行了全面探索和率先尝试。围绕政策执行口径，统一企业所得税相关政策执行标准，明确 4S 店等行业适用西部大开发鼓励产业目录等政策问题，严格执行四市统一的房地产计税毛利率。全面落实 7 大类 62 项税务违法违章行为行政处罚裁量基准和“首违不罚”事项清单。围绕税收区域协作利益分配机制，积极配合财政部门，推动建立跨区域项目财税利益共享机制，主动协调做好针对跨区域企业总部经济、飞地经济、企业重组、共建园区等的税收征管服务。

（二）强化税收征管系统集成，促进营商环境更加规范

聚焦区域间税收数据共享、联合税收监管等难点问题，全面推进纳税人基础信息互享互用，联合开展税收风险分析防控，协同开展税收经济分析，初步构建联通、规范的同城化税收征管体系。依托电子税务局，实现实名认证数据信息的实时共享和协同应用，纳税信用评价数据共享、标准统一、结果互通、证明互开。强化税收监管，健全涉

嘉宾点评

叶青 湖北省统计局原副局长

随着国家推进成渝地区双城经济圈战略布局，成德眉资四市作为该区域的重要组成部分，其经济发展加速融合，优势互补，错位发展。税收作为经济的重要调节手段，对于促进区域协同发展具有重要意义。成德眉资税收协同成为推动区域一体化发展的重要途径。

一是提高了税收征纳关系的透明度，纳税人的办税体验得到提升，税收营商环境得到优化。在执法区域协同方面，建立联合风险管理指标模型和跨区域企业名录库，统一风险管理评价机制，提升跨区域税收执法的协同性和有效性。在这个特殊的区域，所有涉税的业务都是公开透明的，给纳税人、缴费人提供了一个安全公平的税收环境，这就是目前全国上下正在打造的招商引资新模式，形成全国统一大市场。投资者在成德眉资地区投资，税收政策与税收负担都是完全一样的，税收制度也是协同一致的。

二是成德眉资的税收协同模式，实际上是把行政区变成一个统一的经济区，打通了税务方面的行政壁垒。一个个独立的行政区在税收方面是统一的，将来再延伸成一个统一的经济区。所以这个应该是改革的方向。

三是像成德眉资这样的都市圈，最大的发展潜力就是去掉城市与城市之间行政的界线，把它形成一个整体，最大限度地减少竞争，降低投资的成本，也可以降低纳税人的纳税成本和征税部门的征税成本，实现共赢。

可以预见，通过探索建立投入共担、利益共享的税收收入分享机制和灵活统一的税收征管体系，将有利于促进区域经济的协同发展。

推进异地电子缴纳税费，提升国库惠民服务质效

中国人民银行四川省分行联合成德眉资四市税务部门，依托财税库银横向联网系统，在成都都市圈范围内率先探索开展异地缴纳税费“同城化、电子化、标准化”，实现本地税务、国库与异地商业银行信息实时交互和异地税费全流程电子化缴入国家金库，持续推动国库服务实体经济提质增效，向纳税人提供更加便捷高效的国库服务。

一、坚持科学谋划，多方协同形成推进合力

一是坚持调研先行，通过发放问卷、实地走访等形式，问需于企，直击缴费入库的“难点堵点”，按照“先行试点、逐步拓展”的工作思路，研讨制定实施方案。二是认真履行项目牵头职责，抽调业务骨干，组建工作专班，建立“跨区域＋跨部门”的双层协调协商机制，加强四地国库、税务、商业银行的沟通，确保各方步调一致、一体推进。

二、强化全流程管理，着力打造国库精品工程

一是指导银行分解细化工作任务清单，压紧压实工作责任，通过挂图作战、倒排工期等方式确保各项工作如期完成。二是坚持问题导向，针对清算行划款失败、系统接口对接等问题建立工作台账，实行销号管理。三是加强制度建设，及时总结提炼可复制推广的经验做法，指导相关银行修订业务操作手册，规范业务办理流程。

三、用心用情服务，推动项目枝繁叶茂结硕果

一是联合税务部门，梳理成都异地缴税企业名录千余条，根据企业缴税频次等指标，逐条分析企业异地缴税需求，组织专人向目标企业宣介项目优势。二是结合“行长跑流程”活动，分管行领导亲自带队走进企业工地现场，开展问卷调查和政策辅导，听取企业真实感受及意见建议。三是加强对经办银行的督促，指导商业银行提供跟进式服务，由纳税地商业银行主动完成与经营地商业银行的沟通协调工作，力求为纳税人提供最简便、最快速的金融服务。

资料来源：中国人民银行四川省分行。

税风险共同分析体系、重大风险联动应对体系、管理过程联动监控体系等三大体系，联合开展涉税风险管理协查，切实提升税收监管质效。

（三）深化纳税服务同标同质，推动营商环境更加便捷

全面探索纳税服务全域同质。有序推进纳税服务“三化建设”同城化改革，基本实现服务礼仪同城化、业务办理同城化、服务清单同城化和内部管理同城化，做

好“一厅办”、“并联办”。统一四市涉税业务办理标准，规范了15类201个涉税事项的办理流程，以及12项对外服务制度和对内管理制度，为四地纳税人提供3大类15个服务事项清单。

三、成效

在四川省税务局领导下，成都市税务局会同德阳市税务局、眉山市税务局、资阳市税务局先后推动落实了39项重点合作项目，着力加强数据共享，破除市场壁垒，促进要素流通，加快推动区域间税收征管一体化和办税服务便利化，促进区域协调发展向更高水平和更高质量迈进。成都都市圈内60个综合性办税服务场所常态化推进无差异受理、同标准办理、同制度落实，服务区域内152万名纳税人；在成德眉资区域率先试点并推进“一窗通”企业开办自动化提速办理改革，实现企业开办4小时办结；推广非接触式办税，实现电子税务局所有税费种类申报100%网上办。

如何共建农村产权有形交易市场？①

深化公共资源交易平台整合共享，探索建立土地、技术等要素综合交易平台，促进要素跨区域流动。依托成都农交所联动推进农村集体经营性建设用地跨行政区配置改革，健全成都都市圈工业用地市场供应体系，完善城乡区域空间保护机制和利益平衡机制。

——《成都都市圈发展规划》第十章第一节

为全面落实规划要求，成都农交所以农村产权交易服务体系统筹、交易运行规则统筹、交易数字化信息化统筹、交易鉴证应用统筹、交易结算及风险防控统筹“五个统筹”为核心，建立健全都市圈农村产权有形交易市场，积极融入全国统一大市场建设，促进城乡要素平等交换和双向流动，有力助推成都都市圈乡村振兴、城乡融合发展、共同富裕。

一、探索

（一）统筹交易服务体系

四川省同城化办公室于2021年6月9日开始统筹推动，在德阳、眉山、资阳三市党委、政府以及自然资源主管部门的关心支持下，三市在2020年1月底前以“合资共建”模式专设农村产权交易机构，即以成都农交所控股，地方国有企业平台参股设立子公司，实现了股权结构上的合作，以市场化方式创新推动成德眉资农村产权交易市场加快建设。在三市下辖区（市）县设立农村产权交易分中心，在乡（镇）、村（社区）设立农村产权交易服务站、服务点，搭建完善都市圈农村产权有形交易市场。

① 本案例由成都农交所、成都农交所德阳所、成都农交所眉山所、成都农交所资阳所供稿，《创新同城化：成都都市圈探索实践》编委会组织编写。

（二）统筹交易运行规则

2021年以来，四川省同城化办公室先后召开五次专题会议研究成都都市圈农民集体用益物权有形交易市场交易规则、交易品种、业务范围等事项，与成都农交所共同统筹指导德阳、眉山、资阳三市农村产权交易规则制定，德眉资三市政府均参照《成都农交所区（市）县分公司（子公司）建设方案》《成都市鼓励和引导农村产权入场流转管理办法》，相继出台当地的《市场体系建设实施方案》《鼓励和引导农村产权入场流转交易办法》等，在两个体系建设、交易品类、政府购买服务等方面提出基本一致性政策。德阳、眉山、资阳三市公司均按照成都农交所本部集体建设用地入市、村级货物和服务采购、地方储备粮竞价采购（销售）等22项交易实施细则，结合实际制定了对应交易品种的交易细则，进一步明确统一交易方式、交易鉴证、交易程序、交易法律责任承担等内容，确保交易平台对各类交易品种依规按程序进行交易。

（三）统筹交易数字化信息化

成都农交所对原信息系统进行全面升级迭代，分期投入1000多万元资金开发上线数字农交信息系统，实现“网上申请、网上交易、网上鉴证”等功能，全面推行农村产权数字化线上交易。发布“天府农交”App，让农民和集体组织实现“零公里”“零跑腿”“不见面”的数字化竞价交易。在四川省纪委、成都市纪委“应进必进、阳光交易”农村产权交易规范化建设统筹部署和有力指导下，开发上线农村产权交易监测系统，协助市纪委完善风险监督模型，将交易监测系统全流程数据纳入市纪委“正风肃纪大数据监督平台”监督。截至收稿时，已向监督平台推送280万余条数据，所有数据均为项目真实数据，保障交易在监管下阳光运行。

（四）统筹交易鉴证应用

成都农交所进一步修订完善《交易鉴证管理办法》，规范统一德眉资三市农村产权交易鉴证标准，实现交易数据分析成果同城化运用。通过对交易数据比对分析，及时精准掌握成德眉资四市各类农村产权价格趋势、乡村产业发展态势、投资走势等分析共享成果后，可更有针对性地推介各类农村产权交易项目和引入产业项目；同时，在交易鉴证的要求和标准统一后，其交易结果实现了在融资服务、产权价值认定等方面达成同城化运用，极大地增强了农村产权交易平台的公信力和权威性。

（五）统筹交易结算及风险防控

2021年4月，结合全省地市州实际，制定出台成都农交所《交易资金统一清算结算管理办法》，明确全省农村产权统一清算结算适用范围、结算程序和流程，进一步规

创新运用金融工具推动农村产权交易再上新台阶

为全面落实规划要求，成都农交所眉山所坚持“服务‘三农’、助力乡村振兴、城乡融合发展”根本宗旨，在扎实搞好农村产权入场规范交易的同时，探索创新“交融结合”新模式，持续深化农村产权交易同城化，盘活农村闲置资源资产，撬动社会资本集聚，有力促进农民增收和村集体经济发展，助推都市圈农村产权交易再上新台阶。

一、“金融服务超市”量身打造“一站式”金融服务

按照眉山市全域乡村振兴金融创新示范区建设要求，依托眉山发展控股集团创新打造的全市首家“一站式”“金融服务超市”，积极探索“交易鉴证 +”融资体系，将农交所出具的《交易鉴证书》记载的成交价格作为抵押融资标的价值评估依据之一，小贷公司综合评定贷款资格及额度，担保公司为农户提供担保，保贷公司提供涉农保险，商贸公司提供销售渠道“一站式”金融服务。为助力“天府粮仓”示范区建设，确保全市储备粮油交易顺利有序开展，“金融服务超市”开通粮油交易保证金快缴“绿色通道”，由粮油企业提出贷款申请和保证金支付委托，对符合条件的客户，12 小时内迅速到账粮油交易保证金，有效解决粮油企业短期资金筹措难题，切实提高粮油企业的资金使用率，进一步促进粮油交易市场的健康发展。

二、“交易鉴证 + 融资”，为更多农民生产经营保驾护航

农交所积极与地方商业银行合作，农户凭《交易鉴证书》到指定银行办理信用贷款，最高可办理 50 万元信用贷款，贷款方式灵活，切实为农民生产经营保驾护航。

三、“交易鉴证 + 保险”，切实保护村集体和农民的合法权益

“交易鉴证书 + 土地经营权 / 闲置资产履约保证保险”模式的推出，土地流转业主和闲置资产受让人持《交易鉴证书》可按年租金的 3.5% 购买履约保证保险替代履约保证金的缴纳，有利于受让方将资金投入生产经营中，既保障了村集体经济组织和农民的合法权益，也避免了政府“兜底”的风险。

四、“银行 + 交易所”风险处置闭环融资模式，助力农文旅项目持续增收

针对洪雅县瓦屋山镇独特的旅游资源，农交所与银行创新探索推出“银行 + 交易所”风险处置闭环融资模式，即民宿经营业主向银行提交民宿装修提档升级信用贷款申请—银行综合核定放贷额度—经营业主自愿签订民宿经营权前置处置委托书—经营业主在农交所平台前置缴纳交易保证金—银行放款—银行自动启动追偿权（触发还款风险时）—农交所平台公开处置民宿经营权—银行全额收回贷款款项—民宿经营权归还业主。该金融创新通过将民宿经营权前置处置，不仅最大限度地避免银行信贷风险的发生，也有效解决了经营业主“融资难、融资贵”等问题。

资料来源：成都农交所眉山所。

“三书模式”促进农村闲置房屋使用权规范流转

成都农交所德阳所构建“三书模式”(《律师法律审查意见及见证书》+《公证书》+《交易鉴证书》)，运用法治思维实现农村闲置房屋使用权的资源优化配置和规范利用，最大限度保障流转双方的合法权益，促进农村闲置房屋使用权流转，为促进农民增收开辟出了一条新路（见图1）。

图1 广汉市高坪镇文河村闲置房屋使用权流转“三书模式”签约仪式

一、深入调查，精准把脉现状

成都农交所德阳所主动联合公证、律师等机构对全市1000多个村进行抽样调查发现，随着城镇化进程加快，农村劳动力大量外出，农村“空心村”现象突出，平均每个村至少有5栋房屋闲置，房屋资源浪费严重，供需双方结构性矛盾突出。一方面，农民出租空置房屋增加收入意愿强烈；另一方面，缺少平台推广及法律程序保障，承租人顾虑重重、望“房”兴叹。如何让闲置农房“活”起来，成为实现乡村振兴需要解决的问题。

二、汇聚众智，首创“三书模式”

成都农交所德阳所与有关部门、公证、律师等机构多次研讨论证，从现实需求出发，不断细化完善闲置房屋流转程序设计、可行性操作、过程风险防范等，运用法治思维和法治方式深化改革、推动发展、化解矛盾、维护稳定、应对风险，以法律视野规范农房使用权流转的程序和资料要件，明确交易双方权利义务，规避可能产生的各类矛盾纠纷，切实保障交易双方合法权益，使交易双方吃下“定心丸”，筑牢公平正义底线。

三、以民为本，严格服务流程

成都农交所德阳所作为德阳市农村产权流转交易平台，始终本着以民为本的发展思想，做好流转全程指导服务，切实规范闲置房屋使用权流转。流转前，对农户开展政策宣讲，严格核实房屋所有权合法性、房屋所有权人流转意愿等，确保交易合法无纠纷。对平台征集到的意向受让方审核必要的信用等情况，对信誉不良等潜在风险者一律取消受让资格。正式交易环节，农交所、公证处、律师等组织流转双方现场签约，签约完成后出具“三书”文件。

资料来源：成都农交所德阳所。

范各项业务交易资金清算结算，保障交易资金安全。同时与银行等金融机构合作，创新性地推出二维码扫码支付等多种电子支付方式，从传统线下结算到线上统一结算，让客户更安全便捷地进行交易，降低交易成本，避免交易纠纷，更好地防控交易风险。

二、创新

（一）政府为主导、市场为主体，促进区域融合和城乡融合

成都农交所分别在德阳、眉山和资阳设立分所，分支机构已实现都市圈 32 个涉农区（市）县全覆盖，建立了市、县（区）、镇（乡）、村四级农村产权交易服务体系，形成了都市圈各城市“一个市级交易平台、四级服务体系”和“政府鼓励引导、市县分级交易、乡村宣传初核、社会支持配合”的良好格局。成都农交所及德眉资分所聚焦解决乡村振兴中“钱从哪里来、人往哪里去、地当如何用”的难题，通过农村产权交易平台畅通城乡要素双向流动，实现农村产权资源要素市场化配置，撬动了上千亿元工商社会资本向农业、农村集聚，为乡村产业发展提供土地要素保障，有力推进现代农业发展、美丽新村建设和农民就地就业，促进村集体和农民增收，壮大新型农村集体经济，提升农村基层治理能力。

（二）“应进必进，阳光交易”，纪检部门助力公平公开

成德眉资四市纪检部门支持都市圈农村产权交易“应进必进，阳光交易”，利用数字化手段破除既往农村产权要素信息壁垒，为产权交易主体传递决策信息，有效实现农村产权（农村地区、城市社区）的公允价格。利用“应进必进、阳光交易”服务体系，督促基层党组织开展农村“三资”清查核实，对农村产权进行“终身赋码”追踪，动态监测，极大压缩农村基层微腐败空间，对提升基层治理水平发挥了独特作

用，有力推动实现“自治、法治、德治”。在全国多数农村、城市基层社区普遍存在“三资”管理制度不健全的形势下，“成都探索”对于推进中国特色社会主义基层自我调整和自我完善的体制建设具有重要的实践意义。

（三）价格趋同、资产溢价，“三资”改革壮大集体经济

在成德眉资同城化发展下推进的成都都市圈农村产权有形交易市场建设，有助于发挥成都对周边地区的辐射带动作用。在确保要素自由流动的前提下，市场能够进行自我纠偏并逐渐实现同城化都市圈内农村产权市场价格趋同，促进中心城市周边地区农村产权实现溢价增值，并通过利益链接机制，真正使农村“三资”改革成为壮大集体经济的重要途径。在全国多数区域、城乡间普遍存在发展不平衡、不充分的形势下，“成都探索”对于推进共同富裕这一中国特色社会主义的本质要求具有重要的实践价值。

嘉宾点评

林家彬 中国城乡发展国际交流协会副会长

对于这个案例，我认为有三个方面是最值得关注的。一是扩大了市场规模。在推进成都都市圈同城化的大背景下，成都农交所牵头建立了成德眉资农村产权交易市场。此举相较通常以单一市级行政区划内的产权市场大大地扩展了其规模，而市场规模的扩大意味着买卖双方市场主体数量的增加、更加具有竞争性的市场的形成，也意味着更大规模的资源流动，同时使构建更加有效率的市场服务体系成为可能。二是保障了村民的主体地位。在集体经营性建设用地入市过程中坚持“民事民议，集体决策”，宗地出让方案、土地收益分配方案等重大事项均经过村民会议表决，使村民作为土地使用权所有者的权利得到了实实在在的体现，村民在相关开发活动中也不再只是旁观者或被动的接受者，而成为真正的参与者。三是坚持了交易过程的公开透明。成都农交所资阳所发挥作为集体经营性建设用地入市公开交易平台的作用，引导集体经营性建设用地公开挂牌、公开征集意向受让方、公开组织竞价，全程接受交易各方及利益相关方监督，并由公证机构对交易环节进行公证。公开透明的交易过程，可以最大限度地防止权力对市场的操控和扭曲，确保市场机制的有效性。

三、成效

成德眉资农村产权交易大市场不仅畅通城乡要素双向流动，撬动了上千亿元工商社会资本向农业、农村集聚，推动资源变资产，重构新型集体经济，而且通过四市之间的要素流动，使得农村产权的价格趋同，并事实上提高了成德眉资的农村产权价值，推动生态资源价值化，带动生态产业化和产业生态化。四川农业大学相关评估报告显示，2019—2023 年农村产权综合价格在成德眉资的价差从 1.5 万元减少到 0.45 万元。德阳市交易规模年均增速为 29.66%，眉山市交易规模年均增速为 191.12%，资阳市交易规模年均增速为 76.70%。特别是成都农交所创新推出多种电子支付方式，打通农村产权交易服务“最后一公里”，实现“让数据多跑路、群众少跑腿”，有效降低交易成本，更好地防控交易风险。

创新推进首批集体经营性建设用地成功入市

成都农交所资阳所认真贯彻成德眉资交易平台同城化工作座谈会“积极向上争取将集体经营性建设用地政策在德眉资区域推广实施”的有关要求，以深化农村宅基地制度改革试点为契机，积极推进集体经营性建设用地入市。

一、出台配套政策

为做好首批集体经营性建设用地入市工作，资阳市临空经济区农村宅基地制度改革试点工作领导小组综合协调组根据《中华人民共和国土地管理法》及其实施条例，结合资阳市推进农村宅基地制度改革试点精神，出台了三项配套政策文件，分别是《资阳市临空经济区集体经营性建设用地入市管理办法（试行）》《资阳市临空经济区集体经营性建设用地入市土地增值收益调节金征收使用管理暂行办法》《资阳市临空经济区集体经济组织土地收益分配和使用管理指导意见（试行）》，为集体经营性建设用地入市工作奠定了坚实政策基础。

二、规划许可先行

为做好首批集体经营性建设用地入市工作，临空经济区坚持规划许可先行。结合入市宗地，资阳市自然资源和规划局临空经济区分局制定了地块规划许可条件，从主要规划要求（包括用地性质及面积、用地使用强度、建筑退距要求等）、建筑设计要求（包括建筑高度、建筑风貌、交通规划要求等）、市政规划要求等方面对三宗地块开发建设提出了明确要求（见图2）。

图2　资阳市首批集体经营性建设用地使用权出让项目摘牌会现场

三、村民集体决议

首批集体经营性建设用地入市全过程始终坚持“民事民议，集体决策”。在临空经济区自然资源和规划分局及临江镇政府指导下，涉及的三宗地块所有权权利人（相关村民小组）以村民会议方式分别对宗地出让方案、土地收益分配方案进行了表决，经过三分之二以上村民或村民代表同意，形成了会议纪要，并在村务公开栏张贴公示，接受群众监督。

四、公开挂牌出让

根据临空经济区规定，集体经营性建设用地入市应当公开交易。成都农交所资阳所作为全市集体经营性建设用地入市公开交易平台，全流程辅导集体经营性建设用地入市工作，引导集建公开挂牌，公开征集意向受让方，公开组织竞价，全程接受交易各方及利益相关方监督，由公证机构对交易环节进行公证。

五、规范签署合同

在前期借鉴成都《农村集体经营性建设用地使用权出让合同（范本）》的基础上，成都农交所资阳所联合临空经济区自然资源和规划分局，听取乡镇政府、基层群众的意见，并经专业律师审核把关，拟定了资阳市《农村集体经营性建设用地使用权出让合同（范本）》，最大限度保障了交易各方的合法权益。

资料来源：成都农交所、成都农交所资阳所。

如何通过“三跨”促进公共资源交易？①

优化城乡公共资源配置。统筹城乡经济、生活、生态、安全需要，一体推进“多规合一”。

——《成都都市圈发展规划》第十章第三节

成都市公共资源交易服务中心在成都市委、市政府的坚强领导下，聚焦全国统一大市场建设和国际化营商环境优化提升，努力探索创新公共资源市场化配置机制，深入推进公共资源跨区域、跨层级、跨平台交易（以下简称“三跨”交易）创新实践，持续优化营商环境，取得了良好的政治效益、经济效益和社会综合效益，为全国统一大市场建设提供了公共资源交易“成都样本”。

一、探索

（一）突破层级制度限制

成都市公共资源交易服务中心通过“三跨”交易先行先试，为主管部门出台相应的政策配套文件提供实践经验，促进了各地公共资源交易平台从分立到互通，交易服务规范化、标准化，突破了原有项目隶属层级、建设地点的限制，降低市场主体参与成本、确保平等参与竞争，实现交易服务各地同质同效。

（二）突破地方政策壁垒

为打破地方限制，成都市公共资源交易服务中心积极向国家发展和改革委员会建言“由招标人自主选择交易平台和交易场所”，并得到国家发展和改革委员会等部门采纳，让成都之外的招投标项目到成都交易，开标、评标有法可依，突破了原有项目地方保护和平台不同的限制。

① 本案例由成都市公共资源交易服务中心、成都市新都区人民政府供稿，《创新同城化：成都都市圈探索实践》编委会组织编写。

（三）突破市场分割藩篱

“三跨”交易实行共享使用区域优质专家资源，解决了中小城市在评标技术复杂、专业性强、要求高的项目评审困难，提升了评标质量。开展土地“三跨”交易，充分利用成都市作为“新一线城市”的辐射力、影响力，发挥统一大市场的规模效应与资源集聚效应，提高土地配置效率，构建了资源共享、竞争有序的公共资源交易市场。开发上线农村产权交易监测系统，协助成都市纪委完善风险监督模型，将交易监测系统全流程数据纳入市纪委“正风肃纪大数据监督平台”监督。截至收稿时，成都市纪委已向监督平台推送186万余条数据，所有数据均为项目真实数据，保障交易在监管下阳光运行。

嘉宾点评

董祚继 中国科学院大学国家土地科学研究中心主任、研究员，民盟第十三届中央社会委员会主任

构建全国统一大市场是更好发挥市场机制作用、畅通国民经济循环、实现资源配置效率最优化和效益最大化的前提与关键。近年来，中央多次发文，就构建全国统一大市场作出部署，这既表明了建设统一市场的极端重要性，也反映出相关工作在推进中面临的障碍和困难。成都都市圈从公共资源交易管理入手，推出公共资源跨区域、跨层级、跨平台交易创新举措，并进行了成功实践，从而在突破公共资源配置的地域限制、消除要素流动的地方政策壁垒上迈出了重要一步，也使成都都市圈在要素市场化配置改革方面走在了全国前列。

《中共中央关于进一步全面深化改革、推进中国式现代化的决定》提出，建立健全统一规范、信息共享的招标投标和政府、事业单位、国有企业采购等公共资源交易平台体系，实现项目全流程公开管理。改革目标已经明确，期待更多地方加入公共资源公开交易的行列，也期待成都在要素市场化配置上深化实践，探索形成更多的“成都样本”。

二、创新

（一）制度机制先行

“徒法不足以自行。”成都市公共资源交易服务中心在试行中总结经验，牵头出台成德眉资四市国有建设用地使用权出让跨平台交易实施细则，成德眉资、成渝工程建设项目远程异地评标实施细则，成都市远程异地评标工作规程，“三跨”交易工作规程等制度性文件，确保“三跨”交易有法可依、有章可循、规范有序，实现常态化运行。

（二）专家资源共用

成都市公共资源交易服务中心积极与招投标行业牵头部门对接，取得了抽取“三跨”项目评标专家的支持。不同地点的评标专家独立评审、打分，专家评标评审由现场“面对面”转变为网上“键对键”，实现各地共享优质专家资源和市场资源，进一步促进了公共资源交易的公平、公正，提升了交易质效。

成德眉资“1+N”多点联动构建远程异地评标新常态

2023 年 8 月 25 日，首个成德眉资同城化“三跨”交易成都项目“香投西邻游园地下停车场监理标段”在德阳市公共资源交易服务中心顺利完成。新都区公共资源交易服务中心圆满完成全市落实跨区域交易的“破冰之旅”，创新的“三破三强”工作机制，推动了新都区全面步入跨区域、跨层级、跨平台的“三跨”交易新常态。

一、“破”思维，“强”支撑

围绕“成德眉资同城化发展”战略部署，依据《成都市公共资源交易服务中心工程建设招投标项目跨区域、跨层级、跨平台交易工作规程（试行）》，立足“成德眉资信息”共享专区，打破属地思维和“内循环、主副场”平台惯性，延伸突破远程异地评标层次，率先在全市开展跨区域交易破零行动，为公共资源交易项目跨省通办和交易平台智慧联盟提供路径参考（见图 1）。

图 1　成都市、资阳市公共资源交易服务中心开展远程异地评标

二、“破”方式，“强”布局

围绕“一标一策”原则，新都区公共资源交易服务中心破除业务边界，推出“本地受理、异地交易”创新举措，实施交易场景跨省迁移，变一平台闭环服务为两平台开放服务，解决“熟面孔”“老关系”等因素干扰。同时，与行业监督部门深度沟通交流，疏通理顺公告发布、开标系统部署、专家抽取等交易链条，通过提前对接招标人、监督人和代理机构，认真梳理适合进行异地交易的项目，共同推进交易新方式的落实落地。

三、“破”关口，“强”保障

围绕《新都区公共资源交易服务中心工程建设招投标项目跨区域、跨层级、跨平台交易技术保障方案》，新都区公共资源交易服务中心突破场地、系统、技术关口，逐一明确场地工位、开标系统、业务负责人、信息技术保障负责人以及工作进度安排；同时，在进行多轮系统模拟演练的基础上，主动前移服务关口，抽调项目、技术骨干，组成专班小组，提前入驻眉山市、德阳市交易服务中心，做好开标系统、评标网络等检查调试，强化现场保障指导，确保交易全程无堵点。

资料来源：成都市公共资源交易服务中心、成都市新都区人民政府。

（三）交易信息共享

成都市公共资源交易服务中心搭建了交易信息共享平台和新媒体矩阵，拓宽实施“三跨”交易项目信息发布渠道、传播覆盖面。创新开展德眉资土地资源和城市价值推介，充分展示都市圈城市未来发展趋势、城市产业布局、人居环境等，有效提升土地出让组织效率，营造更优的投资发展环境。

（四）科技创新赋能

成都市公共资源交易服务中心不断升级网络系统和交易平台功能，先后打通四川省级平台、省内外市州平台，兼容主流交易系统，推动四川省委、省政府制定统一标准，全省数字证书互认。全方位满足实施“三跨”交易项目互联互通和数据传输的要求，实现了智慧交易在云端、便捷服务在指间。

三、成效

“三跨”交易创新项目试行后，借助成渝地区双城经济圈建设和成德眉资同城化发展机遇，在成都交易平台实施全国首次国有建设用地使用权和全省首次工程建设项目“三跨”交易。截至 2024 年 12 月，成德眉资四市累计组织国有建设用地跨区域、跨层级、跨平台交易 14 宗，交易面积 1282.09 亩（1 亩约为 666.67 平方米），金额约 53.47 亿元，平均溢价率为 18.49%。其中，德阳首宗在蓉拍卖土地的成交价高出邻近区域的 79%。深入推进四市工程建设项目和政府采购远程异地评标常态化，已累计联动开展工程建设项目远程异地评标 299 场，开展工程建设招投标项目跨区域、跨层级、跨平台交易 41 宗。

“三跨”交易打破项目属地、层级限制，有效降低“本地圈”等影响，成都市公共资源交易服务中心建立风险防控机制得到成都市委组织部的充分肯定，“公共资源廉洁文化教育基地”已被确定为市委党校现场教学点。

“公共资源跨区域、跨层级、跨平台交易”是深入贯彻落实《中共中央 国务院关于加快建设全国统一大市场的意见》要求，积极破除公共资源交易领域的区域壁垒，将公共资源交易平台覆盖范围扩大到适合以市场化方式配置的各类公共资源的一大创新举措。成都市公共资源交易服务中心抢抓成渝地区双城经济圈建设和成德眉资同城化发展机遇，充分发挥成都交易平台集聚力和影响力，着力推动公共资源跨区域交易的改革举措，对进一步深化成德眉资同城化发展，充分发挥同城化效应和成都市场优势，强化成德眉资联动发展，探索更具潜力、更为广阔的公共资源跨区域交易发展空间具有深远意义。

如何破解公共数据跨城流转难题？①

共同搭建政务服务一体化平台，构建服务事项集成办理和联网通办的服务体系。

——《成都都市圈发展规划》第十章第二节

“银政通”平台作为服务于跨系统、跨地域、跨层级数字链接的金融新基建，首创政务、金融信息“分布式共享”，深化银政数据共享、业务协同，开展不动产、公积金两项主要业务，并成功实现在德眉资地区推广复制，实现都市圈不动产抵押登记、公积金提取等业务的高效办理，助推区域普惠金融高质量发展和营商环境建设。

一、探索

（一）银政业务融合协同，实现抵押贷款、登记“一站式”办理

为解决抵押贷款办理需在银行、不动产登记中心间“往返跑”“多次跑”的痛点，“银政通”平台通过支持双方业务协同，推动不动产抵押登记政务服务向银行网点前移，实现了银行抵押贷款一站式服务。抵押贷款办理时间从平均 13 天压缩至 1 天，解除抵押时间从 5 天压缩至最慢 2 小时，显著提升了政务金融服务的质效。

（二）信息双向共享开放，公积金提取方便快捷

针对公积金提取每年跑公积金中心递交资料的痛点，公积金中心依托“银政通”平台实现与银行机构的信息双向共享，精简贷款合同、还款流水等业务办理资料，进一步提升便民服务质效。公积金缴存职工按揭买房后提取公积金，直接在公积金中心一次签约授权信息查询后，即可实现公积金每年或每月自动提取到账。金融机构根据授权取得的公积金缴存信息为客户提供便捷、低成本的线上信用消费贷款。

① 本案例由中国人民银行四川省分行、四川省同城化办公室供稿，《创新同城化：成都都市圈探索实践》编委会组织编写。

（三）加强平台经验推广，以金融助力同城化发展

为促进金融资源优化配置、合理流动，加快推进区域金融协同发展，努力推动区域整体高质量发展，“银政通”平台积极由成都向都市圈其他城市乃至全省复制推广，促进区域内要素资源流通、便民服务和营商环境建设，让都市圈公众享受到更加优质便捷的金融服务。

二、创新

“银政通”平台通过“分布式共享”方式破解公共数据跨地域流转难题，融合银政业务场景，支持不动产抵押登记在线办理、公积金自动提取、公积金信用消费贷款等业务办理，主要呈现“一网、两互、三跨”的特点（见图 1）。

图 1　2021 年 3 月，成德眉资四市有关部门在资阳举办集中签约仪式

（一）金融安全标准专网支持银政数据安全高效流动

“银政通”平台使用的银协汇聚网络充分满足数据共享基于专网运行的安全性诉求，同时将网络架构从以前的多个政府部门与多家金融机构分别搭建专线的“N+N”模式，迭代为以平台为中心的“N+1+N”高效星状网络，集约化打通银政数据安全、集中、统一的双向通道。

（二）数据双向交换实现银政互利互动

“银政通”平台围绕数据需求大的银政复合场景开展数据共享应用工作，将之前的单维服务整合为业务场景下的综合服务，实现数据对政务便民服务和金融创新的赋能，解决市民在办事过程中的痛点和难点，也将广泛分布的银行网点、市民熟悉的银

行 App 逐步融入社会治理及民生服务体系。

（三）规范机制助力数据安全应用

安全规范机制助力跨系统、跨地域、跨层级数据的开放应用。“银政通”平台高度重视数据主体的权益保护，按照《中华人民共和国个人信息保护法》有关要求率先建立了双授权机制，用户需要对数据源部门和数据使用部门进行分别授权，既授权数据源部门提供数据，又授权数据使用部门查询和使用数据，充分保证数据的安全、合规、共享。同时，平台按照分布式共享理念，作为数据交换通道，不建立数据库归集数据，改变了政府部门因权力本位思考或安全顾虑不愿开放数据的现状。

嘉宾点评

张旭亮 浙江大学区域协调发展研究中心研究员、博士生导师

1. 有一定创新价值。“银政通”服务公共数据跨区流转，可以明显整合不同条线部门数据信息，实现“一站式”办理。不仅破解了“数据孤岛”问题，实现了银政数据共享、业务协同，还大大缩短了办事人员的办理时间，提高了政务效率，增强了群众的获得感、幸福感。

2. 有较强的推广性。实现了真正意义上的办事、政务和银行全流程一体化办理，创造性地融合了政务与金融服务，通过银政智能服务一体机这个涵盖了商事主体开办登记全流程一体化的智能服务终端，打通了政务服务社会、服务民众、服务企业的“最后一公里”，对于进一步优化营商环境、提升城市竞争力具有重大的现实意义。

3. 其他地方有类似做法。这种做法很多，如浙江省的“政银合作”迭代升级，“一网通办”实现浙江省山区 26 县行政村全覆盖。广东省的“政银通”，做到审批“不见面”、企业“不跑腿”。

4. 一些参考建议。学习浙江省“最多跑一次”的改革经验，继续扩大“银政通”覆盖服务领域，力争 2 ~ 3 年实现企业投资、企业发展、民生服务等数据和服务全覆盖。打通成都都市圈银政数据共享通道，切实实现银政服务同城化。

三、成效

“银政通”+ 不动产抵押登记平台于 2021 年 11 月 25 日在资阳市开通，2022 年 3 月 22 日在德阳市开通，2022 年 10 月 19 日在眉山市开通，至此实现成都都市圈全覆盖。“银政通”平台已实现全省 23 家公积金中心与 44 家银行机构信息互通，支持成德眉资四市不动产登记中心与 66 家金融机构业务协同。“银政通”平台有关工作先后获评 2021 四川数字化转型标杆案例、四川自贸试验区改革创新十大典型案例、成都市社会信用体系建设十大典型案例等。

如何实现企业注册登记“4+1”协调机制？①

常态化运行成德眉资一体化企业登记绿色通道。

——《成都都市圈发展规划》第十章第二节

一、探索

2020年以来，四川省市场监督管理局会同四市市场监督管理局建立成德眉资同城化发展登记注册专题工作“4+1”协调机制，聚焦“大市场、大监管、大服务”目标，以深化商事制度改革、优化营商环境为抓手，组建登记注册协调专班，定期召开协调会议，大力推进成德眉资同城化登记注册工作，取得了显著成效。

（一）激发市场活力，扎实推进市场准入“五统一”

统一登记标准，依托“四川省市场监管一体化工作平台”，推进市场准入、退出一网办；统一服务规范，开通掌上办、网上办服务平台，推进线上线下一体化融合服务；统一信息共享，依托四川省市场监督管理局数据应用中心、四川政务服务网和国家企业信用信息公示系统，推进市场监管服务联动；统一协同创新，创新做法获得肯定的地区及时共享改革创新经验，区域内其他地区全面对标学习，推进协同提高，建立创新改革、协同推进机制；统一新设企业服务“四个机制”，即重点项目企业服务机制、新办企业开办环节诉求处理机制、新办企业回访工作机制和四市容缺受理工作机制。

（二）细化服务模式，实现登记注册跨区域无感办理

成德眉资四市不断完善“成德眉资一体化企业登记服务专窗”建设，启动“重大项目直通车”绿色通道服务，为申请人提供就近服务、高效服务；制发《成德眉资一

① 本案例由市场监管专项合作组指导单位四川省市场监督管理局，市场监管专项合作组组长单位成都市市场监督管理局，副组长单位德阳市市场监督管理局、眉山市市场监督管理局、资阳市市场监督管理局供稿，《创新同城化：成都都市圈探索实践》编委会组织编写。

体化企业登记服务专窗办事指南》，强化四市专窗工作人员业务培训，为申请人提供咨询服务时“一口清”；协调四川省市场监督管理局统一优化省局一体化工作平台和自助打印设备，实现成德眉资申请人异地提交企业登记注册申请、登记机关远程处理和申请人异地自助打印并领取营业执照，畅通了异地领照的“最后一公里”。

2020 年 12 月 11 日，在成都市政务服务中心企业登记注册窗口，登记住所在德阳市的四川森淼企业管理咨询有限公司在大厅自助打照机上顺利打印出公司营业执照正、副本，成为全省发出的首张异地营业执照（见图 1）。

图 1　2020 年 12 月 11 日，德阳企业在成都市政务服务中心大厅自助打印出公司营业执照正、副本

资料来源：成都市市场监督管理局。

（三）打破信息壁垒，破除体制机制障碍和关键掣肘

2020 年，成德眉资四市市场监督管理部门向四川省市场监督管理局申请开放四市登记部门信息查询权限，实现对跨市域市场主体登记注册数据的综合性查询统计、数据共享；同时提出登记注册电子档案互查需求，由四川省市场监督管理局牵头建设登记档案智慧查询系统。该系统后升级为“川渝通办”电子扫描档案查询系统，于 2022 年 6 月 1 日起正式开通，川渝两地任一市场主体登录该平台即可在线查看自身登记档案信息。依托成德眉资登记绿色通道，市场主体异地迁址登记注册工作坚持对历史档案资料互查互信，并建立四市异地迁移登记台账，实现迁移登记无障碍运行。

二、创新

四川省市场监督管理局将成德眉资地区作为登记注册工作先行先试地区，组建成德眉资政策研究小组，以统一企业名称库作为工作切入点，倡导和逐步推行四市登记注册部门“异地同标”，并在 2020 年统一了四地登记规范程序、企业名称行业用语规范、经营范围标准化登记，成为后续“川渝通办”名称自主申报字词库、企业经营范围规范化表述、企业登记提交材料规范“三统一”的雏形；成都市市场监督管理局牵头完善的载明市场主体名称变更内容或合并分立内容的《登记通知书》目前已在成德眉资四市实现内容及格式统一，后续将在省市场监管一体化工作平台中实现自动生成，供全省各级登记机关在登记注册工作中使用。

三、成效

成德眉资四市统一开通成德眉资一体化企业登记服务专窗，联合制定专窗办事指南，开辟企业跨区域迁移绿色通道，实现成德眉资异地自助打印证照。按照“一件事”标准，四市将企业开办环节从 7 个整合为 1 个，所需提交材料精简至 5 件以内，时间压缩至 0.5 天；“照后减证、多证合一”改革从之前“三十三证合一”增加至“三十六证合一”。截至 2024 年底，成德眉资四市经营主体总量达 468.22 万户，占全省总量的 51%，为区域经济高质量发展注入强劲动力。

嘉宾点评

成长春 江苏长江经济带研究院院长

都市圈同城化是区域协调发展的重要抓手，成德眉资常态化运行一体化企业登记绿色通道，协同推进“‘4+1’协调机制助推同城化”的经验做法很值得学习和借鉴。服务构建全国统一大市场，既是同城化的重点，也是难点。成德眉资四市扎实推进市场准入“五统一”，激发市场活力；登记注册跨区域无感办理，畅通异地领照的“最后一公里”；打破信息壁垒，破除体制机制障碍和关键掣肘；倡导和逐步推行四市登记、注册部门“异地同标”，深化都市圈市场监管法治合作等做法，让人耳目一新。

当然，服务构建全国统一大市场又是一项十分艰巨的任务。今后可以在推动市场基础制度规则统一、市场监管公平统一、市场设施高标准联通等方面进一步深化探索，进而发挥集聚资源、推动增长、激励创新、优化分工、促进竞争的作用。在载体共建、创新协同、产业联动、人才交流等方面探索新的合作方式，更大范围联动构建创新链、产业链、供应链。进一步完善要素市场制度和规则，健全一体衔接的流通规则和标准，为探索成都都市圈同城化体制机制改革作出更大贡献。

如何加强成德眉资四市市场监督管理

一、小微食品生产企业共建检验室解决四市自检难题

一是统筹谋划，探索共建集中检验新模式。立足产业发展态势和企业集聚优势，重点布局酱腌菜、肉制品、白酒等重点食品共建检验室。加强内部运行管理，坚持“对内不对外检验”原则。二是规范运行，构建完善检验管理硬制度。建立完善共建检验室操作规程、检验员岗位责任、留样管理、经费管理等22项内部管理制度。三是凝心聚力，以检验为抓手提升产品质量，共建检验室实行费用共担。

二、四市统一散装白酒和餐饮自制泡酒标识

一是发文部署，梯次推进。四市联合制定发布《成德眉资地区散装白酒标识规范》《成德眉资地区餐饮自制泡酒标识规范》。二是宣传培训，规范指导。四市多次召开培训会，并通过主流媒体宣传。三是严格执法，监督检查。综合运用“春雷行动”等专项行动加强散装白酒经营者和餐饮自制泡酒经营者的监督检查，以查促改，以查促教。四是跟踪评价，提升效能。成都市市场监督管理局对实施情况开展社会调研，为下一步四市散装白酒监管工作措施提供依据。

三、四市审批服务实现同标准同平台智能办理

一是推动审批流程同标准、规范化。四市联合制定发布《成德眉资市场监管行政许可事项服务规范》，实现同一事项标准化审批。二是推进政务服务同平台智慧办。通过自动识别、数据共享等方式，实现成德眉资四市申请流程在线填报，申请材料智能审批。三是实现一网通办智能办、优效能。将成都市特色审批系统在德眉资三市进行推广和运用，高效破解省、市审批系统互联互通难题，有力助推全省行政审批水平提升。

四、四市探索食品安全风险预警协作机制

首先，建成全省首个风险监测预警系统。建成成德眉资食品安全监测预警数据共享平台，完成2020—2022年国家、省、市、县四级抽检监测数据的归集，初步建成抽检监测预警子系统，拥有可视化大屏展示、数据分析报告等功能，促进共享平台的应用推广，成为服务四市食品安全智慧化监管的重要技术手段。其次，构建食品安全风险会商平台。建立并完善了成德眉资四市同城化食品安全风险预警交流机制，定期交流共享四市工作中的好经验好做法，指导监管执法部门直接“照单施治”。最后，打造联动消除风险隐患平台。对风险分析研判的结果加大运用力度，深化监检联动和区域协作机制建设，聚焦食品安全重点品种、项目、领域的突出风险隐患（见图2）。

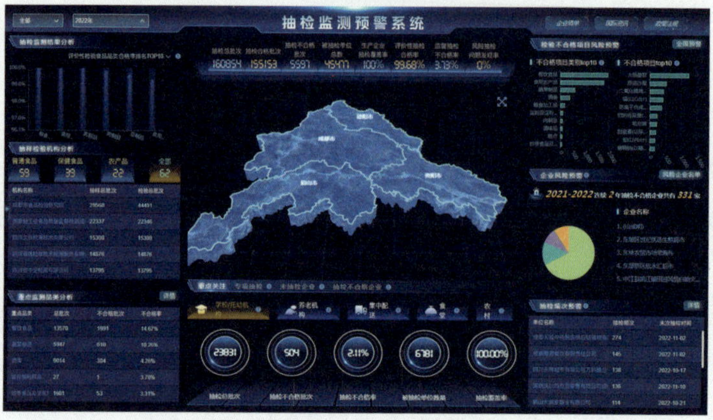

图 2　成德眉资食品安全监测预警数据共享平台

资料来源：成都市食品检验研究院。

五、四市深化都市圈市场监管法治合作

首先，清单引领，统一处罚尺度。5 张处罚裁量清单统一了四地市场监管领域行政处罚裁量尺度，体现了市场监管“宽严相济、打规结合”的鲜明行政执法理念，确保行政处罚边界清晰、裁量有度、过罚相当、类案同罚。其次，小处着眼，彰显执法温度。强制清单充分考虑了行为特点和危害程度，纳入了不影响食品药品安全的轻微违法行为。合规容错清单特别关注规模小、抗风险能力弱的小微民营企业、个体户、小摊贩等，体现了政府保就业、护民生、稳预期、促增长的宗旨和温情。最后，预防优先，指引合规建设。合规容错清单根据法规政策，归集汇总了市场主体合法合规经营的要求和规则，从源头上预防违法违规行为的发生。

资料来源：四川省市场监督管理局、成都市市场监督管理局、德眉资三市市场监督管理局。

如何以“大人口”模式助力人口有序流动？①

2023年以来，四川省公安厅指导成德眉资四市公安机关深耕户籍制度改革、户政政务服务升级、人口信息数字化转型，创新都市圈大人口服务管理新模式，为成都都市圈建设注入公安元素。按照“省级主责、市县主战”警务改革思路，以人民为中心、以“人”的身份为中轴，在成都都市圈四市加速推动农业转移人口市民化进程、加快打造“试验区先行、都市圈通办”的户政政务服务新体验、加码布局人口服务管理信息数字化集成分析共享。

一、探索

（一）加快推动农业转移人口市民化和城镇化

一是推进新型城镇化。指导四市公安机关不断深化户籍制度改革，探索阶梯化户口迁移准入互认新格局，有力促进本地县域农业转移人口市民化，助力成德眉资同城化发展不断提速，人口吸附力逐步增强，同城化发展的优势进一步凸显。截至2024年12月，成德眉资四市户籍人口总数2662.32万人（见图1），城镇人口1476.41万人，占全省城镇人口的41.14%，户籍城镇化率达到55.46%。

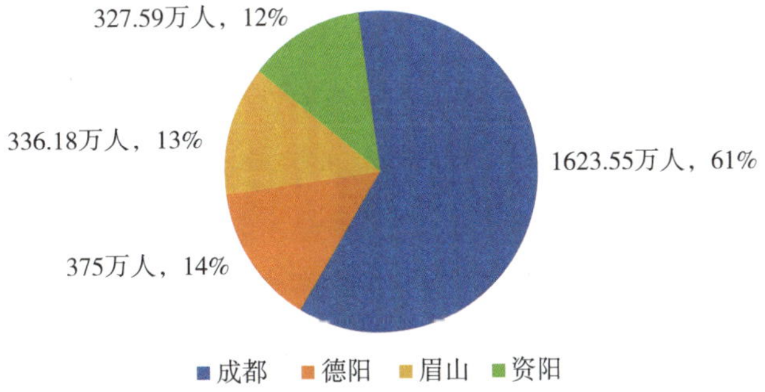

图1　2024年成德眉资四市户籍人口数

资料来源：四川省公安厅基层基础工作总队，以下同。

① 本案例由人口服务管理专项合作组指导单位四川省公安厅供稿，《创新同城化：成都都市圈探索实践》编委会组织编写。

二是放宽落户政策。全面放开德眉资三市落户城镇限制。成都市在充分考虑城市综合承载能力的前提下，稳步实施居住证积分入户和条件准入双轨并行的落户政策，合理调控迁入的规模和节奏，引导人口向东部新区等重点发展区域转移。2024 年 1—12 月，成德眉资四市共计吸引 18.47 万名农业转移人口落户城镇（见图 2），占全省农业转移人口落户城镇总数的 61.13%。

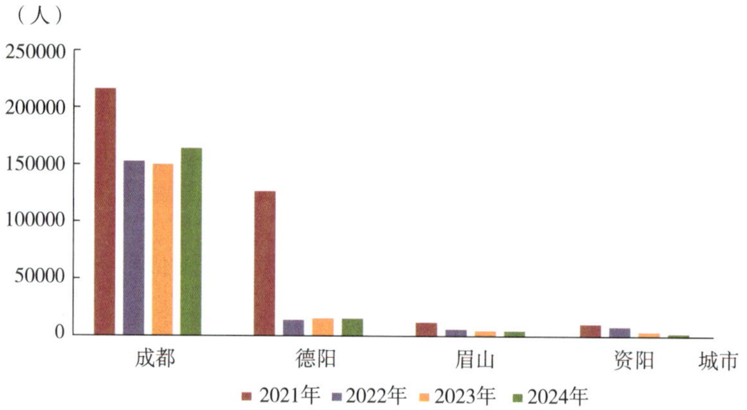

图 2　成德眉资四市 2021—2024 年农业转移人口迁入数

三是服务实有人口。构建基于四市居住登记信息共享的同城化便捷生活服务框架，在都市圈推广四川省居住证电子凭证应用，试点“微户政”居住登记申报功能，实现户籍登记管理、流动人口申报管理、实有人口登记管理一体化、集约化运行。2024 年，成德眉资四市共登记流动人口超过 1301 万人（见图 3）。2020—2024 年，成德眉资四市共计办理居住证超 500 万张（见图 4）。

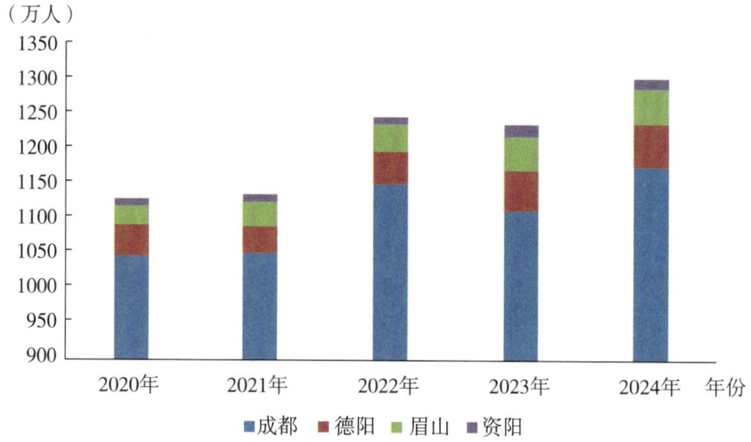

图 3　成德眉资四市 2020—2024 年登记流动人口数

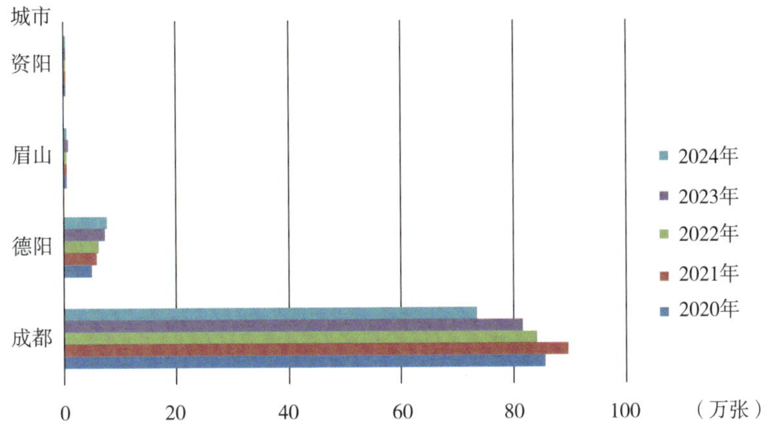

图 4　成德眉资四市 2020—2024 年居住证办理量

（二）加快打造户政政务服务“都市圈通办”

一是推出户口迁移“跨省通办”服务。率先在都市圈内发起试点，在全国率先实现群众跨省户口“一站式”迁移，群众由“跑三次”变为“跑一次”。二是推出首次申领居民身份证“跨省通办”服务。在全国首批完成部、省两级系统联调，在成德眉资四市打造外省群众首次申领居民身份证在现居住地就近办理的便民“主阵地”，打破首次申领必须回原籍办理的传统模式。三是推出新生儿入户“跨省通办”服务。成德眉资四市承担首先实现“都市圈通办”的应用试点主要任务，开通运行新生儿入户“省内通办”和川渝黔地区“跨省通办”业务，畅通申报受理、审核落户、新生儿入户信息查询等业务功能的线上渠道。

（三）加快布局人口服务管理信息参谋分析

研发人口服务管理“人口驾驶舱”应用，集合 50 余项主题 400 余项指标，为成德眉资同城化发展提供专属的人口管理数据可视化平台。一是聚焦人口管理。宏观层面为政府、相关职能部门准确预估人口规模、公共服务资源承载力等提供数据服务，微观层面为街道、社区基层工作管理人员提供工作赋能及信息参考。涵盖人口总量及其变化、人口自然变动、人口迁移流动、人口结构均衡、人口分布格局、人口素质提升等多方面指标，可为成德眉资四市及所辖的 38 个区（市、县）党委、政府提供决策参考。二是聚焦基层治理。以“四川 e 治采”为业务服务场景，搭建人口群体特征、小区联防联控、社区群防群治等民需民安类 12 个主题指标。实现实时查看矛盾纠纷风险隐患、邻里家庭、群体性事件、电信诈骗等 4 类事件，扎实维护好社会安全。聚焦关爱帮扶、证件办理、就业及乡村振兴等为民服务工作，精准反映各类人群实际情况。三是聚焦热点专题。以 11 个主题展现成渝地区双城经济圈人口迁移格局、“干支联动”下的区域人口发展情况、义务教育阶段适龄户籍人口分布情况，从人口视角获取同城化发展对成德眉资人口流动影响动态，为决策提供第一手资料支撑。

二、创新

嘉宾点评

李振军 中国疾病预防控制中心科技处处长、研究员

2023 年，全国城镇常住人口占全国总人口的比重（城镇化率）约为 66.16%，本书中成德眉资四市城镇化率约为 55%，低于全国约 11 个百分点，为此，选择这四个城市进行城镇化相关体制机制改革，具备很好的基础和空间，对于全国更多地区推进城镇化进程具有很好的推广价值。

关于放开户籍限制，对于德眉资三市全面放开，对于成都实施居住证积分入户与条件准入双轨推进，差别化的策略和机制更符合城市区域条件和未来发展定位与空间。

关于服务实有人口，可考虑用通信大数据等方式，做人口与资源承载力的分析和规划，补充登记申报率不足，以及解决流动人口管理中的规模、趋势、结构等相关问题。

关于都市圈通办：跨省通办符合都市圈人口流动现状，可以提升居民体验。可以参考北京“高效办成一件事”等政务服务相关场景，为居民侧和企业侧提供更好的感知与体验。

（一）创新人口融合管理服务模式

打破户籍和实有人口管理隔阂，整合公安机关在制定户籍制度规范、研究人口迁移流动政策、户籍人口城镇化、农业转移人口市民化、流动人口信息登记等工作优势，助力都市圈内城乡融合发展，人口要素有序流通。“人口驾驶舱”分析模块自启用以来，已向发展和改革、财政、农业农村、人社、教育等多部门提供了涵盖城乡属性、年龄结构、城镇化趋势等不同类别的人口数据分析，为社会各行各业办理政务服务提供精准参考。

（二）创新“都市圈先行”模式

主动承接省、部级深化“放管服”改革、优化营商环境的试点任务，采用在都市圈范围先行探索公安户政政务服务事项“省内通办”，再逐层拓展到川渝、西南、全国，形成高效的经验复制链条。

（三）创新服务领导决策模式

四川省公安厅在全国率先推出人口服务管理“人口驾驶舱”，针对四川省户籍人口、流动人口、实有人口进行多维度及关联综合分析应用，期望在成都都市圈建设规划中发挥作用，为各级领导决策提供数据支持。“人口驾驶舱”已为成德眉资四市及所辖区（市、县）政府分管公安工作的领导提供实有人口总量情况、总量分布情况、流动人口基本情况、实有人口社会结构、区域民安民需（联防联控）和群防群治能力

建设等数据的分析参考。

三、成效

采取深化户政政务服务“放管服”改革等系列举措以来，成德眉资四市共办理居民身份证“省内通办”48.59万笔，其中成都31.95万笔、德阳1.13万笔、眉山0.69万笔、资阳14.82万笔；办理居民身份证“跨省通办”业务7.75万笔，其中成都6.82万笔、德阳0.49万笔、眉山0.28万笔、资阳0.16万笔；办理户口迁移“省内通办”303.36万笔，其中成都284.24万笔、德阳11.61万笔、眉山6.32万笔，资阳1.19万笔；办理户口迁移“跨省通办”业务12.27万笔，其中成都11.01万笔、德阳0.48万笔、眉山0.42万笔、资阳0.36万笔。

如何打造同城化发展“试验田”？①

依托成都东部新区及简阳城区、淮州新城、凯州新城、眉东新城、资阳临空经济区等集中连片区域，创建成德眉资同城化综合试验区。

——《成都都市圈发展规划》第十章第四节

创建成德眉资同城化综合试验区是《成渝地区双城经济圈建设规划纲要》明确的重点任务，2022 年 3 月，经四川省政府批复，四川省发展改革委印发《成德眉资同城化综合试验区总体方案》。一年多以来，成德眉资四市合力推进综合试验区重点领域率先突破，着力创新同城化发展体制机制，积极探索经济区与行政区适度分离改革的有效路径，同城化发展“试验田”建设加快推进。

一、探索

（一）大力推进基础设施互联互通

提速建设轨道上的都市圈，西部地区首条跨市域轨道交通成都至资阳线于 2024 年 9 月 29 日正式开通运营，日均客流量达 3 万人次以上。阿里云西部云计算中心和数据服务基地一期运维中心和数据中心 A、B、C 栋已完成全部外立面装饰装修施工，其中数据中心 A、C 栋已完工，正在进行设备调试，数据中心 B 栋正在进行专业机电安装。合力推进水利能源基础设施建设，久隆水库开工并加快建设，雁溪湖水利工程主体完工。

（二）大力推动现代产业协作共兴

组建成德眉资同城化综合试验区招商联盟，发布综合试验区工业企业供需信息、相关链主企业供需信息，利用举办第 31 届大运会、世园会、世运会等重大赛事契

① 本案例由成都东部新区管理委员会，四川省同城化办公室供稿，《创新同城化：成都都市圈探索实践》编委会组织编写。

机，打好以商招商等招商引资“组合拳”，开启“服务不断线”的招商新模式，策划举办“投资成都”全球生态伙伴大会、“迎大运·游成都”成都市文旅产业建圈强链招商引智暨文旅线路产品（深圳）推介等活动，现场推出重大文旅招商项目 56 个，释放 1007.8 亿元投资机会。

图 1 连接成都东部新区与眉山眉东新城的三岔湖大桥建成通车

（三）大力加强生态环境共保共治

共筑龙泉山生态“绿心”，成都、德阳、眉山分别编制实施龙泉山城市森林公园保护发展规划，积极推动龙泉山城市森林公园整体纳入全国重要生态系统保护和修复重大工程，累计造林 59 万亩（一亩大约 666.667 平方米），规划建设总里程约 245 千米的龙泉山城市森林公园旅游环线。共同推进三岔湖全域生态环境综合治理，统筹水资源、水环境、水生态“三水”治理、保护与开发，实现三岔湖由劣Ⅴ类到Ⅲ类水质标准的全面提升。

（四）大力推动综合改革先行先试

建立项目统一管理机制，建立综合试验区统一项目库，形成“储备一批、开工一批、建设一批、竣工一批”的项目推进机制，协同推动 38 个项目规划建设。建立平台共营机制，成都东部新区与资阳临空经济区协同共建成都天府临空经济区、凯州新城和淮州新城共建融合发展区、成都东部新区和眉山眉东新城共建环三岔湖科技创新高地，全面落实《成都天府临空经济区建设方案》，错位布局发展临空制造业和服务业。探索建立区域内利益联结机制，建立成德眉资综合试验区统计监测工作机制，推动形成统计上下协同、区域联动的工作格局。

二、创新

（一）注重顶层设计，系统谋划部署综合试验区建设目标任务

为落实《成渝地区双城经济圈建设规划纲要》《成都都市圈发展规划》要求，四川省委、省政府坚持系统思维，统筹谋划综合试验区建设，2022 年 3 月，经四川省政府批复，省发展改革委印发《成德眉资同城化综合试验区总体方案》，明确综合试验区范围包括成都东部新区（含托管天府新区简阳片区）和德阳凯州新城、金堂淮州新城、简阳城区、资阳临空经济区、眉山眉东新城（以下简称“1+5”区域）集中连片区域（见图 2），面积 2997 平方千米；明确统筹生态、生产、生活三大空间，打造多中心、组团式、网络化空间格局，构建“一核、一轴、多片”功能布局，加快打造都市圈同城化发展试验田、经济区与行政区适度分离改革制度创新平台、新型城镇化高质量发展示范地等目标和重点任务，为全面建成示范引领成德眉资同城化发展标杆提供了科学指引和路径方法。

（二）突出改革试验，积极探索经济区与行政区适度分离

土地要素方面，创新土地用途转用模式，综合试验区工业用地实现“标准地”100% 供应，对综合试验区内符合条件的重大项目因选址确实无法避让永久基本农田的，允许按照《关于开展永久基本农田储备区补充更新工作的通知》开展补划。省林草局按照“分类分级”管控制度“带帽”下达东部新区等经济开发区林地定额，做好综合试验区区域内重点建设项目林地要素保障。财政政策方面，省级财政和成德眉资四市加大倾斜力度，2023 年，四川省财政厅安排成德眉资同城化综合试验区新增地方政府专项债券 68.75 亿元，债券期限均为 10 年期及以上，为综合试验区发展提供了长期稳定资金支持，有力推动淮州新城职教城供配电工程等重大项目实施。人才政策方面，打破户籍、身份、学历、人事关系等因素制约，实现区域外来就业人员购买首套住房不受户籍限制，统筹使用编制资源，聘任制公务员等多元化人才引进机制在综合试验区全面落实。

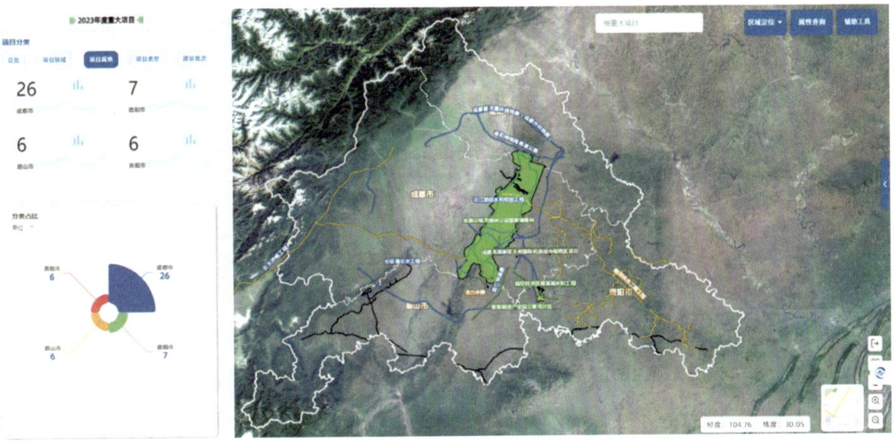

图 2　成德眉资同城化综合试验区功能布局

（三）完善工作机制，高效推进项目落地落实

总体方案印发后，省同城化办公室认真研究，形成《贯彻落实〈成德眉资同城化综合试验区总体方案〉实施方案》逐项分解，压实各方责任。省同城化办公室会同省级有关部门、成德眉资有关单位、综合试验区“1+5”区域建立综合试验区调度会议制度，研究制定年度工作任务清单，协调推进重大项目、重大改革。成都东部新区会同简阳城区、淮州新城、凯州新城、眉东新城、资阳临空经济区建立联席会议制度，推进各项工作任务落地落实。基于同城化发展综合管理一张图系统（VIS）建成综合试验区统一项目库（见图 3），

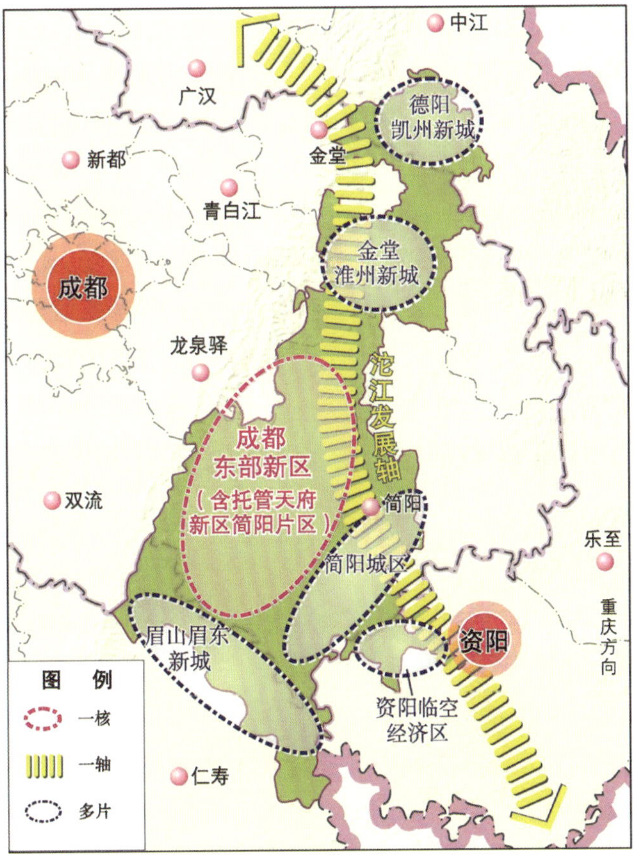

图 3　成德眉资同城化综合试验区统一项目库

综合试验区2023年38个年度重点项目完成入库并按月填报项目推进情况，信息化、矢量化推进各项目建设。

三、成效

近两年来，围绕落实《成德眉资同城化综合试验区总体方案》，综合试验区工作机制建立健全，建立成德眉资同城化综合试验区调度会议制度和联席会议制度，组建成德眉资同城化综合试验区招商联盟，常态化共享招商信息。区域内重点领域取得突破，基础设施建设全面加强，市域（郊）铁路成都至资阳线开通运营，启动市域（郊）铁路龙泉至天府机场线前期工作，打通三岔湖环线、万罗路等断头路；对外开放水平持续提升，成都资阳联合共建成都天府临空经济区，天府国际空港综合保税区获国务院正式批复，《成都东部新区条例》获批，成都东部新区获批省级首批集成授权改革试点和省级教育改革综合试验区；生态治理力度不断加大，常态化开展老鹰水库联合巡湖执法，实现三岔湖流域联合监督共同保护，试验区水生态环境明显改善。

嘉宾点评

黄征学　中国宏观经济研究院国土开发与地区经济研究所国土规划研究室主任、研究员

推动成德眉资同城化发展综合试验区建设是探索经济区与行政区适度分离改革的重大举措，是健全都市圈同城化发展体制机制的重要创举。2022年3月，四川省发展和改革委员会印发《成德眉资同城化综合试验区总体方案》以来，同城化发展管理体制日益完善，基础设施、现代产业、生态环境等领域项目协同推进机制逐步建立，区域内利益联结机制、统计监测工作机制加快构建，形成了一批可复制、可推广的经验。但与同城化的高要求相比仍有差距，建议借鉴长三角生态绿色一体化发展示范区的好做法，进一步完善跨行政区多层次常态化管理体制，健全跨区域项目联合申报、联合审批机制，加快建立成本共担和利益共享机制，推动成德眉资同城化发展走深走实。

如何构建和培育统一高效协调的工作机制？①

要充分发挥成都带动作用和德阳、眉山、资阳比较优势，建设现代化都市圈。

——《成渝地区双城经济圈建设规划纲要》

四川省委、省政府高位推进成都都市圈建设，出台《关于推动成德眉资同城化发展的指导意见》，专门成立省推进成德眉资同城化发展领导小组，强化统筹指挥，于2020年在全国率先探索都市圈同城化发展路径。经过四年多的不断探索推进，成都都市圈同城化发展建立了较为成熟的体制机制并运行良好，高度契合党的二十届三中全会《决定》第20条关于“建立都市圈同城化发展体制机制”要求，为中央决策、国家部署贡献了地方智慧、提供了典型案例，下一步将聚焦新时代新要求持续优化完善都市圈同城化发展体制机制，努力打造全国都市圈建设的先进典范。

一、探索

（一）建立健全跨层级跨部门跨区域联动机制，着力提升共识凝心聚力

落实四川省委、省政府推进成德眉资同城化发展部署，建立起成都都市圈“同城化发展领导小组统筹、省级部门指导、同城化办公室协调、成德眉资四市主体推进、专项合作组联动”的决策层、协调层、执行层多层次合作工作机制。成德眉资四市区（市）县结对合作融入成都都市圈建设，彭州市—什邡市、新津区—彭山区、成都东部新区—资阳临空经济区等创新合作模式强化联动，推动都市圈建设从“单一的市级统筹”向“多维度的区（市）县联动”转变。引导社会各界深度参与成都都市圈建设，搭建同城化参与者交流平台和理论实证智慧汇聚窗口，持续举办成都都市圈建设论坛、“同城大讲堂”（原“兴汇大讲堂”）、“互通互信共建共享”恳谈会等系列活动，吸引专家学者、高端智库为成都都市圈建设建言献策，组建产业发展、社会治理等各

① 本案例由四川省同城化办公室供稿，《创新同城化：成都都市圈探索实践》编委会组织编写。

类都市圈联盟，充分调动行业协会、社团组织的积极性。

（二）建立健全规划统一政策协同机制，着力统一路线图和任务书

四川省委、省政府率先制定印发《关于推动成德眉资同城化发展的指导意见》，明确按照起步期、成长期、提升期三个阶段推进成都都市圈建设。《成都都市圈发展规划》于2021年11月经国家发展和改革委员会批复同意、四川省人民政府印发实施，成为全国第三个、中西部首个获批的国家层面批复的都市圈发展规划，《成都都市圈国土空间规划》于2024年11月经四川省人民政府批复，配套制定综合交通、现代农业、公共服务、生态环境等重点领域专项规划，构建形成“以都市圈发展规划为统领、以国土空间规划为基础、以重点领域区域专项规划为支撑”的“1+1+N”成都都市圈规划体系。着眼完善规划协同机制，“一盘棋”推动都市圈融合发展，制定《成都都市圈规划协同工作机制》，推动成德眉资四市建立统一制定、联合报批、共同实施的都市圈规划协同机制，形成统一的技术指引和规划实施评估督导机制。着眼“清单制＋责任制”项目化建设成都都市圈，领导小组制定并推动圆满完成起步期三年行动计划，出台并实施成长期三年行动计划，同步按年度制定成都都市圈建设工作要点和重大项目、重大事项、重要会议活动“三张清单”。

（三）建立健全全生命周期项目共建机制，着力改善硬基础和软环境

着眼发挥重大项目对成都都市圈建设的支撑作用，规范健全成都都市圈重大项目全生命周期管理机制，制定《成德眉资同城化发展暨成都都市圈建设重大项目管理办法》，按年度编制印发成都都市圈重大项目清单，搭建成都都市圈以矢量数据为驱动的信息系统，建立重大项目数据库和跟踪监督管理系统，初步实现重大项目集中式管理、分布式应用，逐步实现重大项目物理空间精准落位、信息数据实时共享。聚焦打造轨道上的都市圈，成都轨道集团分别与德阳、眉山出资组建合资公司，全力推动市域铁路成德S11线、成眉S5线等跨区域项目建设。

二、创新

（一）强化统筹协调，“决策层、协调层、执行层”多层次合作机制健全完善

成都都市圈建立起“同城化发展领导小组统筹、省级部门指导、同城化办公室协调、成德眉资四市主体推进、专项合作组联动”的五级决策层、协调层、执行层多层次合作工作机制（见图1）。四川省委、省政府高位推进成都都市圈建设，专门成立四川省推进成德眉资同城化发展领导小组，领导小组由省委副书记、成都市委书记任

组长，一位副省长和成都市市长、德眉资三市市委书记任副组长，领导小组定期对重大问题进行研究安排，对重大项目进行协调推进。省级部门靠前指导全力支持成都都市圈建设，先完善工作推进机制后制定发布三次产业指导目录，在重点领域安排专项资金支持同城化项目建设。同城化办公室负责领导小组日常工作，统筹抓好和协调推进领导小组决策部署及领导小组会议议定事项的贯彻落实（见图 2）。成都、德阳、眉山、资阳四市分别成立同城化工作机构，及时将成都都市圈建设的任务书转化为施工图、转变成实物量。组建由省级部门指导、四市分管市领导协调、四市对口部门推进的重点领域专项合作组，畅通省、市部门纵向衔接、成德眉资四市横向沟通渠道。

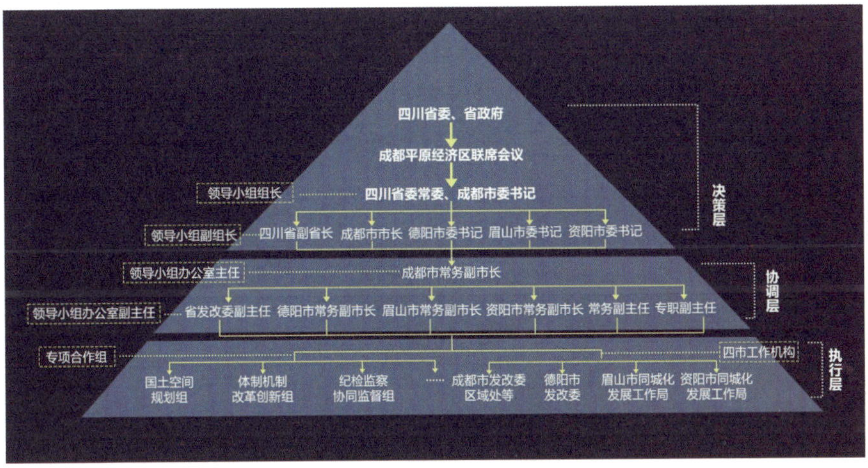

图 1　四川省推进成德眉资同城化发展工作机制

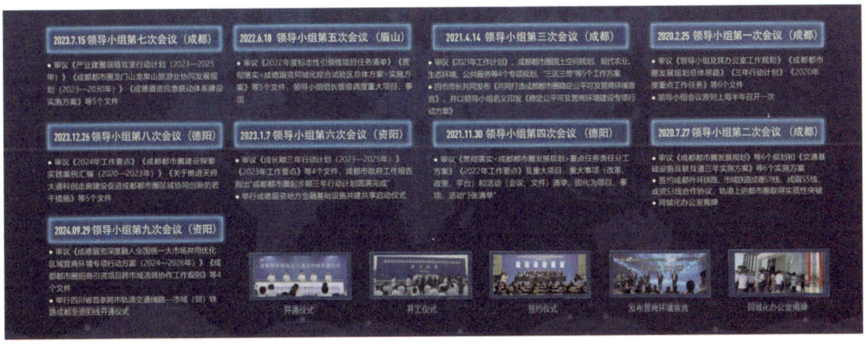

图 2　同城化发展领导小组历次会议议定事项

（二）强化协调调度，同城化办公室实现“常态化运作和实体化运行”

四川省同城化办公室（见图 3）主任由成都市委常委、常务副市长兼任，副主任由四川省发展改革委分管副主任和德眉资三市常务副市长兼任，由一名常务副主任、一名专职副主任负责日常工作，内设 5 个工作组，由成德眉资四市抽调人员集中办公。四川省同城化办公室及时细化分解都市圈建设重点任务，细化都市圈发展规划、三年行动计划、年度要点等各项任务实施主体、推进时限和年度目标，建立工作台账并有序推进任务实施；加强调查研究协调调度，联动省、市、县开展成都都市圈课题研究，联合国家级智库构建现代化成都都市圈高质量发展综合评价指标体系，建立“综合调度 + 专项调度”定期协调调度机制，每季度召开综合调度会，针对具体问题及时开展专题协调；突出宣传推介氛围营造，持续“请进来”，邀请先发地区企业到成都都市圈与政府部门、国企交流洽谈，积极“走出去”，赴长三角、粤港澳等地开展成都都市圈推介，用好“新媒体”，成都都市圈微信公众号每日推送，订阅用户超 1.6 万人。

图 3　位于四川天府新区兴隆湖畔的四川省推进成德眉资同城化发展领导小组办公室

嘉宾点评

刘士林　上海交通大学城市科学研究院院长、教授，中国城镇化促进会研究部主任、高级研究员

党的二十届三中全会提出发挥经济体制改革牵引作用，进一步加强了经济工作的战略使命担当。近年来，成都都市圈四市坚持都市圈“一盘棋”系统思维，锚定协同推进体制机制创新的中心工作，强化统筹协调，强化协调调度，强化重点突破，聚焦发展布局优化、基础设施建设、创新驱动发展、产业体系共建等重点领域，在打破行政壁垒、构建高水平市场经济、开展经济区和行政区适度分离、提升行政效率和公共服务能力、构建创新同城化利益分享机制等方面真抓实干，先行先试，形成了一批具有示范引领价值的优秀案例，不仅有力推动了都市圈自身的发展，对省域现代化发挥了良好的引擎作用，也对我国其他地区的都市圈同城化深入发展提供了可资借鉴的有益经验。

（三）强化重点突破，重点领域专项合作组畅通“纵向衔接横向沟通”渠道

为更好推进成都都市圈各领域重点任务，组建省级部门指导、四市分管市领导协调、四市对口部门推进的重点领域专项合作组，聚焦发展布局优化、基础设施建设、创新驱动发展、产业体系共建等方面进一步畅通省市部门纵向衔接、

成德眉资四市横向沟通渠道。各专项合作组强化政策协同、细化工作举措，协同制定专项合作年度工作方案并组织实施，有力有序推进各领域重点任务，为高质量实施成都都市圈发展规划、三年行动计划、年度重点任务发挥了重要作用。

三、成效

四年多来，“领导小组统筹、省级部门指导、省同城化办协调、成德眉资四市主体推进、专项合作组联动”的跨层级跨区域跨领域同城化工作推进体制机制稳定运行，为成都都市圈同城化发展提供了坚实有效的制度保障。当前，成都都市圈建设工作取得阶段性成效，圆满完成起步期三年行动计划，正接续实施成长期三年行动计划。成德眉资同城化进程不断加速，成都都市圈综合承载能力持续增强，区域协调发展水平和城乡融合水平显著提升。

如何通过矢量化系统助推同城化重大项目管理？①

统筹建设政务服务“一张网”、公共数据“一个库”，实现公共管理、政务服务、社会治理、空间地理等领域信息同城化。

——《关于推动成德眉资同城化发展的指导意见》

四川省推进成德眉资同城化发展领导小组第七次会议提出，完善“区域调度＋专项调度”机制，强化重大合作项目全生命周期管理。四川省同城化办公室积极落实上级要求，以“数学基础统一、条块统分合一、标识公认唯一”为原则，以“大中台、小应用、微服务”为目标，聚焦探索都市圈数字协同治理，充分发挥同城化重大项目对区域经济发展的带动作用，积极运用信息化手段，打破区域行政壁垒，建设同城化发展矢量驱动信息系统，着力提升成德眉资同城化重大项目建设全生命周期管理水平，助推成都都市圈建设高质量发展。

一、探索

（一）深化“数据中台”，建设成德眉资数据资源共享专区

按照《成德眉资数据资源共享专区建设方案》，在四川省大数据中心支持下，依托省一体化数据资源共享交换平台，建立了跨区域、跨层级、跨部门的成德眉资数据资源共享专区。四市明确责任分工、严格数据汇交、加强共享应用、强化安全管理，发布一期数据资源目录，实现省直部门和成德眉资四市规划、产业、交通、水利、生态环境等3大类186项数据汇交，其中接口服务53项、数据库表82项、文件51项，共计约1.7亿条。为同城化发展提供矢量驱动信息系统（Vector based

① 本案例由四川省同城化办公室供稿，《创新同城化：成都都市圈探索实践》编委会组织编写。

Information System，简称 VIS）框架下建立的成德眉资同城化重大项目数据库和跟踪监督管理系统及各模块应用提供了坚实全面的“数据中台”。

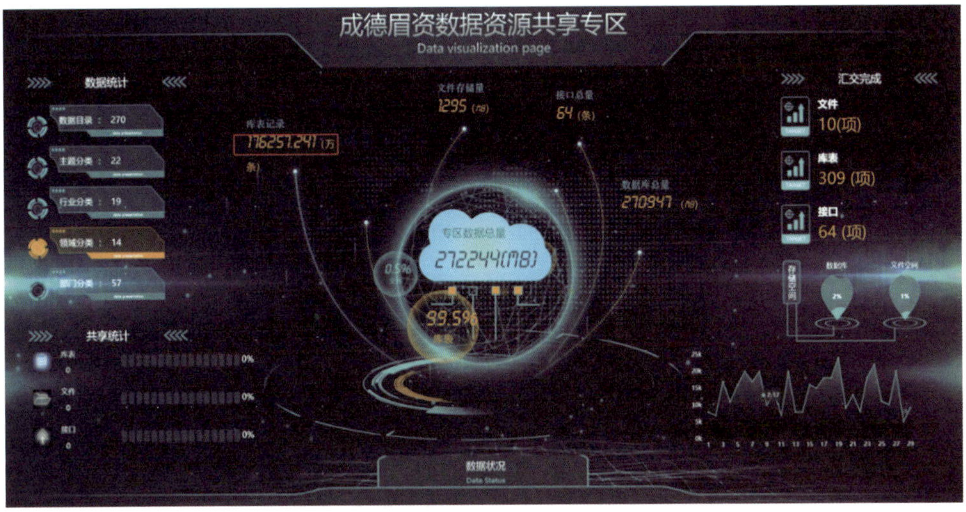

图 1　成德眉资数据资源共享专区界面

（二）提升管理效能，建立同城化发展矢量驱动信息系统

聚焦提升重点领域智慧治理能力和重大项目全生命周期管理水平，四川省同城化办公室在成德眉资数据资源共享专区基础上建立起同城化发展综合管理一张图平台。其中包括重大项目、交通设施、产业发展、生态环境等所有模块，均采用 VIS 作为数据交换的枢纽系统，改变成德眉资及省直各地区各部门数据库原有逻辑结构及物理结构均独立的情况，将跨区域、跨部门、跨层级的管理数据进行融合、存储、应用，通过叠加现状数据、规划数据、管理数据，建成集展示、查询、统计、分析、监管等功能于一体，以矢量数据为驱动的成德眉资重点领域智慧治理平台、同城化重大项目数据库和跟踪监督管理系统。

（三）强化顶层设计，创建同城化重大项目管理机制

一是制定印发《成德眉资同城化发展暨成都都市圈建设重大项目管理办法》，明确建立四市重大项目牵头单位报送、四市同城化工作牵头部门复核、四川省同城化办公室汇总的填报机制。二是明确在 VIS 框架下，搭建成德眉资同城化重大项目数据库和跟踪监督管理系统，通过信息化手段推动都市圈重大项目矢量信息精准落位、属性信息实时共享、档案信息及时查询，实现问题信息及时发现、协调调度实时响应。三是确立领导小组、主任办公会、四川省同城化办公室、同城化发展专项合作组、市级

同城化工作牵头部门共同跟踪管理的五级协调调度机制，定期（领导小组、主任办公会每半年一次，四川省同城化办公室每季度一次，同城化发展专项合作组、市级同城化工作牵头部门每月一次）或不定期开展重大项目调度，协调解决项目重要困难和问题，通报项目推进情况。

图 2　成德眉资同城化发展矢量驱动信息系统重大项目矢量管理界面

二、创新

（一）优化管理系统，以矢量化推动重大项目协同建设

成德眉资同城化重大项目全生命周期管理系统以“数学基础统一、条块统分合一、标识公认唯一”为原则，以“大中台、小应用、微服务”为目标，采用 2000 国家大地坐标系和 1985 国家高程基准标准，实现全领域重大项目唯一性空间表达。以“定点、连线、构面、拓扑”为逻辑起点，清洗“图形、属性、影像”3 类数据，搭建“现状、规划、管理”3 级框架，建强“全解析、全覆盖、全流程、全回溯、全运维”5 个基因，实现“地理空间集中管理、部门信息分布应用”，最大限度消弭信息孤岛、节省财政资金、杜绝数出多门、提升质量效率。对一个或更多项目进行对比，可通过矢量化叠加查看三区三带、道路线形、产业园区、规划用地等不同图层进行综合智能解析，比较其合规性。

（二）深化管理方式，以信息化加强重大项目联动建设

联通四川省与四市的政务外网，提高同城化重大项目资源配置效率和管理效能，实现都市圈信息化协同治理。根据填报数据自动转换形成饼状、条状等多种图形统

计，生成月、季度、年度数据表格或文字统计，数据表达直观具体。同时依据历史填报数据实时对三年行动计划、年度重大项目等信息的时间节点、推进情况、投资情况等进行统计调阅。结合重大项目开工情况、投资情况等动态填报数据、统计图表等建立整个项目全生命周期档案信息，完成都市圈项目统一管理、综合分析、分段统计，为同城化重大项目跟踪、协调和督导提供直接依据。

（三）加强统筹联动，以政务联动促进项目跨区域互动

省同城化办公室作为成德眉资同城化发展暨成都都市圈建设的牵头部门，积极同有关事权部门加强联系，通过发布成德眉资城市机会清单、举行“互通互信共建共享”系列恳谈会等形式，实现成德眉资四市及省直部门重大项目信息流转广泛、迅捷、规范。在合法合规、合作共赢的前提下引导多种形式的资金投向同城化重大项目，强化项目信息宣传，拓宽融资渠道，加强跨区域、跨部门、跨层级都市圈重大项目整体协调联动。

嘉宾点评

杨滔 清华大学建筑学院副教授、智慧人居创新中心副主任

成德眉资同城化重大项目全生命周期管理采用矢量化信息系统，以“数学基础统一、条块统分合一、标识公认唯一”为原则，联动了区域内重大项目信息的传播与决策，推动了成都都市圈高质量建设发展，具有一定的创新价值。针对重大项目的投资、选址、规划、建设、运营等场景，不仅需要在空间上唯一表达，还需要各种统计报表和跟踪节点等实时更新与联动，更需要建立起空间动态优化、流程系统优化、交互智能优化等机制模式。随着 AI 智能体的快速发展，矢量化信息将转为张量化信息，集成多模态的数据与算法，实时重构真实的变化过程，辅助多部门协商的优化模式，培育更多跨行业的精英人才。

三、成效

运用 VIS 建立的同城化发展综合管理一张图平台按照不同领域联通省直及四市有关部门相关数据，实现交通设施互联互通、产业发展建圈强链、生态环境环保共治、重大项目统筹推进等多方面都市圈建设领域共建共享。上线运行都市圈养老地图应用场景，汇集 2426 家养老机构基础信息，实现养老服务信息的一站式获取。通过 VIS 有效推进同城化重大项目全生命周期管理，2022 年保障了 186 个项目顺利推进，2023 年保障了 150 个项目顺利推进，2024 年保障了 158 个项目顺利推进。

如何构建和应用现代化都市圈高质量发展指数？[①]

以城市群、都市圈为依托构建大中小城市协调发展格局。

——党的二十大报告

成都都市圈作为中西部第一个国家级都市圈，开展都市圈建设理论研究和标准制定，对于成都都市圈高质量发展、支撑成渝地区双城经济圈建设意义重大。落实四川省推进成德眉资同城化发展领导小组第六次会议“要充分发挥高校院所和智库机构作用，围绕都市圈发展联合发布研究报告，开展理论研究和标准制定”部署要求，立足综合评价成都都市圈发展水平、阶段特征、发展态势，动态评估《成都都市圈发展规划》实施情况，推动形成“体检—诊断—应对”治理闭环，四川省同城化办公室联动国家级智库构建现代化成都都市圈高质量发展评价指标体系，探索打造都市圈建设评价样板。

一、探索

（一）率先构建都市圈指标体系

立足客观分析成都都市圈与国内其他都市圈的发展差异，动态评估《成都都市圈发展规划》实施情况，在四川省发展改革委指导下，四川省同城化办公室会同清华大学中国新型城镇化研究院和北京清华同衡规划设计研究院，以成都都市圈为样板，在地方层面率先构建起都市圈发展综合评价指标体系，聚焦“横向比较 + 纵向监测”维度，平衡“绝对值 + 相对量”权重，探索“定性 + 定量”组合，围绕“城镇化 + 高质量 + 同城化”重点板块，形成现代化成都都市圈高质量发展横向对外评价指标

① 本案例由四川省同城化办公室供稿，《创新同城化：成都都市圈探索实践》编委会组织编写。

体系和纵向对内监测指标体系。

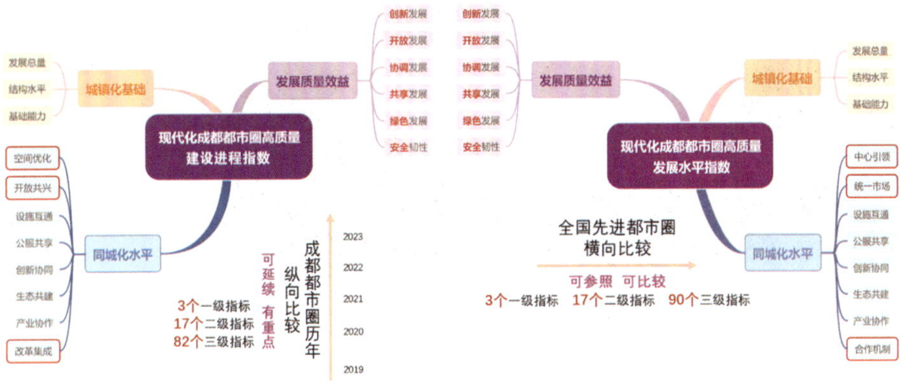

图1 现代化成都都市圈高质量发展横向对外评价指标体系和纵向对内监测指标体系

（二）公开发布都市圈发展指数

基于现代化成都都市圈高质量发展横向对外评价指标体系和纵向对内监测指标体系，研究团队搭建起全量、全景数据资源池，以大数据前沿分析手段，为成都都市圈绘制立体式数字画像，通过获取传统统计数据、部门专项数据、手机信令数据、企业工商登记数据、专利合作信息、消费大数据、POI 兴趣点数据、媒体舆情等多源融合数据，进行数据整理、指标赋权、统一测算，进一步形成现代化成都都市圈高质量发展水平指数和建设进程指数。自 2022 年起，清华大学中国新型城镇化研究院、北京清华同衡规划设计研究院已连续四年联合发布《现代化成都都市圈高质量发展指数》。

（三）持续编制都市圈发展报告

根据发布的《现代化成都都市圈高质量发展指数》，四川省同城化办公室会同研究团队深入分析指数所反映的成都都市圈发展水平、阶段特征、发展态势，编制形成《成都都市圈发展报告》，《成都都市圈发展报告》重点结合对成都都市圈发展水平和建设进程的评价分析，从横向比较角度，根据成都都市圈在 14 个横向对比都市圈中的综合排名和分项排名情况，客观评价成都都市圈发展水平，识别成都都市圈优势亮点和短板弱项并剖析成因，借鉴先进先发都市圈经验做法提出针对性建议；从纵向监测角度，对照《成都都市圈发展规划》明确的重点任务，逐年监测成都都市圈建设进程，动态评估《成都都市圈发展规划》实施情况并提出工作建议；从成德眉资四市融入成都都市圈建设角度，分析各市工作推进情况，并分别提出各市更好融入成都都市圈建设的政策建议。

图2 2023年5月，《现代化成都都市圈高质量发展指数》在清华大学发布

二、创新

嘉宾点评

卢庆强 清华大学中国新型城镇化研究院城市群与都市圈研究分中心主任、北京清华同衡规划设计研究院有限公司副总规划师

该案例作为全国首个特定都市圈高质量发展体检评估工作，在建立可评估、可对比、能支撑的指标体系与开展连续跟踪评估的基础上，一方面形成成都都市圈发展报告，通过体检评估与发展规划实施执行部门充分联动、衔接，形成对策建议直接服务于同城化领导小组，有效支撑成都都市圈发展与同城化工作，推动形成了“体检—诊断—应对”的都市圈治理闭环；另一方面，通过多次组织召开高质量发展指数发布会及都市圈建设研讨会，打造国内都市圈发展评价样板的同时，为全国多地都市圈发展与体检评估工作提供有效借鉴。

该案例在体检评估体系构建、数据选取和持续优化等技术方法和工作机制上具备创新性。体检评估实现了横向比较和纵向监测的综合目标，并采用了增值税发票联系数据、消费大数据、媒体舆情数据等新型数据对都市圈发展体征进行刻画，既为都市圈发展找准痛点、识别特色建立坐标，也为都市圈建设监测进展、有序推进提供支撑。通过连续性的体检评估，加入多时间节点的跟踪比较分析，逐项稳定原始数据获取途径，明确具体指标计算方法，着力形成常态化评估、动态化迭代更新的比较分析和动态监测评价机制。

期待这项工作能够不断持续深化推进，与时俱进、久久为功，相信能够收到更好的成效，形成更好的样板。

（一）着眼全面剖析都市圈发展质效，确定“城镇化＋高质量＋同城化”三大评价板块

着眼区域协调发展新要求，立足都市圈作为城镇化的主要空间形态、高质量发展的核心引擎、区域一体化发展的先行示范，将“城镇化＋高质量＋同城化”三个板块作为现代化成都都市圈高质量发展评价体系的主框架。具体为：从城镇化总量、结构和基础保障水平等方面设置“城镇化基础”板块；坚持高质量发展取向，从创新、协调、绿色、开放、共享的新发展理念和安全韧性等方面设置“发展质量效益”板块；落实《国家发展改革委关于培育发展现代化都市圈

的指导意见》对推进都市圈各领域建设的要求，设置“同城化水平”板块。

（二）着眼把握成都都市圈位势和进程，建立“横向比较＋纵向监测”两个评价维度

建立横向比较评价维度，形成“3+17+90”都市圈发展水平评价体系，通过跟踪比较成都都市圈与国内其他都市圈的发展差异，客观评价成都都市圈核心领域的发展水平，精准识别成都都市圈的优势亮点和短板弱项，为成都都市圈建设寻经验、提对策。建立纵向监测评价维度，形成“3+17+82”都市圈建设进程评价体系，聚焦《成都都市圈发展规划》明确的重点任务，逐年监测成都都市圈整体建设进程，动态评估《成都都市圈发展规划》实施情况。

（三）着眼提供都市圈评价地方实践案例，确定“权威性＋科学性＋实施性”指标选取三大原则

一是具备权威性，以《成渝地区双城经济圈建设规划纲要》《关于培育发展现代化都市圈的指导意见》《“十四五”新型城镇化实施方案》等国家文件提出的量化目标为遵循，结合国家发展改革委召开的都市圈发展规划编制实施工作会议提出的任务要求，参考中国科学技术大学专利数据库、中国人民大学政商关系评价报告、GaWC世界城市名册等各领域权威官方数据，借鉴国内外有关都市圈评估研究成果，逐一明确指标算法、确定数据来源。二是体现科学性，以传统统计数据为主，结合来源可靠、应用成熟的手机信令、地图兴趣点（POI）等多元数据渠道，综合运用各类分析手段，选取指标和分析方式力求体现创新性、科学性。三是注重实施性，紧密结合既有工作部署，逐项稳定原始数据获取途径，逐项明晰具体指标计算方法，形成适应常态化评估、动态化更新的比较分析和动态监测评价方法，确保选取指标具备可获得性、强支撑性、可延续性。

三、成效

2024年12月，四川省同城化办公室推动清华大学中国新型城镇化研究院和北京清华同衡规划设计研究院公开发布《现代化成都都市圈高质量发展指数》，指数发布后获得行业领域专家的高度评价，在此基础上，结合省同城化发展领导小组工作要求，同城化办公室会同智库机构进一步研究编制形成《成都都市圈发展报告（2024）》和《成都都市圈人口联系专题报告（2024）》《成都都市圈体制机制改革专题报告（2024）》。研究成果表明，成都都市圈高质量发展水平位居中西部地区领先地位，城镇化基础不断增强、发展质量效益持续提升、同城化水平优势显著，现代化都市圈初具雏形，正乘势跃升迈步新征程。

如何发挥都市圈论坛的作用？[①]

完善规划实施的公众参与机制，广泛听取社会各界的意见建议，营造全社会共同推动成都都市圈建设的良好氛围。

——《成都都市圈发展规划》第十一章第三节

高标准举办成都都市圈论坛。

——《成德眉资同城化发展暨成都都市圈建设成长期三年行动计划（2023—2025 年）》

为深入贯彻党中央决策部署，持续搭建全国都市圈横向交流平台，共同构建新时代都市圈同城化生态，2021 年 12 月，成都都市圈率先举办首届都市圈建设论坛，现已连续举办四届。2024 年成都都市圈建设论坛经中央宣传部同意保留，成为全国唯一的都市圈同城化专题论坛。成德眉资同城化发展暨成都都市圈建设获得社会各界广泛关注，都市圈发展机遇不断扩大。

一、探索

（一）发挥四市合力，丰富论坛形式

成德眉资四市同心共筑同城化品牌、打造都市圈对外宣传平台。前三届论坛由成德眉资四市政府指导，四川省同城化办公室具体承办，首届论坛采用线上和线下“1+3”（成都主会场，德眉资 3 市分会场）形式开展。第二届论坛设置“开幕式 +1 个主论坛 +3 个分论坛 + 闭幕式”，第三届论坛设置“开幕式 +1 个主论坛 +2 个分论坛”等环节，进一步丰富论坛形式。在前三届论坛基础上，第四届论坛得到国家发展改革委、自然资源部大力支持，由四川省人民政府指导，成德眉资四市政府主办，四

① 本案例由四川省同城化办公室供稿，《创新同城化：成都都市圈探索实践》编委会组织编写。

川省同城化办公室承办，采取“1 个主论坛（含开幕式）+3 个分论坛 + 配套活动”形式开展。

（二）聚焦重点领域，精选交流主题

论坛立足新时代都市圈城市群建设进程与要求，深入思考、大胆创新，精心设置每届论坛主题和内容。首届论坛以“共建都市圈 蓉汇动力源”为主题，聚焦成都都市圈发展规划明确的八大重点领域，深入研讨新时期都市圈发展的方向任务、思路路径、理论实践等（见图 1）。第二届论坛以“深入推进同城化 加快建设都市圈”为主题，围绕重塑产业经济地理、提高交通路网质量效益、探索超大城市高效能治理路径等领域深入交流，并由清华大学中国新型城镇化研究院线上发布现代化成都都市圈发展指数（2022），中国社科院线上发布成都都市圈建设蓝皮书。第三届论坛以“携手高质量同城化 共建现代化都市圈”为主题，重在持续搭建各大都市圈横向交流平台，不断激发建圈强链链主、链属、中介企业活力，进一步为成都都市圈高质量发展注入强劲动力，加速都市圈同城化发展进程。第四届论坛以“深化同城化发展体制机制 汇聚都市圈建设磅礴动力”为主题，从都市圈城市代表实践交流、成都都市圈“三带”投资推介暨政企合作对接、学术界专家学者研讨分享三个维度开展（见图 2），并由清华大学中国新型城镇化研究院现场发布现代化成都都市圈高质量发展指数（2024）。

图 1　首届成都都市圈建设论坛

图 2　第四届成都都市圈建设论坛

（三）汇聚各界力量，提升论坛能级

根据每届论坛主题与内容，有针对性的邀请演讲嘉宾，综合考虑、统筹分配各层级、各区域参加人数，嘉宾规格高、代表性强、影响力大，参加人员类别多元、覆盖面广。首届论坛邀请杨伟民、张忠伟、刘永好等 16 位专家学者、政府部门和企业家代表发表主旨演讲，线上线下约 200 人参加。第二届论坛邀请了王一鸣、史育龙等国家级智库及高校院所知名专家，成都及南京、长株潭、福州、武汉、重庆等都市圈代表，新加坡、德国莱茵一内卡都会区代表和企业家代表共 25 名嘉宾，采用“线上 + 线下”方式进行交流分享，现场参会 150 余人，1.6 万人线上观摩。第三届论坛邀请范恒山等知名专家、企业代表和重庆、西安、武汉等 8 个都市圈城市群代表现场演讲、交流分享，国家发展改革委国际合作中心 2 位副主任出席并担任平行活动主持人，108 名企业家代表、16 名都市圈城市群代表等 238 人现场参加，线上直播观看量 8.58 万人次。第四届论坛邀请自然资源部庄少勤副部长和国家发展改革委吴越涛组长出席并致辞，全国 13 个兄弟都市圈或都市圈中心城市代表现场交流经验，杨伟民、尹稚、严金明、李国平、方创琳、周毅仁、冯奎 7 位专家学者现场演讲，国家发展改革委国际合作中心、城市和小城镇改革发展中心副主任，自然资源部国土空间规划研究中心副主任出席并担任平行活动主持人，现场参会 400 余人，三个分论坛线上直播观看量达 45.8 万人次。

杨伟民："十四五"期间我国都市圈发展的方向和任务

党的十八大以来我国在完善区域协调发展和城镇化战略部署方面的变化：一是按照习近平生态文明思想，更加重视主体功能区战略和制度的建设。二是改革开放以来，国家更加重视空间单元相对小、区域政策更加精准的次区域，确保次区域的战略更加集中，政策更加精准。

一是坚持发展是第一要务。目前我国经济发展仍处于疫情冲击期，面临需求收缩、供给冲击、预期转弱三重压力，保持经济平稳运行也是成渝地区双城经济圈建设的主要经济目标。成都都市圈的建设应该争取在"十四五"期间增长速度明显高于全国的平均水平，且要高于成渝地区"一省一市"平均值，才能显示出引擎作用。

二是增强在多重目标约束下推动发展的能力。"十四五"时期我国发展已经进入到实现现代化的阶段，经济发展目标相较过去正向多元化、多重化转变。地方政府要提高治理效率，实现多目标的动态平衡，分清长期和短期，把握好制度建立时机、力度和效果，重大政策出台和调整要进行综合影响评价评估。

三是从现代化出发，找准要发展的产业。目前各地区已经完成了本地"十四五"规划的编制工作，明确了本地发展的重点产业，但有些规划缺乏基于数据的定量分析。成都都市圈要确保经济增长快于全国，要认真研究哪些产业有发展前景，能带动地区生产总值增长。

资料来源：节选自中国国际经济交流中心副理事长、十三届全国政协经济委员会副主任杨伟民在首届成都都市圈建设论坛上的讲话。

王一鸣：以党的二十大精神为指引，探索中国式现代化新道路

成都都市圈应以党的二十大精神为指引，在增强创新策源功能、高端产业引领、门户枢纽建设和加快绿色低碳转型上取得新突破，在打造具有全国影响力的现代化都市圈上迈出新步伐，在探索和践行中国式现代化新道路上走在前列。

在增强创新策源功能方面，成都都市圈要下决心争创综合性国家科学中心，加快西部科学城建设，加快打造具有全国影响力的原始创新高地，以引领性原创性成果、关键核心技术突破在更多领域跻身国内国际领先行列，特别要强化一流人才聚集功能，以有吸引力的制度安排和宜居环境引育各类人才，建设人才高地。要探索科技成果产权制度改革，让科技成果产出与科技人员收益直接挂钩，释放科技人员的创新潜力。

在高端产业引领发展方面，成都都市圈产业体系化水平较低，本地配套不足、企

业主体不强，建议要坚定推动产业迈上全球价值链中高端，形成若干以成都为中心，有能力参与全国和全球竞争的产业链、供应链，加快培育本地具有国际竞争力的大企业和跨国公司，建设面向国内国际市场的制造中心。要抓住新一轮科技革命和产业变革的新机遇，利用新一代信息技术改造提升传统产业，培育战略性新兴产业，开辟新赛道，形成更多新的增长点，特别要借鉴东部沿海地区中心城市形成一批位居全球前列的消费互联网公司，改变城市竞争格局的成功经验，在产业互联网浪潮中抓住机遇，培育若干工业互联网平台公司，抢占数字经济发展新高地。

在国际门户枢纽功能方面，成都都市圈要在国内国际双循环中发挥战略支点作用，必须强化国际门户枢纽功能，建设航空客货运中心，加快国际铁路港扩容升级，建立基于两港的陆空国际多式联运体系，形成泛亚欧国际铁海联运大通道，完善多式联运国际物流服务网络，鼓励供应链头部企业、平台企业等在成都都市圈设立总部基地，打造面向全球的国际物流体系。

在加快绿色低碳转型方面，成都都市圈要深入践行习近平生态文明思想，加强自然生态保护、修复，深化山水林田湖草沙一体化保护和治理，以实现双碳目标为引领，着力优化空间结构，促进大中小城市协调发展，着力优化产业结构，加快构建绿色低碳循环的产业体系，着力优化交通结构，加快建设以轨道交通为主体的绿色交通体系，着力优化能源结构，加快建设以零碳能源为主体的新型能源体系。

资料来源：节选自中国国际经济交流中心副理事长、十三届全国政协经济委员会委员王一鸣在第二届成都都市圈建设论坛上的讲话。

范恒山：怎样认识同城化

同城化的概念并不复杂，简单地说，它是指一个城市与相邻的另一个城市或者多个城市依照同一的规制进行谋划与运作，或者说是把相邻的两个或多个城市当作一个城市来规划、建设、管理和运营，但对于同城化的认识，需要放在现实复杂的经济社会系统之中，以多维视角进行。基于此，需要确立如下重要认识。

其一，同城化是城市合作的最高形式，是区域一体化在城市间的体现。区域合作，包括城市间的合作，有多种形式，最简单的是礼尚往来，基本的形式是互访和交流。以此为基础，可以深化到部分项目的合作和经济社会活动的全方位联动等。与此相应，描述合作深度的词汇也丰富多样，如协商发展、协同发展、融合发展等，而一体化发展是区域合作的最高层次。区域合作一体化在城市间的体现就是同城化。或者说，同城化就是城市一体化。地区间最高层次的合作无法叫同城化，只能叫作一体化，而城市间一体化则可以叫作同城化。

其二，同城化以协同为导向，但以差异为条件。“同”不是雷同，不是同构，也不是同一个模式，它体现的是协同、偕同，是同心协力、同舟共济。所以“同”不是要把所有城市变成一个样。同城化恰恰是以差异化为条件，而且通过同城化更能凸显各个城市的特色和个性。进一步说，同城化不是要消灭城市的特色与个性，而是要化解城市间的分割与掣肘。同城化的结果是要在高度协同的基础上形成城市间各具特色、相互补充、互为支撑的格局。如果把所有的城市搞成同一个模式或同一个样子，所谓的同城化也就失败了。

其三，同城化要超越局部利益，但也要考虑现实格局。同城化实际面临的障碍一是行政区利益及相关管理体系的制约，二是经济发展水平落差的制约。理论上还存在自然地理障碍方面的制约，但这个障碍并不常见。推进同城化必须合理考虑现实格局，既有“守土有责”的问题，也有尊重现实发展基础、发挥各自比较优势的问题。同城化需要的是用高度的智慧和良好的方法处理好小局和大局、眼前和长远的关系，在超越局部利益和考虑现实格局两者间形成必要的平衡，也可以说是在维护整体利益和增进局部利益上实现协调平衡。

其四，同城化并非所有方面都能“同”，也并非所有方面都需要“同”。现实实践中存在的一个普遍现象是，一些地方泛化“同”的要求，追求所有领域的协同，很有点“不怕做不到，只怕想不到”的味道。对此需要科学认识、理性对待，或者说要保持清醒的头脑。务实地看，受现有体制机制约束，有一些方面可能很难做到完全协同一致；而理性地看，强求一律，可能会影响城市的活力特色。不是所有的领域都能“同”，也不是所有的领域都必须“同”，我们要深入研究哪些能“同”，哪些不能“同”，哪些该“同”，哪些可“同”可不“同”。还要深入研究“同”的层次，不必在所有方面都达到高度同一。如果那样的话，最好的同城化就是把几个城市合并为一个城市。

其五，同城化既要靠思想自觉，更要靠规则促进。思想自觉才能实现行动自觉，同城化首先需要思想上的认同，但一味把同城化寄托在思想觉悟上是不够的。由于存在既得利益的约束，所以必须有超乎既得利益力量之上的约束手段，而这种手段只能是相关规制。因此，推进同城化应在广泛宣传动员排除思想障碍的同时，探索建立强有力的推进规制和运行机制。

其六，同城化既要解决城市间问题，也要解决城乡问题。我国城市有一个重要的特点，即城市并非纯粹的城市，一般都是城乡的结合体。因而都市圈也好，城市群也好，都包含广大的农村。

资料来源：节选自国家发展改革委原副秘书长、著名经济学家范恒山在第三届成都都市圈建设论坛上的讲话。

杨伟民：科学编制成都都市圈“十五五”规划，加快发展现代都市圈

2024年中央经济工作会议提出要发展现代化都市圈，四川省推进成德眉资同城化发展领导小组在这样的背景下开这个论坛，是非常必要的，因为中央经济工作会议刚刚开完，我们下一步的发展方向是现代化都市圈。要发展现代化都市圈，规划非常重要，现在中央已经部署开展“十五五”规划前期研究工作，相信成都都市圈也已经开始这项工作了。我就“科学编制成都都市圈‘十五五’规划，加快发展现代都市圈”谈两个看法。首先讲成都都市圈的成就，其次讲“十五五”规划要重视的四个问题。

一、高质量发展在空间上是经济和人口的高度集聚

世界上几乎所有的现代化都市圈，最基本的特征就是经济和人口的高度集聚。成渝地区双城经济圈作为全国第四个增长极，成都都市圈作为成渝双城地区的重要增长极，自中央提出成渝地区双城经济圈战略以来，已大踏步地开启现代化进程。2018—2023年，四川、重庆的年均名义增长率分别为6.99%、6.91%，排全国第13和第14位。这5年，长三角三省一市GDP占全国比重提高0.1%，长江中游三省基本稳定，成渝一省一市提高0.16%。在长江经济带三大城市群中，成渝发展最快。

经济发展必然带来人口增加。四川和重庆过去长期是全国人口净流出省市，是打工大省大市，现在这种情况已悄然逆转。近5年，全国有13个省区市是人口负增长，而同期四川增长了47万人，重庆增长了28万人。在计划经济时期人口多是问题，而在市场经济条件下，人口增长则说明经济在增长，就业在增多，收入在增加，人口增长是成就而不再是问题。近5年全国人口增长最多的是广东和浙江，分别增长358万人和354万人，充分说明这两个地区经济发展是好的。

2023年，成都都市圈经济总量达到2.78万亿元，占四川省、成渝地区双城经济圈、西部的比重分别为46.3%、34.0%、10.3%，同比提高了0.1%、0.2%、0.1%。2023年，成都都市圈的人口突破3000万人，而东京经济圈作为日本乃至全球的经济中心，其人口仅为3700万，从人口规模来看，成都都市圈完全有条件成为全国经济中心之一，也有条件在成渝地区双城经济圈中发展得更好更快。2023年，成都经济总量达2.2万亿元，在全国36个主要城市中排在北上广深渝之后，位居第6；近5年成都经济总量增加了44%，在36个主要城市中排在第10位，四川人口增长主要是成都的贡献，近5年成都人口净增了159.2万人，超过深圳的增加值113万人。

由此说明，高质量发展在空间上的表现就是一个不断极化的过程，经济和人口的集聚度与空间单元成反向运动。空间单元大的地区，经济和人口增长不如空间单元较小的地区，如成渝地区不如成渝经济圈，成渝经济圈不如成都都市圈，成都都市圈不

如成都市。这说明，中央确定的主体功能区制度在起作用。主体功能区制度背后是两个规律在起作用，一个是市场规律，另一个是自然规律。规律是不以人的意志为转移的，是在不知不觉中发挥作用。当然与工作也有很大关系，四川省把成都都市圈在成渝地区双城经济圈中单独拎出来，作为一个单独的空间单元来抓，推动成德眉资同城化发展，是十分正确的。建议有关部门在编制“十五五”规划时把成渝地区双城经济圈纳入国家重大战略，同京津冀、长三角、粤港澳并列。

二、成都都市圈“十五五”规划要深入研究增长、需求、供给、空间问题

2025年是“十四五”规划收官之年。成都都市圈要继续保持良好发展势头，需要科学编制“十五五”规划。在当前国际国内环境发生重大变化形势下，尤其要深入研究增长、需求、供给、空间四个基本问题。

一是增长问题。经济增长目标是“十五五”规划的核心目标。“十五五”时期，成都都市圈具备增长速度高于全国、高于成渝、高于全省的基础条件，一是有比较完备的现代产业体系，二是有丰富的人才资源，三是有便捷的基础设施网络，四是有较大的区域市场，五是有众多的经营主体，此外还有结构性的发展空间、结构性的增长红利等条件。成都有大量的非户籍人口，他们中的多数人在成都没有稳定的、功能完善的住房，“有房住但没有好房子住”，这就是未来成都都市圈房地产的刚需。成都都市圈要深入研究“十五五”的增长问题，确定更加积极的预期性增长目标，以更好带动全省和成渝地区发展。

二是需求问题。如果成都都市圈“十五五”年均增长率是5%，首先就要研究需求在哪里。过去编制规划，偏重于生产、供给和投资，对需求研究不够，对投资形成的产能最后到哪里研究不够。如果成都都市圈“十五五”年均增长率是6%，2030年的经济总量将达到4万亿元，总需求也将达到4万亿元，比2025年增加了1万亿元，这就需要研究这1万亿元需求增量是怎样的格局。广东经济1/3在国外，1/3在省外，1/3在省内。成都都市圈的需求是怎样的格局，4万亿元需求如何分布，需要认真研究。

三是供给问题。研究需求是为了更科学地规划供给即产业——若需求变了，产业要做出哪些调整。产业发展无非是两个途径。第一，供给创造需求。从0到1，原来没有需求，通过创新创造新的产品或服务来诱发新需求。第二，需求引领供给。产品和服务已经有了，生产多少由需求决定。我国绝大部分经济是需求引领的，某一领域的需求增长快，满足这种需求的产业增长就快。近年来，房地产发展快，是因为居民对住房的需求增长快。近几年，制造业反而成为拉动增长的主动力，是因为外需好，我国制造业的40%左右是靠外需、靠出口。在产业规划方面，建议从以下三个方面入手：第一，要高度重视创新型产业发展。创新就会形成供给，创造需求的产业。成都在全

国首开科技人员职务发明产权制度改革，这一改革要继续深入。一个发明成果产业化了，就会形成一个新产业和新产品。虽然这种创新型产业不会太多，但不能不干。第二，要高度重视供给创造需求。一般所说的创新是指硬科技创新，而供给创造需求中的创新是广义的创新。比如，文化产业也是供给创造需求的产业，拍一部好电影、好电视剧就是供给引领需求，拍不出来就没有这个消费，潜在的消费就诱发不出来。服务业中有很多领域是这个意义上的供给创造需求。服务业中的很多领域是供给与消费在同一时空下实现的，提供供给的同时就是在消费。我们要加强教育、医疗、生育、养老、文化等公共服务，但这些领域也不全是公共服务，多层级、多样化、差异化的教育、医疗、生育、养老、文化等蕴含着极为广阔的供给创造需求，有了供给创新，就会诱发新需求、新消费。第三，要高度重视消费型产业发展。从全国看，“十五五”时期需求一定会更多向居民消费转移，产业发展必然要转到以居民消费为主要动力的轨道上来。居民消费不足，主要是收入低，这也同消费型产业不发达有关。我国长期对消费型产业发展重视不够，虽然是制造业大国，但很多消费品和服务是净进口，特别是服务消费领域。成都都市圈要成为经济中心，不仅要成为制造业中心和金融中心，也要成为消费中心，3000 万人口本身就是一个大市场，能带动很多消费型产业的发展。

四是空间问题。现代化的都市圈要规划好人口、产业和各种功能区及周边城市的布局。大城市不是天然就会“生病”，大城市病往往是空间布局不合理或治理不当造成的。现在的国土空间规划，都是按行政区编制的，没有破解经济发展跨行政区、城镇体系跨行政区等问题。成都都市圈要瞄准发展现代化都市圈，在成德眉资这一跨行政区的空间单元做好“十五五”的空间布局。比如，2035 年基本实现现代化时的人口规模，成德眉资四市的人口分布。如果德眉资要集聚更多人口，成都就不能什么功能都集聚，有些功能就要从成都转移出去，相应地就要增加德眉资的建设用地，就要增加德眉资的居住用地比重，防止房价与成都拉平。此外，还要把握好空间均衡，如工业用地与其他产业用地的空间均衡，办公用地与居住用地的空间均衡，公共服务用地与居住用地的空间均衡，生态用地与产业用地的空间均衡，单一功能区与混合功能区的空间均衡等。

资料来源：节选自中国国际经济交流中心副理事长，十三届全国政协经济委员会副主任杨伟民在第四届成都都市圈建设论坛上的讲话。

二、创新

（一）搭建都市圈横向交流平台，构建都市圈同城化良好生态

举办都市圈建设论坛是成都都市圈积极探索“请进来＋走出去”互动交流模式的重要举措之一。我们通过四届论坛的举办已与国家“十四五”期间重点培育建设的 15 个兄弟都市圈建立沟通联系，进一步加强互动交流、分享建设经验。从 2021 年至今，上海长三角一体化示范区、沈阳都市圈、长株潭都市圈、福州都市圈、重庆都市圈、广州都市圈、杭州都市圈、厦漳泉都市圈等区域的代表专程赴四川省同城化办公室座谈，实地调研成都都市圈建设，分享交流建设亮点经验和工作举措。

（二）架设政企合作对接桥梁，夯实成都都市圈产业协作支撑

成都都市圈建设论坛聚焦产业建圈强链，着力提升都市圈现代产业体系区域带动力和发展竞争力，先后邀请新希望控股集团有限公司、浪潮集团、新加坡金鹰国际集团、西门子（中国）有限公司等 19 家企业负责人出席论坛并进行精彩分享。成德眉资四市经信部门在第二届论坛上发布《成都都市圈重点产业产业链全景图》。成都都市圈先进制造业专项合作组组长单位在第三届论坛上以“共建产业生态圈 共享发展新机遇”为题，面向全国乃至全球的链主企业，推介成都都市圈重点产业及优质项目。第四届论坛上成德临港经济产业带、成眉高新技术产业带、成资临空经济产业带“三带”有关区（市）县、管委会开展投资推介，9 个项目现场签约，130 多家企业参加论坛并开展投资对接，38 家投资意向企业会后进一步走进成德眉资四市具有代表性、特色化的园区或项目点位进行实地投资调研考察。

嘉宾点评

鲍淑君 国家发展和改革委员会国际合作中心对外联络处处长、研究员

一方面，形式内容创新性强。2021—2024 年，四川省推进成德眉资同城化发展领导小组办公室已连续主办四届成都都市圈建设论坛。该论坛是成德眉资四市同心共筑同城化品牌、打造都市圈的对外宣传平台，无论论坛主题选择还是分论坛设置都有创新。

另一方面，宣传推广影响力强。随着中国城镇化、工业化进入下半场，区域发展、城市发展需要地方政府具备更具前瞻性的思维与超前谋划。成都都市圈建设论坛为都市圈建设理论和实务分享经验、碰撞观点提供了全方位多角度的交流平台，宣传推广都市圈培育经验，比如，培育现代化都市圈要坚持新发展理念，因地制宜不断创新体制机制，尤其是要在都市圈规划一体、项目统筹、产业协作上下真功夫，让都市圈真正成为区域竞争新优势，为城市群高质量发展、经济转型升级提供重要支撑。此外，通过论坛推动都市圈高质量发展并借助同城发展宣传矩阵，以多渠道多元化的宣传推广持续扩大论坛影响。

（三）多渠道多元化宣传报道，扩大都市圈同城化发展声量

成都都市圈建设论坛为都市圈建设理论和实务分享经验、碰撞观点提供了全方位多角度的交流平台，并借助同城发展宣传矩阵，以多渠道多元化的宣传推广持续扩大论坛影响。国家发展改革委、四川省人民政府、中国发展网、新华社、人民日报、央视新闻、中新社、经济日报、第一财经、四川新闻联播、封面新闻、腾讯新闻、新浪财经等多家官网和媒体平台发布、转载论坛信息，使成都都市圈发展的良好态势和氛围广受关注，为不断加强交流合作、凝聚力量、推动发展构筑了信心，拓展了机遇。

三、成效

四届成都都市圈建设论坛的成功举办，是贯彻落实党的二十届三中全会“建立都市圈同城化发展体制机制”决策部署和国务院《深入实施以人为本的新型城镇化战略五年行动计划》“实施现代化都市圈培育行动”的高时效性工作举措，搭建起国家级都市圈跨界交流平台，将在持续构建新时代都市圈同城化生态进程中留下清晰标志。可以看到，论坛的举办为成德眉资同城化发展尤其是产业发展构筑了信心、拓展了机遇。截至 2024 年 12 月，中央改革办、国家发展改革委、自然资源部、清华大学、北京大学、中国人民大学、中国区域科学协会、中国社会科学院、中建铁投集团、中国国际工程咨询有限公司、蔚来汽车科技有限公司、中国新闻社、每日经济新闻等 500 余家政府部门、高等院校、企业集团、新闻媒体先后赴四川省同城化办公室，对成都都市圈建设进行实地调研、走访座谈。

如何推动都市圈基层治理现代化水平整体提升？①

基层治理是国家治理的基石，推进基层治理体系和治理能力现代化是成德眉资四市面临的时代课题。为深入贯彻党的二十大精神和中央、四川省委关于成都都市圈建设和基层治理部署要求，成德眉资四市坚持以人民为中心，以高质量发展为主题，聚焦基层治理关键领域、重点任务、难点问题，深化四市党建引领基层治理，打造共建共治共享的都市圈基层治理新格局，不断提升人民群众获得感幸福感安全感。

一、探索

（一）共建高效联动机制

建立成都都市圈党建引领基层治理联席会议制度（见图1），定期召开联席会议谋划年度基层治理交流合作事项，研究制定年度合作事项清单，并按照工作清单形成具体实施方案，同时明确各项工作责任单位和时间节点，确保各项任务均能如期完成。2022年6月，成德眉资四市共同签订了《成都都市圈党建引领基层治理合作备忘录》，就智慧治理、多元共治、人才培养等多项内容达成合作意向，为成都都市圈

图1　成都都市圈党建引领基层治理2022年第一次联席会议

① 本案例由成都市委社会工作部供稿，《创新同城化：成都都市圈探索实践》编委会组织编写。

高质量治理开启了新的篇章。

（二）共促治理效能提升

深入推进成都都市圈智慧治理，依托成都“天府市民云”平台上线资阳、眉山、德阳市民云频道，实现电子社保卡、实时公交、地震预警、金熊猫卡等 30 余项四地服务在线共享，让更多市民足不出户享受到跨地域的优质城市服务。

（三）共享支持资源要素

依托成都城市基层治理现代化研究院，建立以 29 名知名高校院所专家学者为核心支撑、15 名基层治理实操能手为骨干力量的专家智库，面向成都都市圈开展业务合作、提供智力支持。依托成都市社会工作综合服务平台（天府社创中心），引导社会创新创造资源、社会专业力量、专业社工人才等开展人才培育、产品共创、经验共享。大力促进社区商业供需对接，围绕便民服务、社区养老、学前教育、医疗健康、特色文体、社交休闲等领域，释放 100 余个投资项目合作机会，涉及资金 120.4 亿元。

（四）共育治理人才队伍

建立成德眉资基层治理干部互派学习交流制度，围绕党的建设、小区治理、产业发展、乡村振兴等方面，共派遣基层治理干部和村（社区）干部 150 余名。加强基层治理干部培训提升，整合各市党校、高校、职业院校等的教育培训资源建立城乡基层治理学院联盟，将蓉城社区发展治理 · 云讲堂扩展到成都都市圈，四市基层治理干部线上共参训学习 4.8 万人次。

二、创新

（一）健全完善协同推进机制

建立健全联席会议、问题研讨、工作会商等议事制

嘉宾点评

罗小龙　南京大学建筑与城市规划学院教授、副院长

推进都市圈基层治理现代化的关键在于突破传统行政区划的壁垒，形成区域一体化的发展与治理共识。成德眉资四市推行的“共建共治共享”合作机制，可谓深化合作共识的创新实践。该模式通过定期的联席会议、智能化治理、资源共享和人才培养等创新性措施，有效提升了治理的效率和质量，优化了资源配置，为其他地区提供了宝贵经验。

此外，成德眉资的合作机制还为我国其他都市圈的基层治理提供了新思路。比如，“‘信托制’小区治理机制”“微网实格”“十大微改革工程”等通过细致入微的改革措施，精准解决了基层治理的难点和痛点。这些举措不仅加强了城市间的合作，也为都市圈的资源共享和智慧治理树立了典范。

展望未来，都市圈在推进基层治理现代化的进程中，应持续优化合作机制，通过定期评估，不断调整和完善合作策略。同时，应深化公众参与机制，通过社区会议、在线论坛、民意调查等多元方式，促进市民积极参与治理决策，共同营造“市民共建共治共享”的良好氛围。此外，鼓励建立政策创新试验区，试行都市圈基层合作治理的创新模式和政策。最后，可建立广域跨界共治机制，与其他都市圈建立伙伴关系，共同解决跨区域问题，以有效推进国家治理现代化的整体进程。

度，每季度轮值召开联席会议，研究当前存在的困难问题、需要推动的重点工作和需要协调解决的重点事项，对推进难度大或存在分歧事项，报请四川省同城化办公室指导或协调解决，同时加强对议定事项的跟踪督导，切实推动全年目标任务高效完成。

（二）大力推动资源要素共享

按照“信息共享、阵地共用、人员共育、文化共建”的工作思路，着力推动天府市民云平台、行业智库专家、学校培训资源、基础数据信息、社区游线景点等优质资源向都市圈范围延伸覆盖，持续推进各类要素在都市圈内畅通流动和高效整合。

（三）注重先进经验互学互鉴

加强都市圈基层治理先进经验的总结推广，定期梳理四市在基层党建、社区治理、居民服务、机制创新等方面的重大改革、重要政策、重点项目，对于可借鉴、可复制的先进经验及时在都市圈进行宣传推广，成都市“信托制”物业服务模式、“微网实格”治理机制，以及德阳市“十大微改革工程”等多项成熟经验在成都都市圈各地镇（街道）、村（社区）得到落地应用。

嘉宾点评

胡刚 华南城市研究会会长、教授

成都是“天府之国”的中心，人口稠密，政治、经济、科技、文化实力雄厚，有效辐射带动周边城市的发展。可以说，在国家发展和改革委员会批复的十个都市圈中，成都都市圈是比较成熟的一个都市圈，在体制机制上积累了较多经验。

都市圈本质上是中心城市的软性扩容，建设都市圈就是要发挥中心城市的引领作用，协调周边城市一起共同发展。在党建方面，中心城市成都发挥了很好的引领、协调作用，如建立了党建引领基层治理联席会议制度，推动资源要素共享，实行“信息共享、阵地共用、人员共育、文化共建”，注重先进经验互学互鉴，加强都市圈基层治理先进经验的总结推广等。

成都都市圈的做法告诉我们，都市圈建设不但在经济、科技、文化上同城化，而且可以在党建、社区治理等领域推动一体化。

三、成效

截至目前，成德眉资四市共享智库专家 44 人，互派基层治理干部和村（社区）干部 150 余名开展实践锻炼，安排 350 余名基层治理干部赴都市圈各地优秀点位调研基层治理工作，“线上 + 线下”共同参与各类培训 4.8 万余人次。天府市民云共集成四地 134 个部门（单位）475 个大项、924 个小项服务，注册用户超 1650 万人，累计服务市民 9.47 亿人次，公积金业务办理、教育缴费、住房证明查询等高频事项让四市 1.5 亿余人次少跑路。

如何开展成都都市圈统计监测？①

要建立健全经济统计分算机制。

——《成都都市圈发展规划》第十章第四节

一、探索

一是扎实开展常规监测。2020 年 4 月，四川省统计局编制印发了《成德眉资同城化发展统计监测工作方案》，常态化开展成都都市圈发展统计监测，按季度监测指标 47 个，按年度监测指标 78 个。同时，定期开展专题监测分析，逐步形成省统计局与成都、德阳、眉山和资阳四市统计局“1+1”季度监测分析报告模式，即省统计局每个季度撰写总体监测报告，成都、德阳、眉山、资阳四市按季轮值各撰写 1 篇专题报告。

二是建立联合工作机制。建立成德眉资同城化联席会议制度，省统计局与成都、德阳、眉山、资阳四市签订《成德眉资同城化发展统计合作共建协议》，以省统计局牵头、四市轮流主办、市县和职能部门共同参与的运行方式，总结交流各地同城化发展情况、统计监测情况及经济运行情况。

三是创新统计方法制度。探索开展生态系统价值核算研究，在成都崇州市开展四川省生态产品总值（GEP）核算试点工作；探索经济区与行政区适度分离统计分算方法，联合重庆市统计局多次调研会商，按照“锁定存量、分批增量”的原则，对川渝共建经济区（产业园区）主要经济指标进行分算，并对成德眉资区域产业合作项目统计分算工作给予指导；《成都都市圈发展规划》出台后，在成德眉资同城化发展统计监测工作基础上，融合传统统计指标与大数据指标，支持成都都市圈发展指数研究编制，开展综合评价和动态监测。

四是主动开展统计服务。积极服务四川省委、省政府部署，及时编写成德眉资主

① 本案例由四川省统计局，成都市统计局供稿，《创新同城化：成都都市圈探索实践》编委会组织编写。

要经济指标与全省对比等经济信息，报送四川省委、省政府“两办”。加大与四川省同城化办公室的工作联系，及时共享月度、季度都市圈统计监测数据和资料。加强与相关部门的沟通交流，强化对成德眉资四市统计系统的指导和交流合作。在常态化分析基础上，省统计局与成德眉资四市统计局、科研所，省内部分高校等开展多方合作，针对重点领域开展深入的专题研究与比较研究，不断提高统计分析质量与针对性，满足决策多元化需求。

二、创新

一是工作模式创新。省统计局牵头联合成德眉资四市统计局，共同开展成德眉资同城化及成都都市圈监测，通过建立统计联席会议、开展“1+1”季度监测分析等工作模式，充分调动各单位工作积极性，形成工作合力。

二是统计方法创新。在常规监测基础上，探索开展生态产品总值（GEP）核算试点、经济区与行政区适度分离统计分算研究，探索大数据在统计工作中的应用，开展成都都市圈同城化指数研究等，有力推动统计方法制度的创新。

嘉宾点评

张丽萍 国家统计局城市司城市发展统计监测处处长

近年来，我国城市发展从“单打独斗”进入“抱团”竞争时代。都市圈、城市群战略都是促进区域协同发展的重要部署，其中都市圈战略是充分利用中心城市的辐射带动作用来实现大中小城市的分工和协调发展、推动新型城镇化高质量发展、解决区域发展不平衡问题的重要举措。

党中央、国务院高度重视都市圈建设，党的二十届三中全会明确提出，建立都市圈同城化发展体制机制。

四川省统计局牵头联合成德眉资四市统计局开展成都都市圈发展统计监测，工作内容包括建立联合工作机制、创新统计方法制度、扎实开展常规监测、主动开展统计服务等。这项工作具有较强的创新性。一是工作模式创新，省统计局牵头联合相关市统计局通过统计联席会议开展工作，有效形成工作合力。二是统计方法创新，通过探索开展生态产品总值（GEP）核算、经济区与行政区适度分离统计分算研究、大数据应用、成都都市圈同城化指数研究等，有力推动统计方法制度创新。这是统计部门积极作为、主动创新、更好服务都市圈发展战略、深入贯彻落实党的二十大和二十届二中、三中全会精神的具体举措，对进一步推进以人为本的新型城镇化、提升统计服务水平、发挥统计监督职能作用具有重要意义，值得推广学习。

但这些创新举措还在探索当中，建议相关部门加强顶层设计，统筹全国工作部署，继续深化方法制度创新，厘清相关统计的理论和实践脉络，认清全国都市圈建设的具体进展，巩固统计监测工作创新成果，弥补存在的不足，优化都市圈统计监测制度，规范化统计监测工作流程，不断提升都市圈发展统计监测工作能力和服务水平，为深入推动都市圈发展战略提供优质高效的统计支撑和信息服务。

四市统计局“三个聚焦”创新开展成德眉资同城化综合试验区统计监测

为全面客观反映成德眉资同城化综合试验区经济发展情况，加快打造都市圈经济区与行政区适度分离改革制度创新平台，服务和推动成都都市圈建设提速提质、纵深推进，成都市统计局会同德阳、眉山、资阳市统计局开展“三个聚焦”。

一是聚焦制度建设。成都市统计局牵头会同德眉资三市统计局联合印发《成德眉资同城化综合试验区统计监测工作方案》，监测范围涵盖成都东部新区、德阳凯州新城、成都金堂淮州新城、简阳城区、资阳临空经济区、眉山眉东新城6个片区44个镇（街道），形成产业增加值、固定资产投资、规模以上工业和服务业、消费品零售市场4个方面，涵盖62个主要经济指标的统计监测体系。

二是聚焦统计监测。成都市统计局牵头推动成德眉资四市统计部门强化协同、通力合作，先后完成综合试验区2022年以来主要经济指标的试报试算和正式测算，形成7期监测简报，初步展现了综合试验区总体经济规模及占都市圈的比重，各片区经济规模及发展速度，各行业发展现状及趋势等。

三是聚焦平台打造。综合试验区统计监测工作依托成都统计大数据平台开展，实现报送、计算、审核、验收、汇总全流程线上化，提升了监测效率和数据质量；各片区单点登录并设置独立账号，提交报表前需经手机短信验证，强化了人员管理和数据安全；已提交报表存储于平台可即时查询，监测简报可通过平台数据资源目录分发指定账号，有利于数据溯源和资料共享。

成德眉资同城化综合试验区统计监测工作的顺利推进，初步实现了经济区与行政区适度分离条件下都市圈经济区（园区、功能区）的统计分算，是对《成德眉资同城化综合试验区总体方案》及实施方案中“制定跨区域项目和共建园区的产值统计政策，合理划分飞地园区等跨区域合作平台的财税利益，实现统计分算、财税分成”部署的有益探索和对《成德眉资同城化综合试验区重点任务清单》中“建立和完善综合试验区主要经济社会指标统计核算机制，持续开展综合试验区统计监测，按季度形成监测报告”要求的落地落实。

这些举措取得了以下成效。2022年11月，成都市统计局牵头会同德眉资三市统计局联合印发《成德眉资同城化综合试验区统计监测工作方案》并于2024年5月修订和完善，进一步提升了综合试验区统计监测指标体系的全面性和科学性。2024年4月，成都市统计局牵头会同德眉资三市统计局续签《成德眉资同城化发展暨成都都市圈建设统计合作共建协议》，新增了开展成德眉资同城化综合试验区监测分析、探索经济区与行政区适度分离统计分算改革等内容，进一步促进了四市统计部门在综合试验区统计监测工作中凝聚共识、深化合作。成都市统计局牵头推动成德眉资四市所辖6个片区完成主要经济指标统计分算并报送四川省同城化办公室，为党委政府推进成都都市圈及成德眉资同城化综合试验区建设提供了翔实的数据资料。

资料来源：成都市统计局。

三、成效

2020 年以来累计完成监测报告 18 篇、专题报告 27 篇，编印完成 18 期统计监测资料，为成都市委、市政府推进成都都市圈建设提供了翔实的数据资料与优质的研究分析。《成德眉资服务业同城化发展浅析》《成德眉资人力资源发展浅析》《成都都市圈发展背景下成都市人口分布优化路径研究》《成都都市圈与南京、福州、长株潭、西安都市圈发展比较分析》等多篇分析报告、课题成果获得领导肯定性批示或被四川省级刊物采用。

如何搭建宣传矩阵，营造同城化氛围？①

要完善规划实施的公众参与机制，广泛听取社会各界的意见建议，营造全社会共同推动成都都市圈建设的良好氛围。

——《成都都市圈发展规划》第十一章第三节

创新搭建同城化发展宣传矩阵是服务成都都市圈建设、营造良好发展氛围的有力举措，是提升都市圈影响力的重要抓手，也是凝聚四市发展共识、提振四市发展精气神的现实需要。同城化发展宣传矩阵以四市专业宣传团队为基，以都市圈系列活动为网，着力构建立体宣传格局、特色宣传品牌，营造全社会共同加快建设动能更充沛的现代化成都都市圈的良好氛围。

一、探索

（一）打造特色显著的宣传品牌

一是设计品牌 LOGO。精心设计成都都市圈 LOGO（见图 1），并广泛应用于官方网站、宣传资料、活动会标等场景，品牌效应有力提高成都都市圈形象辨识度。 二是打造品牌活动。跨层级、跨部门搭建具有区域特色的学习分享平台，连续 4 年举办成都都市圈建设论坛，成为全国唯一连续举办多届都市圈建设论坛的国家级获批都市圈；持续举办面向行业单位的“同城化大讲堂”（原“兴汇大讲堂”）22 期、面向企业家的“互信互通共建共享”恳谈会 17 期、面向基层业务骨干的“原汁原创讲台”14 期，通过建立多层次、全方位的学习交流平台，扩大成都都市圈的影响力。

① 本案例由四川省同城化办公室供稿，《创新同城化：成都都市圈探索实践》编委会组织编写。

（传统型 LOGO）　　（时尚型 LOGO）

图 1　成都都市圈 LOGO

（二）建立稳定高效的创作团队

组建“专家学者 + 派驻记者 + 业务骨干”的内容创作团队，采用选派骨干在四市驻点报道，四川省同城化办公室 5 个工作组、23 个专项合作组每周投稿，四市其他部门和区（市、县）不定期供稿三种方式，以及自 2020 年 7 月微信公众号开通以来建立的原创文章日推送制，确保文章质量。

（三）开展常态化主题宣传活动

一是紧跟时政要事，靠前策划宣传主题。紧跟成都都市圈区域城市重大项目、重大活动，把好节点、找准节奏，及时策划一系列具有显示度的主题宣传活动。二是打通多级宣传渠道，纵深营造宣传氛围。四市宣传部门组成“宣传推介专项合作组”，四地融媒体中心共同发起“同城融媒研习社”，联动中央、省、市、区（县）四级主流媒体，开展都市圈同城化宣传。如：人民日报、新华社、中新社、中央广电总台等媒体，在《中国新闻周刊（2021.1，总第 982 期）》《国是咨询成都都市圈建设专刊（2023.6，总第 246 期）》《瞭望（2024.11，总第 2087 期）》等权威刊物刊发成都都市圈建设专题文章。同时，多层次开展贴近市民群众的线下宣传活动，营造共同推动成都都市圈建设的良好氛围。

二、创新

（一）稳步提升新媒体矩阵影响力

建立以“成德眉资同城化暨成都都市圈建设”微信公众号为主，视频号、抖音号为辅的新媒体宣传矩阵。借助不同平台的传播特点，以视频、文章、图片等宣传形式立体展示成都都市圈形象。截至 2024 年 12 月 31 日，该公众号用户 26617 人，其中省外关注数 4775 人，占总用户数的 17.9%，广东、重庆、北京、浙江、江苏、山东、上海关注用户数位列前 7 位，都市圈内外的影响力稳步提升（见图 2）。

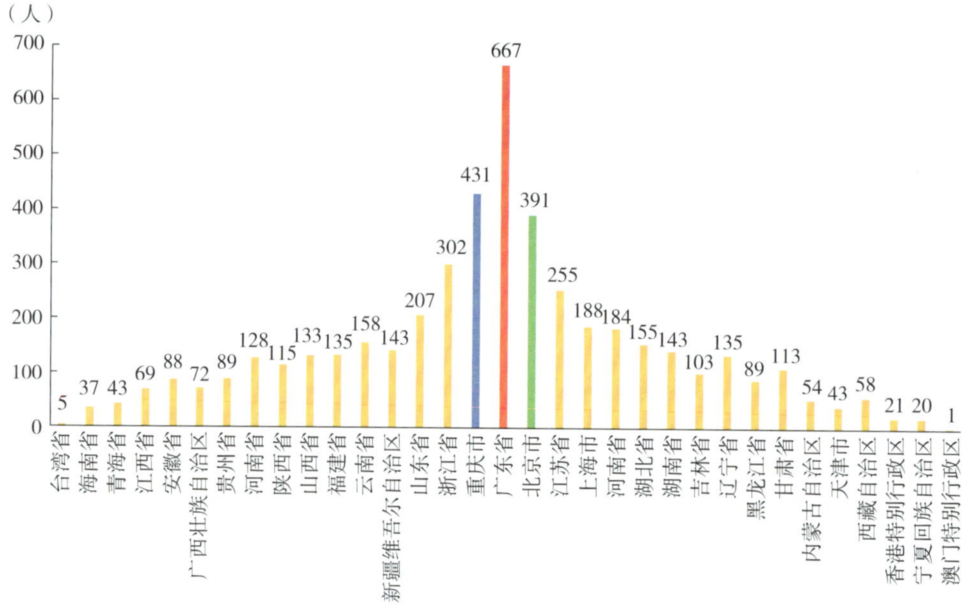

图 2 “成德眉资同城化暨成都都市圈建设”微信公众号省外关注用户情况

> **嘉宾点评**
>
> **常亮** 人民日报社主任编辑
>
> 成都都市圈成德眉资四市共建宣传矩阵，抱团发展成效显著。四市相互赋能、同频共振，既能塑造城市品牌、凝聚内部力量、吸引外部合作，也能发挥集群优势提升国际传播力，营造良好干事创业氛围。
>
> 从宣传举措看，设计专属 LOGO、举办特色活动打造品牌，专业团队保障内容，常态化宣传打通四级渠道，新媒体矩阵影响力攀升，主流媒体深度参与挖掘同城故事，重大活动实现线上线下高效互动，已构建起纵横联动宣传矩阵，公众号数据突出，WCI 数值领先。
>
> 未来深挖文化内涵、精准定位受众，宣传矩阵将为都市圈发展注入更大活力。

（二）持续扩大重要节点宣传覆盖面

以重大活动为契机，线上线下互联互动，扩大宣传“乘数效应”，提升成都都市圈显示度和美誉度。例如，继成资市域铁路 S3 线、成眉市域铁路 S5 线之后，成德市域铁路 S11 线于 2023 年 3 月 30 日开工建设，使成德眉资区域于 2027 年前后成为全国首个从中心城市到全部区域副中心城市均运营市域铁路的都市圈成为可能，推出“轨道上的成都都市圈”主题宣传活动。活动期间在四市摆放展板 136 个，发放折页 3 万份、文创产品 1 万份，在地铁、公交线路、高铁站、商圈路口大屏幕投放主题宣传片，日均覆盖约 200 万人次。以第 31 届世界大学生夏季运动会在蓉举办为契机，推出“共襄大运会　共建都市圈”主题宣传活动，制作投放成都都市圈文旅宣传片 1 部，设计制作中英双语文旅手绘地图、画册各 4000 份，乘大运东风“吸睛引流”。在中秋国庆“双节”期间，举办“舌尖上的成都都市圈”成德眉资名优特色产品市集活动，打造消费新场景，扩大宣传影响力，发出同城化发展好声音。

三、成效

截至 2024 年 12 月，都市圈同城化宣传工作已形成四市同城化牵头部门、广播电视台横向联盟（见图 3），四级主流媒体纵向联动的宣传矩阵。随着成都都市圈建设进入“成长期”，宣传报道更加深入，宣传矩阵逐步扩大，宣传效果不断增强。据统计，2020 年 7 月以来，微信公众号累计推送 3067 篇文章，原创率 69.4%，阅读量破万的原创文章 13 篇。来自第三方专业机构统计显示，成都都市圈官方微信公众号 WCI 数值（微信传播指数）月均为 569.27[①]，在国家级都市圈中处于领先水平，为打造都市圈生态、营造同城化环境进行了初步尝试。

图 3　成都都市圈媒体联盟成立暨成德眉资媒体战略合作签约仪式

① 统计时间为 2023 年 4 月至 2024 年 12 月，数据来源于清博智能。

如何打造都市圈稳定公平的营商环境？①

共建优质高效的政务环境，共营公平竞争的市场环境，提升营商环境竞争力。

——《成都都市圈发展规划》第十章第二节

成德眉资四市立足推进区域协作助推全国统一大市场建设，以市场主体和市民的满意度为标尺，聚焦外部对标先进都市圈最高标准和最优水平、内部缩小差距提升同城化水平，着力化解整体发展水平不高和发展不平衡问题，从提升服务便利化水平、促进要素跨域流动、推动市场充分开放、实现法治公平透明“四大突破口”入手，全力营造成都都市圈稳定公平可及营商环境，打造具有全国影响力的现代化成都都市圈。通过起步期三年的努力，成都都市圈营商环境不断优化，同城化水平显著提升，区域差距逐渐缩小。

一、探索

（一）凝聚共识，明确任务

成德眉资四市政府主要负责同志代表四市联合发布《共同打造成都都市圈稳定公平可及营商环境宣言》，凝聚改革联动共识。印发《成都都市圈稳定公平可及营商环境建设专项行动方案》，明确三年“三步走”工作目标和 5 个方面 121 项重点任务；同时，加强过程控制，分年度研究制订工作计划。

（二）创新驱动，跨界协作

设立同城化发展营商环境专项合作组，建立起四川省发展改革委、四川省政务服务和公共资源交易服务中心、四川省大数据中心等省直部门指导，四川省同城化办公室协调，四市营商环境工作牵头部门统筹，四市各部门分领域推进的协作机制。聘任

① 本案例由四川省同城化办公室，营商环境专项合作组组长单位成都市发展和改革委员会，成都市城市运行和政务服务管理办公室、金堂县政务服务管理和行政审批局供稿，《创新同城化：成都都市圈探索实践》编委会组织编写。

包括人大代表、政协委员、企业代表、专家学者、媒体记者、群众代表在内的 32 名同城化营商环境观察员，印发工作导则，建立起观察团监督制度（见图 1）。

图 1　2021 年 12 月 22 日，四川省同城化办公室集中为 32 名观察员颁发聘书

（三）前瞻谋划，协同立法

成德眉资四市人大常委会采用“决定先行 + 条例跟进”的模式，共同推进优化区域营商环境协同立法。《关于协同推进优化成德眉资区域营商环境的决定》对区域营商环境建设有关重大事项作出共同承诺；四市各自出台条例，对承诺的措施作进一步细化。成德眉资营商环境协同立法打破了国内大多数协同立法的领域限制，从立法层面为成德眉资同城化营商环境建设可持续和更高质量发展提供法制保障。

二、创新

（一）统一标准规范，提升都市圈服务便利化水平

一是推进政务服务“一网通办”。依托四川省一体化政务服务平台，上线“成德眉资通办”服务专区。成德眉资四市政务服务部门联合发布四批“同城化无差别”受理事项清单，截至 2024 年 12 月，都市圈实现“无差别受理、同标准办理”事项达到 241 项。推进电子证照应用和管理，实现成德眉资电子证照互认 179 项。成都“天府市民云”开通德阳、眉山、资阳频道，“12345”政务热线实现四市全域一键咨询、服务联动。

嘉宾点评

王琛伟 国家发展和改革委员会经济体制与管理研究所研究室主任、研究员

深化体制机制改革，打造稳定公平的营商环境，是推动都市圈同城化发展的重要举措。《如何打造都市圈稳定公平的营商环境？》一文阐述了成都都市圈打造稳定公平的营商环境的主要做法，很有代表性，也很有典型性。如发布“同城化无差别”受理事项清单，统一标准规范，提升都市圈服务便利化水平，打破数据壁垒，推动数据共建共享等，都是很有推广价值的好经验、好做法，具有创新性。

同时，我也提两点建议：一是在现有研究成果的基础上，对标我国营商环境评价指标体系，参考最新的世界银行营商环境成熟度评估指标体系，进一步提出下一阶段成都都市圈因地制宜打造稳定公平营商环境的努力方向和重点任务；二是在推动都市圈“同城化无差别”政务服务，强化“同机制、同清单、同标准、同流程”协同监管的基础上，可否考虑进一步研究都市圈内城市群之间利益共享、成本分担等体制机制，在更深层次上推动都市圈同城化发展。

二是实施企业开办“一窗通办”。统一开通成德眉资一体化企业登记服务专窗，联合制定专窗办事指南，开辟企业跨区域迁移绿色通道，实现成德眉资异地自助打印证照（见图2）。推进企业登记注册容缺受理、企业集群注册异地同标；按照“一件事”标准，四市将企业开办环节从5个整合为1个，所需提交材料精简至5件以内，时间压缩至0.5天；采取政府购买服务的方式提供首套印章免费刻章和寄递服务等措施，实现企业开办“零成本”。

图2 2024年1月，刘女士在金堂办证大厅“成德眉资同城化受理窗口”办理政务事项

三是实现税费票证“1+3寄递”。打造成德眉资税（费）票证寄递中心，在成都设立票证寄递中心、数据管理中心，在德阳、眉山、资阳分别设立寄递分中心，统一

以智慧蓉城建设赋能优化成德眉资政务服务通办

成德眉资四市围绕破难题、促发展、办实事、解民忧，持续创新政务服务跨区域办理机制和技术，全力提升都市圈政务服务“一网通办”能力。

一是通过用户通、系统通、数据通，创新推出成德眉资四市同城化公积金贷款，变原来的异地贷款“两地联办”为“两地通办”。

二是探索电子证照跨区域共享和互认新模式：

（1）归集电子证照；

（2）促进电子证照共享。

三是建立完善成德眉资通办制度机制：

（1）开展事项标准化建设；

（2）建立工作机制；

（3）探索建立长效沟通机制。

资料来源：成都市城市运行和政务服务管理办公室。

“四个新”推进都市圈政务服务“同城化”

金堂县在深入落实成德眉资政务服务“同城化无差别”受理事项清单的基础上，丰富与毗邻地区政务服务“同城化无差别”受理事项清单，实现“一件事一次办”和跨区域通办复合创新，探索成德眉资政务服务“微地域”个性化合作，减少群众、企业办事多地来回跑动，持续推进政务服务便企利民，在技术对接、机制建立、长效运行等多个方面都形成可复制可推广的“金堂经验”。

一是梳理“无差别通办”的政务服务事项清单，涵盖居民身份证遗失补办、社保卡查询挂失、医师执业注册多机构备案、申报纳税、护照换发等多个方面。

二是共商共享，形成跨区域审批良好模式，通过签订《审批事项跨区域通办协议》和《审批事项跨区域通办授权书》，推动跨区域审批从技术、机制等多个方面落到实处，形成了可以复制推广的有效经验。

三是运用“窗口协助帮办、数据线上跑路、寄递线下配送”工作模式，通过“直接办理”“收受分离”“受办分离”等方式，实现跨区域通办。

四是与9省20个区（市）县开展“跨区域通办”合作，让企业和群众享受到成都都市圈政务服务“同城化”改革带来的成果和红利。

资料来源：金堂县政务服务管理和行政审批局。

制定发票服务标准，规范发票寄递管理，建立起“数据集中处理、发票就近配送”全新模式，缩短发票配送时间。

（二）共建功能平台，促进都市圈要素跨域流动

一是融合共享国有建设用地使用权出让平台。成德眉资四市公共资源交易中心联合印发《成德眉资国有建设用地使用权出让跨平台交易工作实施细则》，截至 2024 年 12 月，成德眉资累计组织国有建设用地跨区域、跨平台、跨层级交易 14 宗，实现交易面积 1282.09 亩、金额 53.47 亿元、平均溢价率 18.49%。

二是完善提升农村产权交易平台。坚持农村产权交易机构、平台系统、服务体系、鉴证应用、资金结算“五统筹”，健全都市圈农村产权有形交易市场，有力推动四市农村产权交易流转。截至 2024 年 12 月，成都农交所及其分支机构已对都市圈 32 个涉农区（市）县进行了全覆盖；成德眉资四市农村产权交易成交项目 7.53 万宗，流转面积 473.07 万亩，完成各类农村产权交易额共计 2009.00 亿元。

三是加强“银政通”平台资源信息共享。依托“银政通”平台，实现全省 23 家公积金中心与 44 家银行机构信息互通，全国首创公积金异地贷款新模式；支持成德眉资四市不动产登记中心与 66 家金融机构业务协同，实现不动产抵押登记、信息查询等跨区通办。截至 2024 年 12 月，“银政通”平台累计办理不动产、公积金业务超 5791 万笔，减少市民群众“跑腿”超 855 万人次。

（三）破除制度藩篱，推动都市圈市场充分开放

一是共同推行市场准入“异地同标”。深入推进市场准入，四市统一实施市场准入负面清单制度，全面梳理工程建设、医疗、体育等领域准入事项，明确事项名称、申请条件和材料、办理流程等内容并向社会公开，清理对企业资质、资金、股比、人员、场所等设置的不合理条件，畅通都市圈社会企业行业认定通道，切实降低市场准入门槛，维护市场主体合法权益。

二是共同推行企业信用“共享互认”。成德眉资四市发展和改革部门签订《推进信用同城化　共建信用都市圈》合作协议，共享信用信息、共制信用报告、共推联合奖惩、共创信用应用、共铸信用品牌；上线“成德眉资信用数据共享库”，累计归集四市信用数据 1714 万余条；联合编制完成《成德眉资公共信用信息系统资源共享目录》和技术方案，实现都市圈信用数据标准互通；拓展信用数据共享应用，通过“信用中国（四川成都）”网站建设区域联动专栏，实现一键查询四市信用主体的信用信息。

三是共同推行政府采购“跨域受理”。成德眉资四市公共资源交易服务中心联合

出台《成德眉资政府采购跨区域受理工作制度》，共同印发成德眉资交易平台工程建设项目异地远程评标工作实施细则、政府采购异地远程评标细则，深入推进四市工程建设项目和政府采购异地远程评标常态化。截至 2024 年 12 月，累计联动开展工程建设项目异地远程评标 299 场，开展工程建设招投标项目跨区域、跨层级、跨平台交易 41 个。

（四）深化协同监管，助推都市圈法治公平透明

一是加强市场监管同城联动。成德眉资四市市场监管部门常态化推进联合双随机“同机制、同清单、同标准、同流程”；推动成德眉资四市行政裁量基准执行标准统一，制定四市市场监管领域“首违不罚”清单；建成成德眉资食品安全监测预警共享平台，实现食品监管数据跨区域高效应用共享；推动成都市特种设备使用登记平台“特蓉易”向德阳、眉山、资阳覆盖；出台成德眉资散装白酒、餐饮自制泡酒标识规范，签署药品监管和服务合作协议，建立药品监管合作事项清单，共护都市圈人民安全底线。

二是强化跨区域知识产权行政执法协作。拓展知识产权监测预警保护范围，推广重点企业知识产权保护直通车制度，实现一审审结的知识产权民事诉讼案件的平均立案时间缩短至 2 个工作日以内，将知识产权简易案件平均审理周期效率提升 10%。

三是创新跨区域合同执行模式。实行破产案件繁简分流模式，推动破产案件“简案快审”，对适合整体进行简化审理的破产案件力争 6 个月内终结破产程序，全面推行 1 年以上未结案案件按月“过堂会审”，除法定事由延长审限和中止审理外，四市民商事案件审理时间均压缩至 90 日以内。

三、成效

成德眉资四市完成了为期三年的成都都市圈稳定公平可及营商环境建设专项行动，成都都市圈营商环境水平稳中有升，区域差距显著缩小，尤其是资阳市，从 2020 年度全省较差行列提升至良好梯队并保持；下一步成德眉资将接续实施同城化营商环境新三年计划，持续推动区域营商环境整体水平不断提升。

清华大学中国新型城镇化研究院、北京清华同衡规划设计研究院联合编制的《现代化成都都市圈高质量发展指数》表明：成都都市圈跨区域政务服务通办指数得分位居第二，都市圈政府服务高效率、便捷化优势显著；区域营商环境不断优化，基本建立起优良的政企合作关系。

贰

优化都市圈发展布局

成都、德阳、眉山、资阳四市同城化改革发展，是中国特色的规划制度在都市圈发展空间的生动实践。成都都市圈在过去四年多的实践中，以发展规划、国土空间规划、重点领域区域专项规划定性定量定点的“1+1+N”规划体系全面形成，为党的二十届三中全会《决定》第16条中“发挥国家发展规划战略导向作用，强化国土空间规划基础作用，增强专项规划和区域规划实施支撑作用”的贯彻落实提供了鲜活的地方智慧和基层实践。

教科书中的规划是一条条原则，而现实中的规划则是一个个细节。走进成都都市圈，本章提供了7个案例，江山舞、周毅仁等专家的点评帮我们了解：成都如何构建“1+1+N”的规划体系，如何完善都市圈国土空间规划体系，如何制定和推动交界地带的规划实现区域融合发展等诸多前沿规划问题。

如何构建都市圈"1+1+N"规划体系？①

强化规划引领作用、健全规划协调机制，是同城化发展、都市圈建设的基础保障。落实四川省委、省政府关于科学编制成都都市圈发展规划、国土空间规划及相关专项规划，制定实施方案并加强衔接部署的要求，省推进成德眉资同城化发展领导小组及其办公室强化统筹协调，省级部门靠前指导，专项合作组主动担当作为、强化谋划实施，成德眉资同心同德、不断凝聚"四市同城"共识，探索共绘规划蓝图、共促规划衔接、共抓规划实施，构建起以发展规划为统领、国土空间规划为基础、重点领域重点区域专项规划为支撑的"1+1+N"成都都市圈规划体系，推进成德眉资区域生产、生活、生态空间布局协同优化，战略目标、重大任务、重大工程统筹协调推进，以规划编制衔接实施引领同城化发展走深走实。

一、探索

（一）编制实施《成都都市圈发展规划》，锚定同城化发展和都市圈建设的努力方向及目标任务

全面落实党中央、国务院关于推动成渝地区双城经济圈建设战略部署和四川省委、省政府推进成德眉资同城化发展暨成都都市圈建设决策部署，按照四川省委、省政府和省同城化发展领导小组部署要求，省发展改革委、成都市牵头，德阳市、眉山市、资阳市和省级相关部门积极配合，立足成德眉资区域资源禀赋和发展基础，共同编制形成《成都都市圈发展规划》。2021 年 11 月，《成都都市圈发展规划》获得国家发展改革委函复，这是全国第三个、中西部第一个获得国家层面批复的都市圈发展规划。《成都都市圈发展规划》明确全面增强现代产业协作引领、创新资源集聚转化、改革系统集成和内陆开放门户、人口综合承载服务四大功能，做优成渝地区双城经济圈重要极核目标，提出优化都市圈发展布局、推进基础设施同城同网、提升创新驱动

① 本案例由四川省同城化办公室供稿，《创新同城化：成都都市圈探索实践》编委会组织编写。

发展水平、共建高端产业集聚区、提升开放合作水平、促进公共服务便利共享、推进生态环境共保共治、深化体制机制改革等八个方面重点任务，为推进成都都市圈高质量发展、制定相关规划和政策提供了纲领与指南。

（二）加快编制《成都都市圈国土空间规划》，强化同城化发展和都市圈建设空间规划协同管控

为统筹谋划都市圈空间发展战略，引领区域经济地理重塑，促进区域协同发展，突出底线管控原则和交界地带发展引导，保障重点项目及时落地，在四川省自然资源厅指导下，依托国土空间规划专项合作组机制，成都市规划和自然资源局会同德眉资三市规自部门，围绕共筑“极核引领、轴带串联、多点支撑”网络化都市圈空间发展格局，推动规划构建大中小城市和小城镇协调发展的城镇体系，联合编制出台了成德临港经济产业带、成眉高新技术产业带、成资临空经济产业带、天府大道科创走廊和成资协同开放走廊等国土空间规划（见图 1），联合编制形成的《成都都市圈国土空间规划》已于 2024 年 11 月 2 日由四川省人民政府批复同意。

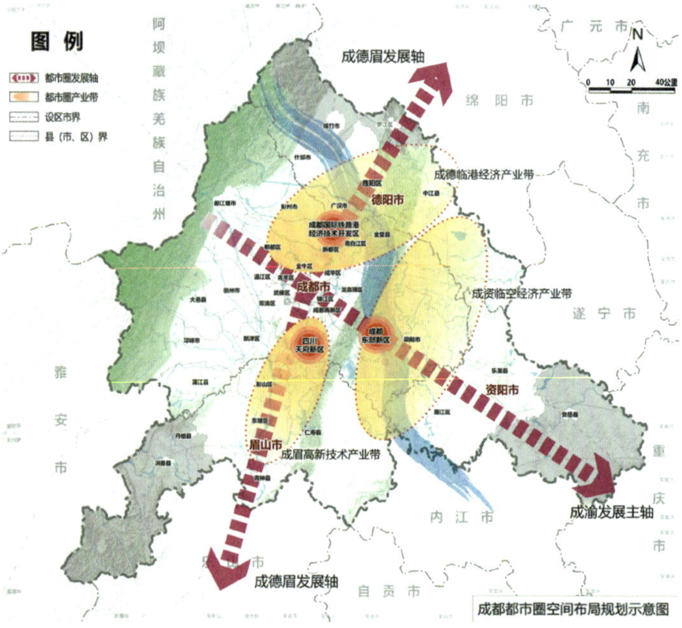

图 1　成都都市圈空间布局规划示意图

（三）编制实施 N 个专项规划或方案，细化重点领域重点区域工作任务和政策举措

着眼明晰重点领域同城化发展、都市圈建设目标任务，按照“省直部门牵头 + 四

市联动配合”方式，由四川省发展改革委、交通运输厅、农业农村厅、生态环境厅等省级部门牵头，联合四市相继编制出台公共服务、综合交通、现代农业、生态环境保护等专项规划。聚焦引领都市圈重点区域重要板块深化合作，按照“省直部门指导+四市主体联动”方式，先后编制出台“三带”（成德临港经济产业带、成眉高新技术产业带、成资临空经济产业带）、交界地带融合发展建设方案及《龙泉山东侧产业带发展规划》《龙泉山龙门山文旅融合发展规划》。

二、创新

（一）强化系统思维，谋划构建都市圈“1+1+N”规划体系

同城化发展、都市圈建设涉及经济社会发展的方方面面，是一项超大规模的系统工程。协调一致编制规划是推进各项工作的重要前提和基础保障。落实省委、省政府部署，省同城化发展领导小组始终将系统构建都市圈规划体系工作摆在重要位置，确定了以都市圈发展规划为统领，国土空间规划为基础，各领域专项规划、重点区域规划为支撑的规划体系构建思路，历次领导小组会议都将相关规划纳入审议研究重点议题，持续推动省直相关部门和成德眉资四市协调配合、同向发力，促进了同城化发展、都市圈建设规划的陆续编制出台，构建形成定位准确、边界清晰、功能互补、统一衔接的成都都市圈“1+1+N”规划体系（见图2）。

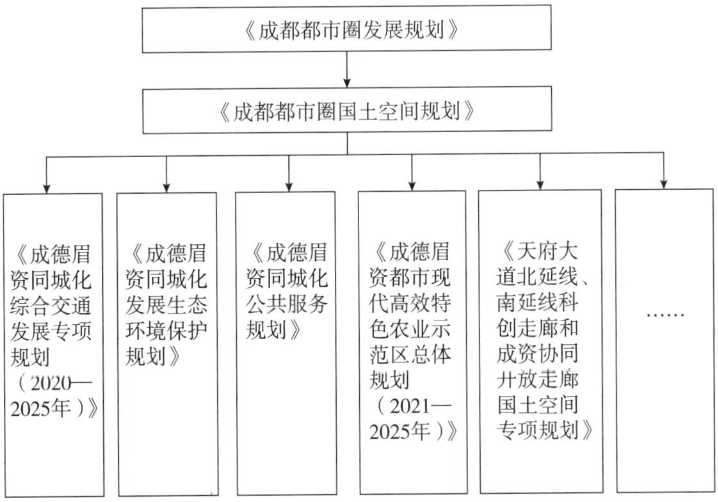

图2 “1+1+N”成都都市圈规划体系图谱

（二）强化联动合作，创新联合编制共同报批规划生成工作机制

针对都市圈规划编制跨层级、跨区域、跨部门特点，根据规划层级类型定位，在实践中探索形成多种联合编制、共同报批工作模式。对于《成都都市圈发展规划》和《成都都市圈综合交通发展规划》等应由省级人民政府或其组成部门批复的规划，积极推动省直部门牵头，会同四市开展规划研究编制，报审环节在充分衔接四市意见后，由省级层面研究批复。对于“三带”建设方案、“两山”文旅融合发展规划等四市内部次区域合作安排，按照省同城化发展领导小组部署，强化四市主体责任，在省直部门指导下，由四市相关部门会商研究编制，经协商一致后，分别报各市审定。

（三）强化衔接传导，建立健全都市圈规划协同工作机制

为确保都市圈系列规划与上位规划及四市规划紧密衔接，2021 年 2 月，四川省同城化办公室牵头，与省级部门和成德眉资四市反复协商研究，在国内率先制定出台《成都都市圈规划协同工作机制》，要求协同构建都市圈“1+1+N”规划体系、加强规划上下传导和横向衔接，推动建立统一的规划建设技术指引、规划研究和编制协同机制、规划联合审查和审议机制、规划实施评估和监督机制等。落实这一机制，规划编制牵头单位在编制成都都市圈发展规划、国土空间规划及各领域专项规划、重点区域规划时，切实加强与四川省“十四五”规划和国土空间规划、《成渝地区双城经济圈建设规划纲要》、成都平原经济区相关规划等上位规划的上下衔接，全面落实国家、省级规划所确

嘉宾点评

江山舞　杭州国际城市学研究中心主任、浙江省城市治理研究中心执行主任

成都都市圈“1+1+N”的规划体系与同城化发展实践，立足于中国式现代化的场域情境，提供了建设都市圈同城化发展体制机制的生动案例。

一是以协同性和系统性思维落实规划引领。成都都市圈规划体系以发展规划为统领、国土空间规划为基础、专项规划为支撑，明确规划的层次和重点，防止“碎片化组合”“拼盘式规划”，在规划体系的谋篇布局中，遵循都市圈的发展规律，激发四市的发展内生动力，做大同城化的“蛋糕”与“红利”，为协同发展和区域高质量一体化提供了坚实的规划保障。

二是以全方位和全周期视野创新发展理念。同城化的最大特点是区域多主体的竞合关系，要推进诸多利益主体从博弈走向协同，必须登高望远、创新路径。成都都市圈规划体系既关注各市当前发展需求，又着眼于同城效应的长远战略目标；既推动都市圈的功能重塑和空间重构，又强化都市圈经济转型，通过优化生产、生活、生态空间布局，明确分工协作，找到了都市圈高质量发展的“最大公约数”。

三是以机制化和体系化路径完善治理体系。科学规划是实现城市治理体系和治理能力现代化的关键一招，要下好都市圈同城化“先手棋”，重点是“多规融合”，难点在“多措并举”，不仅要有清晰的战略目标、实施路径，还要具备可操作的行动计划、项目清单，更要配套健全的工作机制，才能确保规划、建设、治理的时间表、路线图浑然一体。这在成都都市圈发展的成效中得到了初步检验。

定的发展理念、指导思想，细化分解上位规划确定的约束性指标和工作任务。成德眉资四市在组织编制本市相关规划时，主动加强与其他城市相关规划的横向衔接，设置专章专节对同城化工作进行规划部署，在前期研究、中期成果初审、正式成果征求意见等阶段，依法依规共享基础资料和阶段性成果，充分征求兄弟城市意见建议。

（四）突出规划实施，健全都市圈规划任务推进体系

《成都都市圈发展规划》印发后，四川省发展改革委、省同城化办公室联合制定实施任务分工方案，将 264 项具体任务逐项明确责任单位和时间进度要求；分起步期（2020—2022 年）和成长期（2023—2025 年）两个阶段分别制定三年行动计划，并按年度制订工作计划及重大项目事项清单推动规划实施，建立起“都市圈规划 + 三年行动计划 + 年度工作要点及重大项目、事项、活动任务清单”工作推进体系。省同城化办公室牵头，按年度评估都市圈建设及都市圈规划实施成效和问题短板，成都平原经济区联席会议办公室和成德眉资四市将成都都市圈建设年度重点任务分别纳入省级考核和市级考核体系，层层负责、压茬推进规划任务落地落实。

三、成效

经过三年多努力，成都都市圈“1+1+N”规划体系引领作用充分发挥，规划实施取得阶段性成效，圆满完成起步期（2020—2022 年）三年行动计划，基础设施互联互通加速推进，市域（郊）铁路成都至资阳线开通运营，成都至眉山线全面开工，成都至德阳线加快建设，“3 绕 20 射”高速公路建成 17 条，累计打通城际断头路 26 条。产业协作

> **嘉宾点评**
>
> **周毅仁** 国家发展和改革委员会国土开发与地区经济研究所所长、研究员
>
> 成都都市圈构建了从国家、省、市到区域的多层次规划协同体系、“1+1+N”规划体系，在区域管理上探索了跨行政区域的合作机制，探索出经济区与行政区适度分离的改革路径，形成了如“4+1 协调机制助推成德眉资市场主体准入同城化”等制度创新成果，能够促进城市空间布局、产业定位和基础设施建设实现统筹协调，尤其是相关规划的横向衔接能够有效减少规划冲突，在确保整体规划目标和具体专项行动一致性的同时，提升规划的可操作性和执行效果。
>
> 成都都市圈在规划体系建设方面的创新做法具有较强的可复制性，多层次规划协同模式在长三角、珠三角和京津冀等地区也有推广潜力，尤其是在跨省、跨区域的复杂都市圈建设中。成都都市圈通过跨区域的空间功能布局，促进了各城市的功能互补与资源共享，这一模式对于区域经济差异较大的地区具有很好的示范效应，能够激发更多地区探索和实践都市圈规划体系建设的新路径和新方法。
>
> 成都都市圈在规划体系建设方面也可以借鉴其他都市圈的一些成功经验。比如，成都都市圈可以借鉴长三角的一体化规划理念，参照设立长三角一体化发展示范区，进一步加强成都与周边城市的协同发展，推动跨行政区的政策协同和基础设施共建共享，特别是在高铁、城市轨道交通等交通网络上加快一体化进程。

持续深化，9 条重点产业链开展跨区域协作。公共服务便利共享向纵深推进，成都与德眉资学校结对 336 对，都市圈医疗检查检验结果互认机构 154 家、项目 138 项，同城化无差别办理政务事项达 241 项。2024 年度都市圈 GDP 达 29756.8 亿元，较 2023 年增加 1911.45 亿元，同比增长 5.9%，高于全省 0.2 个百分点，占全省比重为 46%。

如何健全完善都市圈国土空间规划协同体系？①

发挥国家发展规划战略导向作用，强化国土空间规划基础作用，增强专项规划和区域规划实施支撑作用。

——《中共中央关于进一步全面深化改革、推进中国式现代化的决定》

一、探索

（一）强化多层次国土空间协同，绘就成都都市圈国土空间总体蓝图

《成都都市圈国土空间规划》作为“1+1+N”规划体系中的基础，重在统筹谋划都市圈空间发展战略、区域协同策略、底线管控原则和交界地带发展引导等，引领区域经济地理重塑。规划构建大中小城市和小城镇协调发展的城镇体系，有序推进本地人口城镇化，稳步提升城镇化水平和质量，形成“极核引领、轴带串联、多点支撑”多中心网络化都市圈空间发展格局；推进多层次区域协同，以“双圈互动”推进省际协作，以“一圈带动”推进省内协同，推进成德、成眉、成资同城化发展，打造“三带”重点功能载体，推进交界地带融合发展，多层次推进空间协同发展。

（二）共建“三带”高能级产业空间载体，打造同城化发展先行示范区

聚焦重点区域发展，带动其他地区融合发展。规划强化“三带”承载重大核心功能，率先在平等互利的基础上破除要素流动壁垒、提高基础设施联动、统筹公共服务布局，发挥产业共生效应、空间布局联动效应、区域治理协同效应，形成同城发展先行示范。其中，成德临港经济产业带是以门户枢纽为核心、以临港经济为引擎、以智能制造为主导的产业协同带；成眉高新技术产业带是以创新驱动为引领、以公园城市为特色的高质量发展示范带；成资临空经济产业带是以门户枢纽为核心，以临空经

① 本案例由国土空间规划专项合作组组长单位成都市规划和自然资源局供稿，《创新同城化：成都都市圈探索实践》编委会组织编写。

济、公园城市为特色，引领成渝地区中部崛起的同城化率先突破区。引导产业用地向成德临港经济产业带、成眉高新技术产业带、成资临空经济产业带起步区及核心区布局，对新增产业用地面积占新增经营性用地面积的比例提出原则性要求。

（三）推动都市圈科创走廊发展，共建成渝地区高质量发展的动力源

编制《天府大道北延线、南延线科创走廊和成资协同开放走廊国土空间专项规划》。一是明确科创走廊总体定位与差异化发展定位。基于科创走廊的创新资源禀赋、产业发展基础，提出把天府大道北延线科创走廊打造成“成都都市圈科技成果转移转化先导区，世界级清洁能源装备制造基地”（见图 1）；天府大道南延线科创走廊，串联西部（成都）科学城，打造产业创新承载地；将成资协同开放走廊打造成“成都都市圈未来产业技术创新集聚区，连接全球的临空智造新高地”。二是研判主导产业创新平台需求，协同共建创新平台，集聚产业创新功能。根据创新生态体系，构建“实验室 + 工程

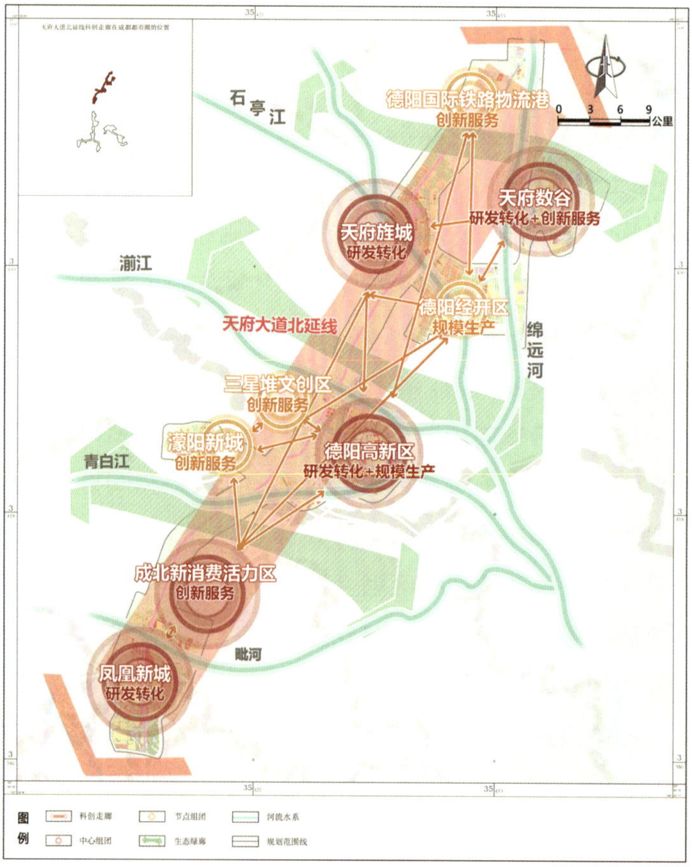

图 1　天府大道北延线科创走廊空间结构图

资料来源：《天府大道北延线、南延线科创走廊和成资协同开放走廊国土空间专项规划》。

技术中心＋创新共享平台”的创新平台体系。综合考虑产业生态圈发展方向，强化主导产业的研发中心平行式或垂直式协同分工，并强化产业链与创新链融合，带动周边产业功能区发展。三是加强支撑保障，构建综合交通体系。优化提升交通路网，构建便捷、高效的公共交通体系，加快建设市域铁路、完善高快速路网体系，推动公共交通服务同城化，全面提升区域交通承载能力和通达能力。

二、创新

（一）科学量化研究同城化的内涵与特征，支撑都市圈同城化发展路径选择

同城化是一体化发展的高级形态与都市圈建设的重要手段。规划从要素流动和同城生活两个维度，系统总结同城化具有人流往来密切、产业统筹共生、物流紧密高效、交通方便快捷、公共服务共享、基础设施同网、生态环境共治、政策机制统筹八大特征，构建 8 类 12 项指标体系，定性与定量结合测度同城化水平、判识发展阶段。

（二）通过创新区域的案例研究，提炼科创走廊发展特征

规划从国内外知名科创走廊中选取具有一定代表性且相对成熟的加州 101 科创走廊、东京—横滨—筑波科创走廊，及正在建设中的杭州城西科创大走廊作为重点研究对象，在要素集聚、空间营造以及体制机制等方面展开研究，提出科创走廊的高能级创新平台、高水平创新企业、高素质创新人才、高效率服务体系、高品质科创载体、高密度交往空间、高魅力人居环境和高强度区域

嘉宾点评

周毅仁 国家发展和改革委员会国土开发与地区经济研究所所长、研究员

首先，成都都市圈在国土空间规划协同过程中，建立了跨区域的协同规划机制，打破了行政壁垒，实现了区域内各市在规划编制、实施、监督等方面的协同合作。这种机制的创新不仅提高了规划的科学性和可操作性，还有效促进了资源要素的自由流动和优化配置，为其他都市圈提供了可借鉴的跨区域协同规划模式。

其次，创新性地提出了“同城同标”的特色管控引导策略。这一策略通过统一的产业政策，特别是在高新技术产业、创新产业发展等方面的措施（统一规划标准、实现高频政务事项“无差别受理、同标准办理”、推动公共服务均等化），促进了区域内各市在产业结构和方向上的协同发展，以及在政务服务、公共服务等方面的协同发展和一体化进程。这种实践探索为其他都市圈提供了可借鉴的同城化发展模式和公共服务共建共享经验。

再次，产业协同与创新链构建的战略布局方面，通过规划共编、设施共建、资源共享等方式，推动区域内各市在产业分工协作、优势互补等方面的协同合作。积极搭建科技创新合作平台，促进科技成果的转化应用，为区域经济高质量发展注入了强劲动能。这种战略布局为其他都市圈提供了可借鉴的产业协同和创新发展路径。

最后，注重政策机制与制度创新的持续性和动态性调整优化，确保规划协同工作始终与经济社会发展需求保持高度契合。这种政策机制与制度创新的保障作用为其他都市圈提供了可借鉴的协同规划实施路径和制度保障经验。

协同八大特征，为科创走廊的规划建设提供指引。

（三）遵循产业空间布局规律，因地制宜合理布局

结合成德临港经济产业带发展特征，按照成都国际铁路港的核心圈层、紧邻圈层与辐射圈层三个层次，完善产业圈层式布局体系。结合成眉高新技术产业带发展特征，强化创新功能空间集聚水平，打造“一廊两带”的创新发展新格局，形成与产业发展相匹配的科技创新体系。结合成资临空经济产业带特征，根据临空产业发展圈层式布局规律，以成都天府国际机场临空经济区“一区两片”为纽带，优化临空产业空间布局。

嘉宾点评

唐亚林　复旦大学国际关系与公共事务学院教授、博士生导师，大都市治理研究中心主任

推进都市圈同城化发展，是党和政府促进区域经济高质量发展与一体化发展的重大战略。此案例构建“极核引领、轴带串联、多点支撑”，涵盖成德眉资四市的网络化都市圈空间发展格局，具有重大的理论与实践意义，且具有制度建设与案例推广的价值。

此案例的制度建设与案例推广价值主要体现在如下四个方面。

（1）建立了都市圈国土空间规划共编联审机制、多层次空间协同机制，形成了以《成都都市圈国土空间规划》为核心的“1+1+N”规划体系。

（2）建立了重点区域国土空间专项规划编制机制，强化了国土空间规划衔接机制，将国土空间规划、专项规划有机统一起来。

（3）共建了“三带”高能级产业空间载体，为推进成德、成眉、成资同城化发展型构了新型发展空间与产业发展动力体系。

（4）形成了都市圈建设的统一编制、联合报批、一起公示、共同实施、阶段推进的新型都市圈同城化发展的体制机制，促进了规划、土地、产业、项目、标准等的跨区域协同和有机衔接。

三、成效

（一）《成都都市圈国土空间规划（2021—2035 年）》获批

2024 年 11 月 2 日，《成都都市圈国土空间规划（2021—2035 年）》获四川省人民政府正式批复，成为全国首个省级人民政府批复同意的国家级都市圈国土空间规划，标志着成都都市圈“1+1+N”规划体系全面形成。

（二）都市圈“同城同标”的特色管控引导已落实并初显成效

《成都都市圈国土空间规划》提出四市应构建统一的跨市快速路建设标准，基本公共服务配置标准以及生态廊道、通风廊道、交界地带管控规则等，相关标准或规则已纳入四市在编的国土空间规划，并在具体项目实施中落实。

（三）强化国土空间规划衔接机制

建立国土空间规划专项合作组协作机制，构建起从规划研究和编制协同到规划联合审查审议全流程的都市圈规划协同机制。省同城化办公室被列入成都市国土空间规划委员会成员单位，参与都市圈及其“三带”“两廊”“交界

地带”等重点区域的国土空间规划审议。德阳、眉山、资阳市规委会参照成都市做法，安排各市同城化工作牵头部门作为列席单位参与相关规划审议。

《成都都市圈国土空间规划研究》获得中国城市规划协会2021年度优秀城市规划设计奖二等奖、2021年度四川省优秀规划设计奖一等奖。人民网评论，《成都都市圈国土空间规划》统筹谋划了成都都市圈国土空间保护、开发、利用，有力指导四市协同开展各类国土空间活动。

如何共建都市圈高能级发展空间载体？①

打造“三带”，统筹推进重大平台联动建设，共建都市圈高能级发展空间载体。

——《成都都市圈发展规划》第三章第二节

成都市担当都市圈中心城市责任，强化同城化功能供给和制度供给，联动德阳、眉山、资阳依托“三区”——成都国际铁路港经济技术开发区、四川天府新区、成都东部新区等重大功能平台，共同打造“三带”——成德临港经济产业带、成眉高新技术产业带、成资临空经济产业带，合力优化区域发展布局，共建都市圈高能级发展空间载体，有力促进成都都市圈产业融合发展。

一、探索

（一）共享成都国际铁路港平台资源，共建成德临港经济产业带

成都、德阳两市以成都国际铁路港为核心支撑，在成都市青白江、新都、金堂、金牛、彭州等区和德阳市旌阳、罗江、广汉、什邡、绵竹、中江等区合力打造成德临港经济产业带，协同发展适欧适铁、智能制造、先进材料、现代物流、现代商贸等产业。产业带以推进“一港两区”协同运营、产业生态圈和产业功能区协同建设、适铁适港先进制造业协同发展、现代商贸业协同共兴、生产性服务业协同增效、科创走廊协同创新、文旅和农业产业协同一体、协同高品质公园城市建设等为主要任务，以服务成渝地区双城经济圈建设、打造改革开放新高地和高品质生活宜居地为导向，建设外向型经济发展高地，构建万亿元级装备制造产业集群，将成德临港经济产业带打造为临港开放、协同创新的同城化先行区，以古蜀三国文化及山地风光为品牌的世界级旅游目的地，凸显公园城市特色的美丽宜居示范区。

---

① 本案例由四川省同城化办公室供稿，《创新同城化：成都都市圈探索实践》编委会组织编写。

（二）共享天府新区平台资源，共建成眉高新技术产业带

成都、眉山两市以四川天府新区为核心支撑，在天府新区成都直管区，成都市高新南区、双流、新津，天府新区眉山片区和眉山市彭山、东坡、仁寿等合力打造成眉高新技术产业带，协同发展总部经济、数字经济、创意经济、新一代信息技术、高端装备制造、新材料等。产业带构建“一核”引领（即打造成眉高新技术产业带核心发展区）、“双轴”联动（即打造高技术服务业发展轴和先进制造业发展轴）、“多点”支撑（即 8 个重要节点型园区和 13 个成长型园区）的空间格局，逐步形成区域优势充分发挥、要素配置合理有效、资源环境友好协调、质量效益明显提升的高新技术产业发展承载地。

（三）共享成都东部新区平台资源，共建成资临空经济产业带

成都、资阳两市以成都东部新区为核心支撑，在成都市简阳、金堂等龙泉山及其以东区域，资阳市雁江、乐至、安岳和眉山市眉东新城，合力打造成资临空经济产业带，协同发展航空航天、现代物流、医药健康、智能制造、临空服务等。产业带以成都天府国际机场临空经济区为极核，以成渝、沱江为发展主轴，突出成都片区、资阳片区、眉山片区优势互补和错位分工，构建“一核两轴三片”的空间发展格局。产业带通过打造临空产业集群、建立协作转移体系、搭建国际开放平台、强化创新驱动能力、完善基础设施建设、深化体制机制改革，加快建设具有国际竞争力和区域带动力的临空经济走廊。

二、创新

（一）规划引领推动发展

成德眉资四市自然资源主管部门共同编制《成都都市圈国土空间规划（2021—2035 年）》，提出构建“三区两山，三轴三带”的国土空间总体格局，以成德临港经济产业带、成眉高新技术产业带、成资临空经济产业带为引领，推动全域同城化发展。“三带”牵头单位分别编制《成德临港经济产业带建设方案（2021—2025 年）》《成眉高新技术产业带建设方案（2021—2025 年）》《成资临空经济产业带建设方案（2021—2025 年）》。方案明确成德临港经济产业带以成都国际铁路港、德阳国际铁路物流港为纽带，以国际班列为依托，以自由贸易试验港建设为突破，以打造具有国际竞争力的产业集群为目标，建强引领全省高质量发展和高水平开放的重要动力源；成眉高新技术产业带以着力提升自主创新能力为核心，突出高新技术产业引领和

嘉宾点评

顾永涛 国家发展和改革委员会城市和小城镇改革发展中心研究员

成都联动德阳、眉山、资阳，依托"三区"打造"三带"，以高能级平台载体建设，推动成都都市圈同城化发展，形成了较好的示范效应，有利于促进成德眉资经济协同发展、提升城市能级、强化功能协作。为进一步推动"三带"高质量发展，提出以下建议。

一是发挥比较优势，系好产业合作"纽带"。根据"三区""三带"资源禀赋和区位优势，提出差异化发展思路。成德临港经济产业协作带，重点是服务制造业转型升级、建设外向型经济发展高地，协同提升物流枢纽和开放口岸功能，建设高端能源装备产业集群。成眉高新技术产业协作带，重点是协同提升现代科技服务发展能级、强化创新资源集聚转化功能，推动高新技术产业和现代服务业高质量发展。成资临空经济产业协作带，重点是加快形成临空经济产业专业化分工协作体系，协同提升汇聚运筹高端资源要素功能，合力打造国家级临空经济示范区。

二是构建创新网络，增进创新链与产业链"融合"。瞄准世界科技前沿，培育和发展新质生产力，优化区域创新网络和协同创新生态，打通"策源—孵化—转化—应用"的创新链条，推动创新链与产业链融合发展。坚持集约高效，打造产城融合新典范，形成"研—学—产"协同共进的空间布局。

三是优化合作机制，提升平台载体"能级"。以"牵引性项目、互促性竞合、紧密型联动、做大蛋糕"为目标，以建立健全跨层级跨部门跨区域联动机制、统一政策协同机制、全生命周期项目共建机制为路径，引领同城化发展走深走实。

科技创新策源功能，集聚高端创新要素，完善区域创新体系，促进产业链与创新链融合，全力打造国家创新体系重要平台；成资临空经济产业带以促进物资流、资金流、人才流、技术流和信息流加速集聚转化为路径，形成高效分工、特色鲜明、优势互补、良性互动的产业协同发展格局，加快建设具有国际竞争力和区域带动力的临空经济走廊。

（二）建立健全工作机制

建立"三带"协调机制。产业带各区（市）县牵头部门、成德眉资四市行业主管部门共同建立起"三带"联席会议制度，联合研究解决产业带发展中的突出问题，截至 2024 年 12 月累计召开轮值会议 14 次，协调解决产业带数据统计、标识体系建设等 20 余个问题。建立任务推进机制。自 2021 年起，按照"清单制 + 责任制"制定"三带"年度重点工作任务，明确具体任务、责任单位、完成时限，推动"三带"加快建设。建立联合招商机制，组建联合招商工作专班。成德临港经济产业带聚焦适欧适铁产业在世界清洁能源装备大会上对产业带项目进行推介；成眉高新技术产业带举办电子信息产业链主题联合招商活动，推动成眉高新技术产业带强链补链；成资临空经济产业带聚焦临空产业、先进制造业等重点领域，举办成都天府国际机场临空经济投资促进推介会。

（三）强化重大项目支撑

建立"三带"重大建设项目全生命周期管理制度，突出引领性、标志性，凸显"头部 + 配套""总部 + 基地""研发 + 转化"等产业协作模式，按年度梳理编制形成重大项目清单，省同城化办公室、成德眉资四市“三带”工作牵头部门、各区（市）县共同建立“三带”三级协调调度机制，充分利用“同城化发展综合管理一张图”平台，推动“三带”重大项目物理空间精准落位、信息数据共享、进度信息互通、问题及时发现、实时响应调度，截至 2024 年 12 月，累计实施“三带”重大项目 1158 个，累计完成投资 5782 亿元。

（四）高效保障发展要素

根据“三带”建设方案，产业带沿线各区（市）县落实各片区功能定位、区域产业协同要求，合理倾斜匹配区域内产业用地指标，动态更新起步区、核心区的工业用地、商业用地、物流用地和住宅用地的现状和规划数据，保障和支撑产业发展，合力共建高能级发展空间载体（见图 1）。

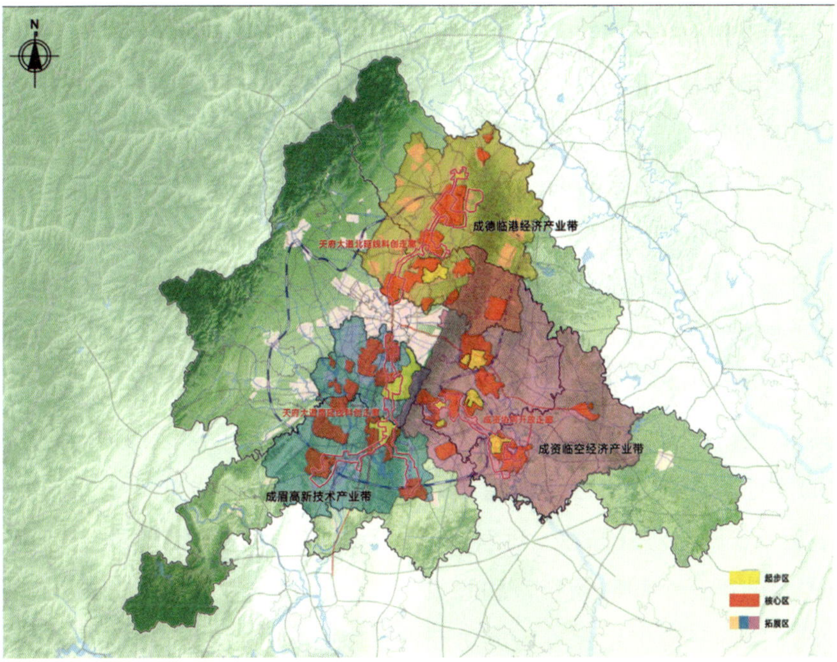

图 1 “三带”布局图

三、成效

成德临港经济产业带“两港一体化”不断深入。成都国际铁路港和德阳国际铁路物流港持续推动“两港联动、协同开放”，先后签署三轮合作共建协议，重点通过共同建设基础设施、统筹班列开行、争设开放口岸、推进产业发展等方面，争取实现两港功能互补、资源共享、发展共赢。目前，两港正在探索建立“一港多站、枢纽集结、区域分拨”合作模式。自合作以来，德阳通过中欧班列（成都）共计发运货物100余柜，主要为机器类、塑料橡胶制品类、化工类等品类；通过西部陆海新通道共计发运货物200余柜，主要为机器类、化工类等品类。2023年，成都国际铁路港积极服务德阳东方电气班列需求，定制化提供中亚线路物流解决方案，共计发运塔什干货物200余柜。成都产业集团所属蓉欧供应链集团与四川路桥、德阳发展在德阳国际铁路物流港联合成立德阳成德物流港建设发展有限公司，参与德阳国际铁路物流港全面规划建设工作，先期投资的德阳国际铁路物流港蓉欧冷链联运中心已具备投运条件。

成眉高新技术产业带集聚效应不断显现。高标准建设天府兴隆湖实验室，推动实验室实现实体化运行，持续推进电磁驱动聚变大科学装置、跨尺度矢量光场时空调控验证装置等项目建设。产业带区县共同编制形成《成眉高新技术产业带产业适配研究报告》《成眉高新技术产业带人工智能产业链建设方案》《成眉高新技术产业带产业适配实施方案》，积极推动产业带“延链补链强链”。重点建设西部（成都）科学城、眉山高新技术产业园区等8个牵头园区，协同相关区县共同建立“牵头园区+主导产业+重大平台+链主企业”工作机制。2022年，成眉高新技术产业带实现地区生产总值4789.07亿元，占全省GDP总量的8%，占成都都市圈GDP总量的21%。2023年上半年，成眉高新技术产业带实现地区生产总值2408.91亿元，占全省上半年GDP总量的8.6%，同比增长0.6%。

成资临空经济产业带开放能级大幅提升。2023年1月29日，经四川省人民政府同意的《成都天府临空经济区建设方案》正式印发。成都天府国际机场口岸于2023年3月26日起对外开放，旅客、货邮吞吐量分别位居全国第五、第十三。成都成为中国大陆第三个同时运行双国际机场、开放双航空口岸的城市。2024年12月，成都天府国际空港综合保税区成功获批。2021—2023年累计引进先进制造业项目46个（总投资约为1500亿元），落地北京飞机维修、四川飞机维修等龙头项目，启动临空制造工业总部基地等临空制造园区建设，建成投运国航、川航天府基地，空客A321客改货等项目。

如何通过跨区域协同实现临空经济全方位互动？[1]

协同建设国际门户枢纽，提升成都国际航空枢纽国际竞争力，加密国际航线航班，提升中转效率，积极创建国家级临空经济示范区。

——《成都都市圈发展规划》第七章第二节

为充分发挥天府航空枢纽的聚势引流作用，成都市、资阳市依托成都天府国际机场，按照“一区两片”模式，跨区域联合共同建设成都天府临空经济区，有力支撑成都国际门户枢纽建设，助力打造内陆改革开放新高地。

一、探索

（一）省市联动推动“两场一体”高效运行

四川省人民政府、中国民航局联合印发《成都国际航空枢纽战略规划》，创新提出“两场一体”运营成都模式，并对成都的两座机场提出了航线和航空公司分配方案，推动两场一体化规划、一体化建设、一体化管理和一体化运营。按照战略规划推动航线、航司有序从成都双流国际机场转场至成都天府国际机场，于2023年3月全面完成转场工作，形成两场平稳运行局面。2024年，成都国际航空枢纽完成运输航班58.9万架次、旅客吞吐量8733.6万人次、货邮吞吐量102.8万吨，较2023年分别增长9.9%、16.6%、33.0%，旅客、货邮吞吐量分别位居内地城市第三、第五。

① 本案例由成都东部新区经济发展局（原战略研究局），资阳临空经济区经济和科技发展局供稿，《创新同城化：成都都市圈探索实践》编委会组织编写。

（二）成资携手共建成都天府临空经济区

成都、资阳联合编制《成都天府临空经济区建设方案》，共同建设成都天府临空经济区。按照成渝世界级机场群主枢纽、全国临空产业创新发展高地、内陆向西向南开放战略门户、生态智慧现代化空港新城发展定位，成都天府临空经济区规划 150 平方千米建设范围（见图 1）。《成都天府临空经济区建设方案》已经四川省人民政府正式批复，于 2023 年 1 月 29 日由四川省发展和改革委员会正式印发。

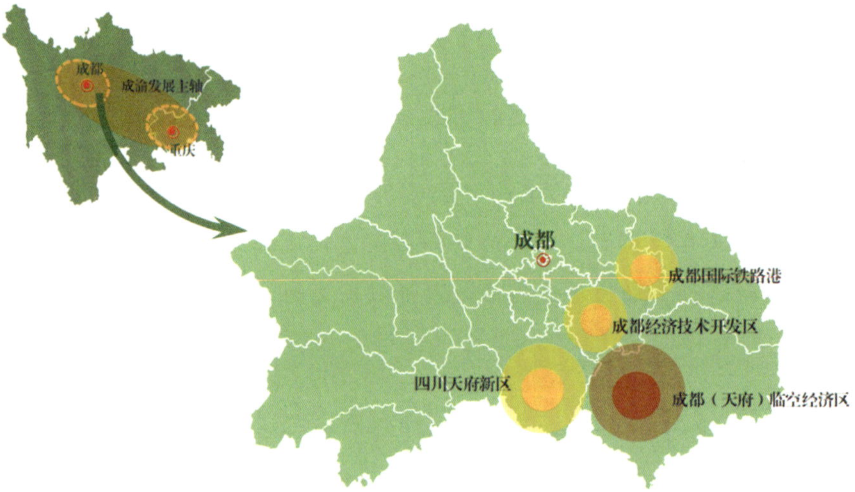

图 1　成都天府临空经济区在成渝地区双城经济圈区位示意图

（三）统筹布局临空经济开放平台和产业载体

成都天府临空经济区（成都片区）聚焦全面提升开放平台引领功能。2024 年 12 月，成都天府国际空港综合保税区成功获批，构建综保区与机场国际货运区直连通路和一体化通关平台，依托综保区保税政策及衔接机场国际货运区优势，加快完善跨境电商、冷链生鲜和国际中转等重点设施，保障生物医药、跨境电商和进出口贸易等腹地产业发展需求。成都天府临空经济区（资阳片区）加快建设产业发展平台，为产业集聚发展提供支撑，智能制造产业园三草湾片区骨干路网、污水处理厂加快建设，清泉片区标准化厂房已入驻企业 22 家。

二、创新

（一）突出“两地四方”协同联动

为充分发挥成都天府国际机场辐射作用，“两地四方”（两地：成都市、资阳市；四方：成都东部新区、资阳临空经济区、成都未来科技城、简阳市临空经济产业园）组建工作专班，深入分析片区发展基础和功能定位，对标学习北京大兴国际机场临空经济区及上海临港新片区建设经验模式，积极探索经济区与行政区分离改革新路径，按照“统一规划、统一管理、统一治理、统一投资”的思路，形成合力，统筹建设天府临空经济区。

（二）注重与“成都临空经济示范区”错位发展

对照天府国际机场与双流国际机场的功能分工，天府临空经济区将重点发挥天府国际机场国际航线网络优势，积极融入“一带一路”建设和长江经济带发展，全面提升面向欧亚腹地高端要素资源双向集聚和配置能力，加密向西向南国际航线，全面提升通达性和通畅性，全方位扩大对外开放合作交流，培育发展更高水平开放型经济，打造陆海内外联动、东西双向互济、国内国际双循环互促的内陆开放战略门户。

（三）统筹天府临空经济区功能布局

按照《成都天府临空经济区建设方案》，合理划定“一核四区”发展空间。成都片区主要负责成都天府国际机场建设，加快机场客货运设施建设，不断提升机场运营能力和服务品质，全面拓展机场辐射范围，并全面承载航空物流与口岸贸易、临空高端制造、临空现代服务和科技创新与成果转化等

> **嘉宾点评**
>
> **张国华** 中国城市中心总工程师、中国城市交通协会副理事长、浙江省城市治理研究中心客座研究员
>
> 依托天府国际机场，按照“一区两片”模式，跨区域联合共建成都天府临空经济区，开创了临空经济区发展新模式，为国家优化区域开放布局，加快形成陆海内外联动、东西双向互济的全面开放新格局提供了坚实支撑。在三个方面取得的成效值得国内临空经济区效仿和借鉴。一是推动国际经济大循环与国内经济大循环相互融合。打造内陆城市对外开放新高地，促进内陆地区与国际市场的经济联系，提升内陆对外开放水平。二是有效市场与有为政府协同推进天府临空经济区建设。成都市政府与资阳市政府通力合作、改革创新，破解“一亩三分地”藩篱，消除影响经济要素自由流动的制度性障碍，充分发挥市场在资源配置中的决定性作用。三是科学谋划临空经济区功能定位与空间布局。在功能上，充分考虑天府机场与双流机场功能分工，研判各类临空型产业发展特征与需求，实现两个临空经济区协同共进；在空间上，发挥成都和资阳各自的优势，打造“一核四区”空间结构，提升土地利用效率。
>
> 成都天府临空经济区未来发展应聚焦两个方面。一是推动现代服务业与先进制造业协同发展。现代服务业与先进制造业是现代化经济体系的两根支柱，在引进先进制造业的同时大力推动商务金融、科技研发等现代服务业发展。二是促进交通、产业、空间协同发展。天府临空经济区在交通、产业和空间上都具有较好的基础，交通、产业、空间三要素协同共进，是天府临空经济区全面提升全要素生产率从而实现高质量发展的关键所在。

功能。资阳片区主要发展临空高端制造与临空现代服务功能。“一核四区”中，围绕航空物流、临空商贸与航空维修制造建设重点片区，依托基地航司与货运基地，加快织密国际航线、加密国内精品航线、强化中转服务，加快建设转运分拨中心，提升航空客运服务能力，打造中国西部中枢轮辐式枢纽机场（见图 2）。

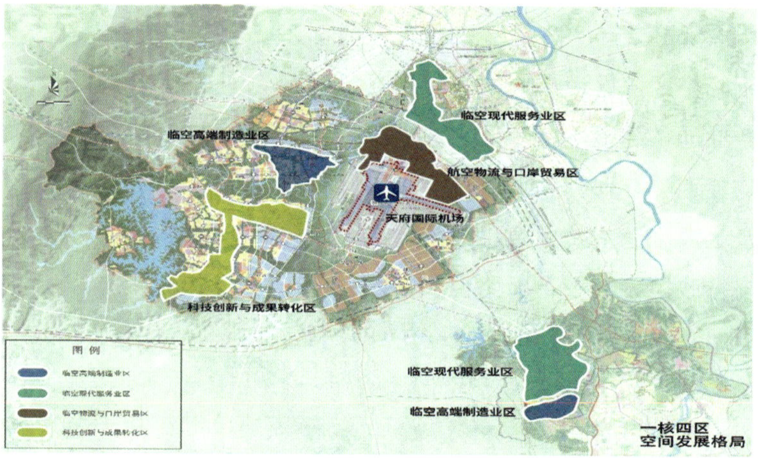

图 2　成都天府临空经济区功能分区图

三、成效

（一）成都天府国际机场实现高效运营

2021 年 6 月，天府国际机场通航投运。自投运以来（截至 2025 年 3 月底）已累计服务旅客 1.31 亿人次。2023 年 3 月，天府国际机场航空口岸开放投用，自口岸投运以来（截至 2025 年 3 月底），已服务国际旅客超过 900 万人次。2022 年，天府国际机场旅客吞吐量位居全国第十。截至 2023 年底，天府机场入驻航司达 51 家，开通国内航线 305 条、航点 183 个，国内航点通达性居全国第一，开通国际及地区客货运航线 52 条，全年航班量达 33 万架次，跻身全球繁忙机场之列。2023 年全年旅客吞吐量超 4400 万人次，同比增长 237.3%；货邮吞吐量达 24.6 万吨，同比增长 201.1%。2024 年全年实现客运吞吐量 5490.6 万人次，同比增长 22.6%；货运吞吐量 31.1 万吨，同比增长 65.6%。

（二）成都天府临空经济区建设成效初显

机场国际口岸已开通，成都天府国际空港综合保税区获批，枢纽与开放功能进一步强化。按照《成都天府临空经济区建设方案》要求，构建“产业 + 平台 + 功能”

供应链体系，成都片区顺丰、中外运等链主链辅企业落地建设，航空总部基地、工业总部基地等项目开工，民航科技创新示范区、天府锦城实验室、天府绛溪实验室等重大创新平台高标准规划。资阳片区智能制造产业园等产业载体建成投运，2024 年以来，签约博信机器人、腾希航空等产业项目 8 个，总投资 10.87 亿元。

中国城市临空经济研究中心秘书长、北京临空国际技术研究院院长马剑认为，成都已经有了成都双流临空经济区，目前再添一处成都天府临空经济区，将为产业转型升级带来“更优解”。成都天府国际机场具备走出临空经济国际产能合作新道路的潜质，依托“一核四区”空间发展格局，成都天府临空经济区的发展前景不可限量。

如何实现交界地带融合发展？①

要发挥成德眉资毗邻地区经济联系紧密、人文交往频繁的比较优势，推动交界地带在规划布局、交通连接、产业协作、政务服务等方面探索创新合作模式，打造同城化发展若干支撑点。

——《成都都市圈发展规划》第三章第二节

一、探索

（一）规划共谋、方案共编，科学高效推进融合发展

成德眉资各有关毗邻区（市）县、交界地带融合发展启动项目所在乡镇（街道）秉持“一盘棋”思维，在共同研判分析区域整体基础设施现状、产业发展水平、生态资源禀赋等基础上，建立健全会商协调机制，借力省同城化办公室、上级政府及部门的指导支持，充分发挥地方智库、第三方专业机构力量，统一认识、集聚资源、梳理项目、疏通堵点，共同谋划制定交界地带融合发展规划，共同编制形成交界地带融合发展实施方案。

（二）立足优势、集聚资源，擦亮启动项目特色招牌

成德眉资交界地带以区域间特色主导产业融合发展为依托，深化基础设施、公共服务、生态环保等各领域合作，协同共塑区域融合发展品牌。彭州—什邡、金堂—广汉、简阳—雁江—乐至等毗邻区（市）县围绕川芎、食用菌、水蜜桃等农业主导产业，聚力打造现代农业产业园项目融合发展。新津—眉山天府新区、四川天府新区成都片区—眉山片区等毗邻区（市）县聚焦电子信息、装备制造、食品轻纺、能源化工、先进材料、医药健康等优势产业，推动园区联动发展。青白江—广汉、蒲江—丹棱通过

① 本案例由四川省同城化办公室，四川天府新区管委会、成都东部新区管委会，成都市青白江区人民政府、新津区人民政府、简阳市人民政府、彭州市人民政府、金堂县人民政府、蒲江县人民政府，德阳市广汉市人民政府、什邡市人民政府、中江县人民政府，眉山天府新区管委会、丹棱县人民政府，资阳市雁江区人民政府、乐至县人民政府供稿，《创新同城化：成都都市圈探索实践》编委会组织编写。

共建柑橘产业园、双方串联旅游精品点位等方式，联合促进文旅融合发展，实现生态资源、农业资源向经济价值转化。

（三）挖掘亮点、突破创新，形成可复制可借鉴经验

成德眉资交界地带积极探索实践、创新突破，形成了一批值得推广的经验做法，得到了社会各界的广泛关注。彭州—什邡两地加速同城融圈，以技术协作突破传统农业壁垒，充分借助第三方专业机构、两地产销合作社、集体经济组织力量，合力推动黄背木耳及川芎产业融合发展，被《当代县域经济》杂志作为典型案例推广。简阳—雁江—乐至农旅融合发展示范点形成常态化节会联合举办机制，三地多次联合举办桃花节、羊肉美食节、烧烤节、小龙虾节等各类节庆活动，持续打造区域文旅品牌。青白江—广汉两地巡察部门积极主动作为，创新同城化联动巡察机制，组建同城化联动巡察工作小组，定期召开联席会议，形成交界地带巡察工作“3435”工作法。

二、创新

（一）融合发展，机制先行，打通交界地带合作堵点

交界地带融合发展各级参与主体协同共谋、集力创新，探索建立起有利于区域协调发展的相关机制，形成“省直部门指导、省同城化办统筹、成德眉资四市同城化工作牵头部门协调、各毗邻区（市）县落位管理、项目承接乡镇（街道）主体推进”的一体化工作机制，切实推动交界地带融合发展各启动项目（见图1）立足优势、科学规划、创新发展。如彭州—什邡两地创新协同，形成了“领导小组＋管委会＋平台公司＋企业联盟＋联合社”的多领域对话互动格局。

嘉宾点评

涂圣伟 中国宏观经济研究院产业经济与技术经济研究所研究员

推进交界地带跨行政区融合发展与一体化治理，是区域协调发展的重要内容，是城市群和都市圈发展的重要支撑。交界地带地域相邻、人文相亲、经济联系密切，在跨区域合作方面具有较大潜力。党的二十届三中全会提出，完善区域一体化发展机制，构建跨行政区合作发展新机制。成德眉资毗邻地区坚持制度先行、规划引领，集智聚力推动跨行政区融合发展，形成了许多有价值、能推广的经验模式，比如，简雁乐交界地带融合发展、四川（金广）农旅融合产业园建设、蒲丹同“橙”发展等项目，围绕农村一、二、三产业融合发展，共建产业链、共拓价值链、共推区域品牌，做大做强区域“土特产”；再如，新津区和眉山天府新区、金堂县和中江县推动政务服务跨域通办、社会治理和公共服务一体化，实现共建共享、便民利企。深入推进交界地带融合发展，可以在基础设施“硬联通”的基础上，进一步拓展产业分工合作领域、协同创新能力、市场一体化程度和公共服务共享水平，提升融合发展层级，增强发展动能，厚植民生福祉。

图 1　成德眉资交界地带融合发展启动项目点位分布图

（二）高位引领，分阶段评估，联动智库助力升级提能

省同城化办先后编制出台《成德眉资毗邻地区融合发展总体实施方案》《关于进一步推进交界地带精品示范点高质量发展的通知》，为成德眉资交界地带融合发展提供引导与支撑。持续跟踪推进交界地带融合发展工作，采取“常态化调研 + 阶段评估剖析”方式，定期邀请省直有关部门负责人、省内高校专家教授、部分科研院所学者，组成“专业调研组”“专家评审组”，深入交界地带项目现场走访调研，针对阶段发展建设成效及问题开展研讨，提出行之有效的意见建议。

（三）专项推进、重点攻坚，集中力量打造标杆启动项目

充分发挥省同城化办统筹协调优势，立足启动项目建设发展中的重点难点问题，集智集力、突破攻坚。针对彭什川芎现代农业产业园土地综合整治需求，组成临时工作专班，邀请省直有关部门领导、土地综合整治工作部门负责人、成德两地规自部门负责人下沉点位，摸清家底。牵头开展专题协调，2021 年至今，进行 5 次专题研究“彭什交界地带土地综合整治工作”。借助多种渠道钻研突破，开展“成都都市圈交界地带土地资源转化为土地资产方法路径”课题研究，借力第三方专业机构，研究破题，寻找突破。

三、成效

自2020年5月正式启动成德眉资交界地带融合发展工作以来，都市圈各毗邻区（市）县不断加强沟通，协作共赢，共同编制工作清单，签订融合发展协议，12个成德眉资交界地带融合发展启动项目已全部完成融合发展实施方案制定，编制形成区域融合发展规划（见表1）。彭州—什邡两地共同打造“彭什川芎现代农业产业园”及“中国（彭什）黄贝木耳（食用菌）产业园”，川芎全国市场份额占比超75%，黄贝木耳全国市场份额占比超65%。成德眉资交界地带充分利用了交界地带的地理毗邻、资源相似、产业相近、基础相当等现实条件，突破行政边界的制约，强化跨区域协同，积极探索和创新行政区与经济区的适度分离，以点带面，见微知著，逐步成为成德眉资同城化发展的支撑点，增强了居民同城化获得感。

表1　部分成德眉资交界地带融合发展启动项目

项目	位置	产品特色	成效
简雁乐交界地带融合发展项目	成都市简阳市、资阳市雁江区、资阳市乐至县	1. 共建合作机制 围绕交界地带产业合作、空间功能布局、交通网格构建、公共服务发展等领域，衔接上位规划，统筹编制各相关领域专项工作方案。 2. 共推区域品牌 将高寺镇风车节、葡萄采摘节、梨花观赏节等活动有机结合，拓宽区域特色农产品销售渠道，吸引更多交界地带周边群众及成渝地区双城经济圈游客前来旅游，从而带动区域经济发展。 3. 共享公共服务 推动资源要素高效便捷流动，加强结对共建，整合优质教育资源，推进医疗健康服务合作。 4. 共保生态环境 推进环保基础设施共建共享和环保管理同城化，加强简乐河、索溪河等跨界河流联防联控联治。加强大气污染联防联控联治，协同实施工业源、移动源、生活源、农业源综合治理	1. 区域交通逐步实现互联互通 蜀都大道东延线乐简段510米市政接入段已完成路面工程，打通万罗路、养资路等8条“断头路”“瓶颈路”。 2. 农业产业化建设加快推进 葡萄、大耳羊、水蜜桃、中药材等现代农业产业已初具规模，形成“一示范二带三核八区”发展格局。白僵蚕中药制品占全国市场份额80%，合作范围已扩大至德阳中江、绵阳三台等地。 3. 农文旅产业实现深度融合 水龙灵温泉度假村、秋千王国等特色农旅项目初见成效。同时依托葡萄等特色农业资源，开展赏花季、采摘季等活动，联动培育农旅融合新业态新模式

续表

项目	位置	产品特色	成效
交界地带智能制造融合发展示范点	新津区—眉山天府新区	1. 建设产业云平台，发挥产业集聚优势 依托各产业园大力招引新能源新材料等先进制造业企业，不断提升示范点内产业发展“硬实力”。 2. 强化产业分工协作，赋能企业“建圈强链” 在轨道交通装备产业协作方面，强化中车长客的“链主”引领作用，与四川交通职业技术学院联合打造轨道交通装备产教联合体，为启动项目建设提供强大人才支撑。在新能源错位互补协作方面，两地加速优化锂电布局。在智能装备制造协作方面，新筑投资集团有限公司在眉山天府新区设立子公司（四川新筑智能工程装备制造有限公司），实现资源互通、生产规模扩大。 3. 促进政务服务改革，确保群众“跨域通办” 积极推进成德眉资政务服务“跨域通办”改革	郑园路（新津段）建设已完工，待滨江大道（眉山段）建设完成后，即可通车。滨江大道（眉山段）正在进行剩余段土方施工，已完成 13 千米沥青混凝土路面施工。XK4 路由眉山天府新区开往地铁十号线（新平站），已投入车辆 14 台，508 路由新津区津津希望体育公园站开往青龙火车站，设站 24 个，发车间隔为 15~20 分钟 / 次。成德眉资“跨域通办”政务服务平台梳理通办事项 324 项
金中灯笼产业融合发展示范园	金堂县、中江县	1. 强化要素保障，厚植融合发展“营养土” 金堂县人民政府与中江县人民政府联合签订《共建金中灯笼产业融合发展示范园项目加快交界地带融合发展合作协议》。加强土地整理“腾笼换鸟”，盘活金龙粮站、面粉厂等闲置土地和永兴石笋政府闲置资产，为示范园建设提供硬件载体。充分发挥“乡贤”作用，为示范园发展提供人才储备。 2. 专注品牌塑造，深耕灯笼产业“示范田” 聚力塑造“灯笼之乡”品牌，着力提升灯笼产业享誉度。编制形成《金中灯笼产业融合发展示范园总体规划》《金中灯笼产业融合发展示范园建设实施方案》，策划包装红色文化长廊、灯笼展示园、文化街区等特色场景，着力培育“灯笼 + 研学”“灯笼 + 文创”等多元业态。 3. 深化产业融合，巧用农业文旅“左右手” 依托高标准农田建设，推动示范园农业产业发展提质增效，建成大柏山兔业养殖园、森沃特花椒、中药材原材料基地等示范点位；深入挖掘红色旅游资源，统筹推进农业产业、红色文化融合发展，共建红色旅游精品路线。 4. 健全联动机制，广拓同城建设“朋友圈” 积极推进政务服务跨区域通办；促进医疗机构检验检测结果互认；建立健全“行政边际社会治安联防联控联动机制”；充分发挥两地商会桥梁纽带作用，搭建政企沟通、信息共享、品牌推广平台	1. 带动就业市场向好发展 金中两地签订《人力资源供需共享战略合作协议》，提供就业岗位 3360 个，带动两地就近务工达 500 余人 2. 园区招商工作稳步推进 在两县的共同努力下，金中灯笼产业园已初具规模，并通过走访洽谈与藁城区喜洋洋喜庆用品、苏氏灯笼、昌辉宫灯等十余家企业达成投资合作初步意向。 3. 农业文旅融合加速推动 通过加强院落文化浸润，涵养邻里乡风，完善健身步道，添置民宿小木屋，开展水果采摘、龙虾垂钓、土灶烧菜等活动。依托三洞桥水库生态本底及红色资源，将三洞桥水库及两地部分交界区域建设为集观光、垂钓、采摘、农事体验、手工体验、红色研学于一体的生态康养旅游带

续表

项目	位置	产品特色	成效
同“橙”发展	蒲江县、丹棱县	1. 共筹一“橙”，创新发展管理体制 蒲江县与丹棱县共同组建示范项目工作专班，建立同城发展联席会议等制度，统筹谋划启动项目建设。 2. 共铸一“橙”，健全项目招引促建机制 健全项目招引促建制度机制，全力做好项目招引促建和协调服务工作。借智借力加大项目策划包装，积极对接科研院所和高能企业，加快推进项目考察论证等工作。 3. 共调一“橙”，调动社会资本参与 举办各类社会化节会，积极探索节会活动的市场化运作，活动举办由政府出资转变为政府主办、平台公司参与、企业支持的融合联动新模式。 4. 共销一“橙”，策划营销全域旅游 坚持“传统媒体与新兴媒体齐抓，形象宣传与产品营销并重”的思路，构建“蒲江丑柑＋丹棱桔橙”宣传模式，强化全领域、全方位、多元化的旅游宣传营销。开展“线上＋线下”展示展销，增强文旅品牌联合效应	1. 同“谋”一果，“橙”就春橘高品质 蒲丹两地立足晚熟柑橘产业发展优势，抱团提升产业标准化程度和产品品质。蒲江县已建立起网络交易大数据监管系统，搭建蒲江农产品质量安全追溯平台，并将丹棱纳入系统平台，实现统一管理，做到周边柑橘产业联防联控，保证柑橘品质。 2. 同“育”一果，“橙”就产业新价值 2023 年，“蒲江丑柑”品牌价值达 102.63 亿元，“丹棱桔橙”达 53.5 亿元。晚熟柑橘已成为两地农民增收的支柱产业，2024 年，蒲江县、丹棱县实现农村居民人均可支配收入分别增长了 6.4%、6%。 3. 同“扬”一果，“橙”就融合发展梦 蒲丹都市现代农业融合发展启动项目以晚熟柑橘产业发展为突破口，不断加强沟通交流合作，发挥两地地理区位、空间承载、资源禀赋等优势，以实际行动助力成都都市圈同城化发展
四川（金广）农旅融合产业园建设	金堂、广汉	1. 打破发展壁垒，推进协同一体 按照协同一体化发展思路，着力打破两地的行政壁垒、资源壁垒、规划壁垒。一是强化合作。二是整合资源。三是科学规划。 2. 优化产业布局，加速融合发展 一是建设瓜果农业新高地。二是打造文创聚落集聚地。三是打造乡村研学理想地。充分挖掘本地生态旅游资源，通过研学旅游，开发研学课程，积极培育研学旅游新业态。 3. 壮大集体经济，促进共富增收 一是梳理全域资源，促进资产盘活。二是成立集体企业，明确管理架构。三是招募合作伙伴，探索市场运营	园区瓜果种植面积达到 6 万亩，年产量 4 万吨，年产值近 2 亿元，其中“松林桃”“川皇菊”“金堂葛根”成功申报国家地理标志产品。除农业种植外，园区还集聚了柚里咖啡、松间朴里、山里溪缘、溪上独行等研学旅游消费场景 68 个，创造就业岗位约 400 个，人均年收入增加 8000 元，乡村振兴带动效应明显。沙田村荣获 2020 年“四川省实施乡村振兴战略工作先进示范村”称号

资料来源：根据相关资料整理。

两区（市）如何携手助推川芎出圈？①

开展交界地带融合发展试点。

——《成都都市圈发展规划》第三章第三节

彭州、什邡两地立足川芎连片种植基础，协同共建彭什川芎现代农业产业园，2020年以来，积极探索实践交界地带融合发展新模式，已逐步打造为成德眉资交界地带融合发展的“样板车间”和“展示名片”。

一、探索

图1 彭什川芎现代农业产业园

资料来源：四川省彭州市敖平镇人民政府，以下同。

彭什川芎现代农业产业园（见图1）涉及成都彭州市、德阳什邡市两地敖平、隆丰、葛仙山、马井、南泉、师古等6镇（街）约20万人，园区内建有全国最大的川芎产业标准化种植示范基地和全国最大的川芎产销基地，核心区种植面积为10万亩，辐射带动面积约20万亩。园区自建设以来，积极创新区域合作体制机制，在成德眉资交界地带率先组建四川彭什农业发展有限公司联合管理主体，围绕国土空间规划、土地整理、产业共兴、服务共享、生态修复、要素保障等完善机制，推动打破行政区划壁垒，杜绝了川芎销售相互杀价的现象，两

① 本案例由四川省同城化办公室、彭州市人民政府、什邡市人民政府供稿，《创新同城化：成都都市圈探索实践》编委会组织编写。

地从竞争变为合作，通过产业共兴，逐步实现共同富裕。

二、创新

（一）聚焦园区共营，强化顶层设计

完善园区运行体制机制，确立产业“四梁八柱”。建立“领导小组＋管委会＋平台公司”工作协调推进机制，成立以两地市委副书记为组长的彭什川芎现代农业产业园领导小组，组建彭什农业发展有限公司具体实施园区内项目（见图2）。编制《彭什区域融合发展规划》，制定《彭什川芎现代农业产业园建设实施方案》，签订《彭什川芎现代农业园区项目协议》，明确发展目标、细化重点任务，以重大项目支撑园区建设。

图2　彭什川芎产业园协同融合发展管委会、彭什农业发展有限公司揭牌

（二）聚焦项目招引，高质量建设核心示范区

以建圈强链思维，定位川芎主导产业细分领域。梳理形成产业生态发展路径图、产业链全景图、产业招商指导目录表。以产业龙头企业、

嘉宾点评

黄延信　中国农业经济学会副会长、农业农村部乡村振兴专家咨询委员会委员、农业农村部原巡视员

彭什川芎产业园项目，具有如下四个特色。

一是立足区位优势，跨行政区建立产业园，发展特色产业。中药材生产对地理、气候条件要求严格，其生产具有明显的区域性特点，彭什川芎产业园不是按照习惯的行政区划建设，而是按适宜川芎生长的自然条件设立园区，创立了相邻区域合作发展的新机制，有利于发挥自然优势。二是着眼完善全产业链，发展特色产业。园区不是单一从事中药材原料生产，而是对药材开展多层次的加工增值，着力提高产业的附加值和园区的综合效益。三是着眼市场导向，以龙头企业为牵引，发展特色产业。园区引进了十多家药材加工企业，加工企业直接连接市场，以满足消费者需求为目的，对药材深度加工，具有明确的市场需求导向。四是强化科技支撑，完善技术体系，发展特色产业。园区创建了院士示范田等，把先进的科学技术引入园区，为园区的可持续发展提供强有力的技术支撑。

建议参与彭什川芎产业园项目的各参与方，通过不同方式建立可持续的合作机制。一是在不同生产经营环节，各参与方可建立详细、有约束力、可执行的合约，明确各自在川芎产业全链条不同环节的权利与义务。二是各参与方建立以产权清晰为基础的股份合作机制，形成联系紧密的经营共同体，农户可以土地使用权入股，企业可以资金入股，专家可以技术入股，实行收益按股分红、亏损按股担责，做到连股连心，形成各参与主体有效的利益联结机制。三是协调好彭州、什邡两市利益关系，两市可以共同支持产业园发展，各记其功，按约定税收分成，形成支持产业园发展的合力。

头部企业为牵引，精准招引项目布局。园区招引四川新绿色药业科技发展有限公司、四川仁禾中药饮片有限公司、四川恒康源药业有限公司、成都恒辉农业有限公司、什邡市三木农业科技有限公司等 14 家农业龙头企业，组建 116 家农民专业合作社，形成“龙头企业 + 产业联合社 + 种植户”标准化种植组织体系。推进万亩川芎标准化种植示范基地建设项目、稻芎标准化生产基地示范片建设项目、马井镇川芎产业园建设项目、彭州现代农业（川芎）及循环经济全产业链项目等一批重大产业化项目。

（三）聚焦技术创新，建强川芎“产业链”

一是创建川芎产业标准化体系。实施川芎省级农业标准化示范项目，立项川芎产业 ISO 国际标准并获评通过，搭建川芎生产技术标准体系。建设 1 万亩川芎质量溯源体系，建成彭州市智慧农业服务中心平台、鹤泉村“智慧农业”数据中心、中药材天地网中国川芎电子交易中心等（见图 3）。二是强化园区创新驱动能力支撑。打造院士专家试验示范田、无人化智能仓储物流中心、科创孵化中心项目、彭什川芎现代农业产业园种植基地（见图 4）、川芎种苗繁育综合中心、彭什稻芎全产业链研究中心，启动川芎智能 AI 云平台及川芎专家工作站建设，形成了“智能平台 + 专家智库 + 科研团队”的全产业链建设科创服务模式。

图 3　中药材天地网中国川芎电子交易中心

图 4　彭什川芎现代农业产业园种植基地

（四）聚焦产业融合，打造高品质营产布景

以中医康养为主题，植入特色项目，营造多元场景，推动农商文旅体融合发展。打造“东乡 · 凤楼里”“兰若 · 青田居”中医药民宿，“岐黄 · 药香苑”百草工坊，“凤楼书院”文化工坊，“芎怀乡下”“霸王沟”“月亮沟”“什邡沟”“刘家寨子”等项目，打造完善的中医药“游、养、医、食、住、购”多业态产业融合发展体系。形成“文

创企业 + 文创工坊 + 农户业主”的康养文创消费体系。

三、成效

园区核心区川芎种植面积达到 10 万亩，年产量 3 万吨，年产值近 8 亿元，辐射带动面积 20 万亩，占全国川芎产量的 75%。除种植外，园区还集聚了四川新绿色药业等中药材精深加工、商贸类企业 14 家，创造就业岗位约 1500 个，带动园区所在镇农民人均可支配收入增收约 2 万元，乡村振兴带动效应明显。园区入选成都首批建设践行新发展理念的公园城市示范区改革创新最佳实践“20 个优秀案例”。

如何推动都市圈优质公共资源均衡布局？①

立足各自发展基础，主动承接成都功能疏解和产业转移，共享成都发展环境、发展资源和发展平台，逐步增强人口和经济集聚能力。

——《成都都市圈发展规划》第三章第一节

一、探索

成都都市圈以重大项目为抓手，全力推动区域协同发展。在教育方面，积极引入知名高校在都市圈内设立分校或合作办学，在医疗领域，积极推进大型综合性医院分院建设，逐步缩小区域之间在教育、医疗卫生等方面的差距，提高都市圈的教育、医疗卫生服务水平，促进优质公共资源均衡布局。

（一）医疗卫生领域

为实现成都作为中心城市的辐射带动作用，实现成德眉资的区域协调发展，2022 年底，四川大学华西第二医院天府医院（四川省儿童医院）（见图 1）开诊运行，填补了四川省国家级区域医疗中心建设的空白，汇聚了都市圈优势医疗资源，辐射周边，引领区域医疗卫生服务。

图 1　四川省儿童医院实景图

资料来源：四川省儿童医院。

① 本案例由医疗健康保障专项合作组指导单位四川省卫生健康委员会，眉山市教育和体育局、资阳市临空经济区管委会、资阳市同城化发展工作局供稿，《创新同城化：成都都市圈探索实践》编委会组织编写。

（二）教育领域

四川音乐学院临空经济区校区美术学院作为四川省“十四五”重点建设工程，被视为推进成德眉资同城化发展、践行公园城市建设理念的核心枢纽。坚定贯彻“打造公园城市里的山水美院”要求，高质量开展规划设计，按照“大气、精美、简约、绿色、智慧”的设计理念，高标准高水平开展学院规划设计；坚定贯彻“实事求是、急事特办，超常规不超程序”要求，高效率办理项目手续，将项目业主申办变为职能部门牵头领办，相关部门提前介入，对行政审批 4 个阶段、23 项手续、31 项具体工作，倒排进度、并联审批、全程领办；坚定贯彻“一年建成招生”要求，高速度推进项目建设按“全天候施工、节假日无休”倒排工期计划表，每个环节、每道工序做到“时间到天、责任到人”；坚定贯彻“打造精品工程、传世之作”要求，高标准把控质量安全关，全面落实质量、安全责任，严格按照“鲁班奖”创建标准和要求开展建设，严把质量安全关。

四川大学眉山校区项目（见图 2），是校地双方着眼长远、面向未来、共同谋划的百年大计，是四川大学坚持“四个面向”、服务国家重大战略、服务成渝地区双城经济圈建设和成都都市圈建设的重要举措，是眉山推进制造强市、开放兴市、品质立市，建设成都都市圈高质量发展新兴城市的重大项目。眉山校区功能定位明确：一是以高质量科研服务为引领，重点建设高水平科研创新平台和高层次人才培养基地；二是以创新为引领大力促进学科交叉和新兴学科发展；三是打造人才培养和科学研究国际合作交流培训基地；四是科技创新助力区域经济社会高质量发展。在人才培养方

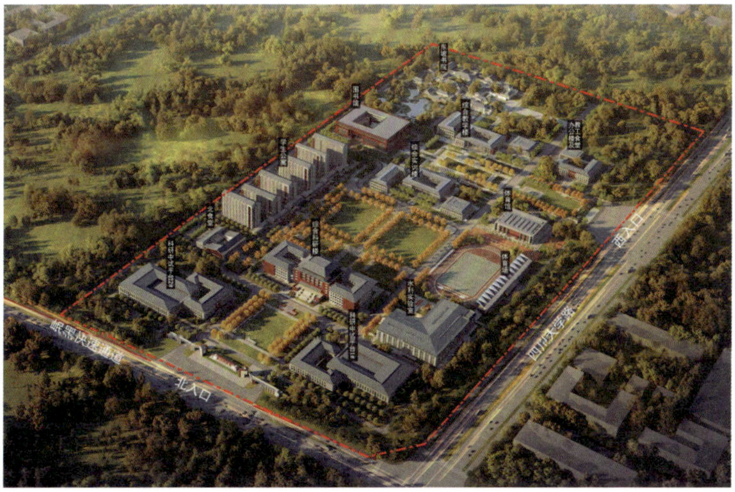

图 2　四川大学眉山校区鸟瞰效果图

资料来源：眉山发展集团。

面，一是布局一批对外交流合作项目，建设海外教育学院、出国留学人员培训部等高水平国际合作交流平台，强化国际学术和人才培养的国际合作交流，助力眉山提升对外开放水平、加快融入国家新一轮对外开放格局；二是建成具有地方特色和川大品牌影响力的人才培训基地，重点建设全国干部教育培训基地、成人继续教育学院。

二、创新

（一）组建专班

为更好更快推动项目建设，迅速建立健全常态长效校地联系合作机制，四川大学成立由书记、校长为组长，常务副校长为副组长，相关校领导参加的眉山校区建设领导小组，副组长牵头组织相关职能部门每两周召开一次眉山校区建设工作专题会。四川大学优化决策程序，缩短决策流程，委托教育部学校规划建设中心编制校园规划建设导则，指导概念规划落地，以专家咨询审查和专题会研究的模式推进各类方案确认工作，极大地提高了决策效率。同时，抽调专职人员组建四川大学眉山校区建设办公室，与眉山项目建设指挥部携手开展相关工作，及时研判解决项目推进中存在的“堵点”“难点”。眉山市项目建设指挥部主动加强沟通服务，切实保障好川大专班人员工作和生活条件。眉山市成立了以书记、市长为组长的项目工作组，每月听取专题汇报，常务副市长和分管副市长牵头分析项目推进中存在的问题，适时召开专题会进行推进。校地双方及各参建单位多方通力合作，取得了较好的效果。

（二）配置优质人才资源

华西第二医院牵头华西医院、华西口腔医院成立四川大学华西儿童医学中心（以下简称“华西儿童医学中心”），全面整合包括小儿外科、口腔科、皮肤科、康复医学科在内的华西儿科优质医学资源，建立起华西各附属医院以儿童健康管理和疾病诊治为中心的合作模式，共同打造联合门诊、联合病房和学科平台，为患儿“一站式”提供多学科医疗服务。目前，一期派驻的临床、医技、护理、管理等各职系业务骨干占比超过医院总人数的 30%，派驻周期最低为两年。成都中医药大学附属医院德阳医院根据规划，选派骨干力量担任德阳医院科室负责人和学科带头人，逐步实现派驻医务人员占德阳医院医务人员总数的 15% 以上，派驻相关职能部门和临床科室的中层负责人要具有高级职称，连续派驻 3 年以上，围绕内分泌代谢疾病、脑病、妇科、肿瘤等 17 个重点专科，平移 143 项“三新”技术到德阳医院提升重点专科建设水平。

（三）为项目铺设高速审批通道

一是创新理念，转换角色、部门领办。按照依法依规、特事特办、优质服务理念，将项目业主申办变为职能部门牵头领办。职能部门提前介入项目手续办理，量身定制行政审批指导手册，指导企业精准准备申报资料。建立“正反双向”交办机制，业主催促部门限时办结，部门倒逼业主限时提供申办资料，确保申报资料一次性备齐、行政审批一次性通过、手续办理一次性成功。二是并联审批，统筹协同、合署办公。组建项目手续审批专项工作组，统筹项目建设全流程行政审批事宜，践行“一窗受理，多项合一；一次收文，内部运转；联合办理，一次审结”机制，相关职能部门同时同步开展行政审批。工作组成员和业主合署办公，有效破解资料传递、信息沟通等方面障碍；职能部门相互抄告审批结果，有效解决各行其是、互为前置的问题。在行政审批过程中遇到难点、困点、堵点后，工作组负责同志立即召集相关部门、单位会商，限时解决。三是优化流程，打破常规、容缺快补。紧盯施工图这一关键要素，按照“分步出图，分步审批”思路，着重解决用地规划许可、工程规划许可、施工图审查备案、施工许可等关键手续办理问题。充分运用容缺快补机制优势，对城市基础设施配套费缴纳实行告知承诺制审批，允许水土保持补偿费缴纳等非重要流程后续办理，将用地预审意见书作为使用土地证明文件，办理项目建设工程规划许可证，有效解决未取得划拨决定书导致后续工作无法开展的问题。

三、成效

截至 2024 年 5 月，四川大学眉山校区已明确了校区功能定位、校园总体规划方案，已审议通过了综合科

嘉宾点评

杨子健 中国城镇化促进会副理事长、研究员

本节提供的三个典型发展案例，即华西第二医院天府医院（四川省儿童医院）眉山项目、四川大学眉山校区项目和四川音乐学院临空经济区校区美术学院项目，都是落实《成德眉资同城化发展暨成都都市圈建设成长期三年行动计划（2023—2025）》“公共服务均衡”目标的战略举措，起到了成都中心辐射带动眉山、资阳均衡发展的导向作用，有力促进了成都都市圈高质量均衡发展布局。

从我国都市圈公共资源均衡布局的现状比较看，这三个典型案例具有三大鲜明创新特征。第一，功能定位准确，突出了成都都市圈发展吸引国内国际人才的特色品牌。第二，合作模式创新，突出了不同层级政府与社会事业组织、企业投资建设运营的协同创新特色。第三，执行力到位，突出了多主体加强时间管理产出多赢社会效果的鲜明特色。

展望未来五年，为落实国务院《深入实施以人为本的新型城镇化战略五年行动计划》的“实施现代化都市圈培育行动”任务，成都都市圈公共资源均衡布局需要进一步加强借鉴和功能升级，创新不同主体、不同区域公共服务的数字化协同机制，建设成都都市圈布局中的医疗健康联合体、共同体和全生命周期“教育综合体”，把社会基础设施作为政府引导都市圈均衡发展的基础性工程。

研楼、图书馆、东坡书院等所有建筑设计方案，配套道路已完成勘察设计招标工作，其余各方面工作正在有序推进，项目一期于2025年建成投用。

四川音乐学院临空经济区校区美术学院项目自落地资阳以来，于2021年11月8日启动建设，2022年8月20日完成竣工验收，2022年10月23日顺利开学。获评四川省结构示范工程（原四川省结构优质工程）、四川省安全文明施工标准化工地、四川省建筑业新技术应用示范工程、四川省绿色施工示范工程、四川省建设工程系统用户满意工程。

截至目前，四川省儿童医院累计接诊门急诊患者超7万人次，出院患者超3000人次，住院患者中外地患者占比近30%，疑难病患者占比25%左右，专科科室收治特色专科病种率超90%，成功争取遗传代谢病救助项目、先天性结构畸形救助项目和功能性出生缺陷援助项目获得中国出生缺陷干预救助基金会支持。

叁

加速推进基础设施同城同网

成都、德阳、眉山、资阳以“1 小时通勤圈”为基本空间范围建设大成都都市圈，成效显著。到 2027 年，成都都市圈有望成为全国首个从中心城市到全部区域副中心城市均运营市域铁路的都市圈。

都市圈首先是通勤圈。许多都市圈面临“通而不勤”“勤而不通”“效率不高”“品质不优”的通勤圈“通病”，涉及都市圈交通的规划、投资、运营等一系列难题。马路、刘亭、葛继宏、曾博伟等专家的解读，帮助我们深刻认识到这些工程问题也是改革问题，需要以改革思维来建设通勤圈。本章提供了5个案例，包括成都都市圈如何以“两环三射”架构打造四网融合样板和如何用好候机楼运营模式提高出行效率。

如何以“两环三射”架构打造四网融合样板？①

统筹布局以成都为中心枢纽的多层次轨道交通网络，加速推动干线铁路、城际铁路、市域铁路、城市轨道交通“四网融合”，加快实现以轨道交通为主体的“1小时通勤圈”。

——《成都都市圈发展规划》第四章第二节

近年来，成德眉资四市深入贯彻落实成渝地区双城经济圈决策部署，纵深推进同城化发展，坚持以轨道交通引领都市圈高质量发展，加快打造以“两环三射”为主骨架的多层次轨道交通体系。都市圈中心城市成都至区域副中心城市德阳、眉山、资阳等地的市域（郊）铁路已全部启动建设。到2027年，成都都市圈有望成为全国首个从中心城市到全部区域副中心城市均运营市域铁路的都市圈。

一、探索

聚焦促进都市圈融合发展，挖掘铁路公交化能力，科学测算廊道运力运能并精准布局线路，按照“四网融合”理念，统筹规划以成都为中心枢纽的多层次轨道交通网络，打造16条放射状铁路对外通道，并以2条环形铁路强化放射状铁路转换，构建畅达国内主要城市的“137”铁路交通圈（至重庆1小时通达，相邻城市群主要城市3小时通达，京津冀、长三角、粤港澳大湾区主要城市7小时通达）。通过“两环三射”构建干线铁路、城际铁路、市域（郊）铁路、城市轨道交通“四网融合”的多层次轨道交通框架，初步形成都市圈轨道交通“1小时通勤圈”，形成有效覆盖都市圈的轨道交通通勤网络（见图1）。

① 本案例由综合交通专项合作组组长单位成都市交通运输局、成都市住房和城乡建设局，四川省同城化办公室供稿，《创新同城化：成都都市圈探索实践》编委会组织编写。

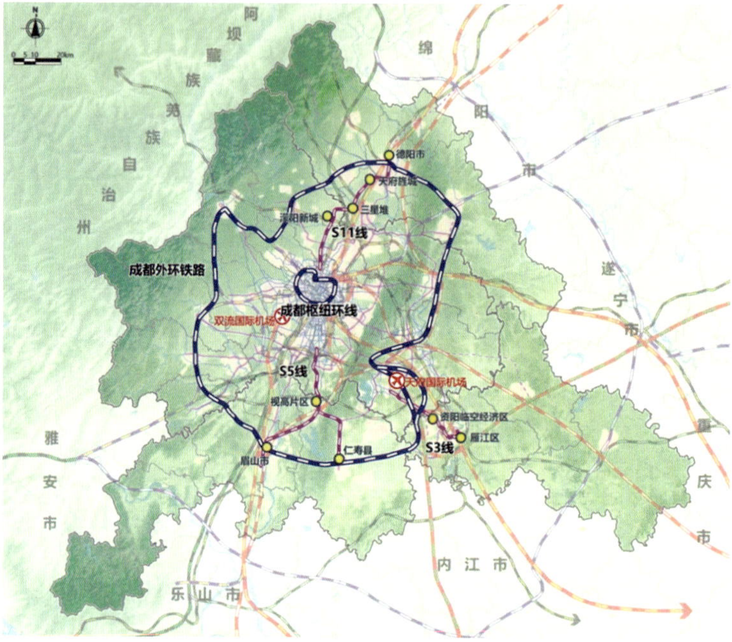

图 1　都市圈“两环三射”轨道交通主骨架示意图

资料来源：中铁二院工程集团有限责任公司。

（一）“两环”即成都铁路枢纽环线、成都外环铁路

成都铁路枢纽环线位于成都主城区内，串联东西南北四个枢纽车站，由东环线和西环线组成，环线全长约 55 千米。东环线自成都站经成都东站至成都南站，设计速度为 120 千米 / 时；西环线自成都南站经红牌楼、成都西、安靖站至成都站，设计速度为 100 千米 / 时，局部限速 80 千米 / 时。项目公交化改造一期已于 2021 年 2 月建成并投入运营，项目一期主要是对成灌（彭）铁路既有车站进行铁路公交化改造，包括改造各车站售检票系统及进出站闸机，新增或改造车站站台安全屏蔽门等；项目二期已启动建设，将在成都铁路枢纽环线上新建 8 座客运车站，并对既有成都、成都东、成都南、红牌楼、成都西、安靖 6 座车站进行公交化适应性改造，新建成灌（彭）—西环联络线，改建成昆—西环联络线并增建第二线，新建崇州至元通支线并新建道明、元通 2 座车站，新建崇州动车运用所及相关工程等。

成都都市圈环线铁路（成都外环铁路）拟按新建双线客运专线铁路建设，串联成德眉资四市，线路全长 480 千米（其中新建正线长约 387 千米，利用既有线路约 93 千米），设车站 35 座，设计速度为 250 千米 / 时（西来经都江堰至彭州段时速 200 千米）。2021 年 12 月 10 日，国家发展改革委正式印发《成渝地区双城经济圈

多层次轨道交通规划》，批复成都外环铁路新建线路 210 千米和联络线 46 千米，估算总投资 533 亿元。截至目前，都市圈环线铁路（成都外环铁路）各股东已完成股东协议签订，组建完成公司董事会、监事会，完成《成都外环铁路可行性研究报告》编制。

（二）“三射”即市域（郊）铁路成都至资阳线、成都至眉山线、成都至德阳线

市域（郊）铁路成都至资阳线起于成都轨道交通 18 号线福田站，止于资阳北站，线路全长 38.7 千米，设计速度 140 千米 / 时（预留 160 千米 / 时）。其中，成都段 20 千米，设车站 2 座（福田站、芦葭站）；资阳段 18.7 千米，设车站 5 座（资阳临空站、幸福大道站、苌弘广场站、宝台站、资阳北站）（见图 2）。项目于 2020 年 11 月启动建设，2024 年 9 月开通运营，截至 2024 年底日均客流量超 3 万人次。

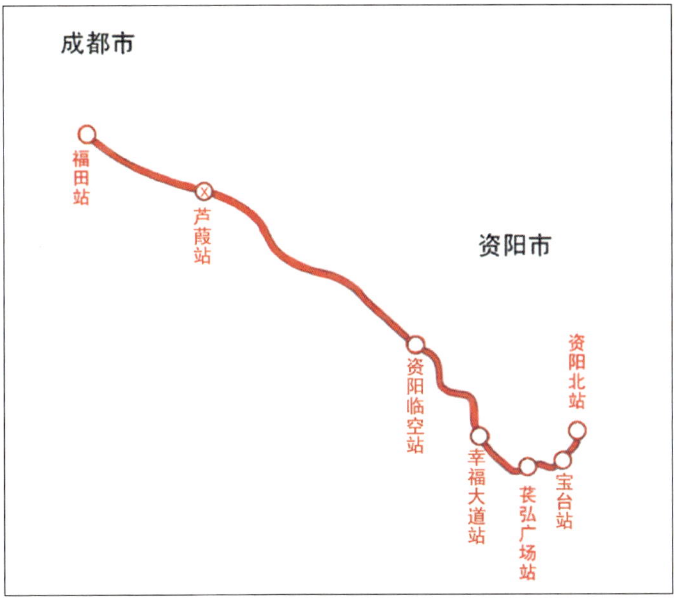

图 2　市域（郊）铁路成都至资阳线路示意图

资料来源：成都轨道交通集团有限公司，以下同。

市域（郊）铁路成都至眉山线起于红莲站，与轨道交通 16 号线、19 号线衔接，止于眉山东站，线路全长 59.2 千米，最高速度为 160 千米 / 时。其中，成都段 19.3 千米，设车站 5 座（红莲站、秦皇寺站、官塘站、煎茶站、红碑站）；眉山段 39.9 千米，设车站 8 座（视高站、南天府公园站、乐高站、黑龙滩站、岷东新区站、

眉山北站、音乐广场站、眉山东站）（见图 3）。项目于 2022 年 9 月启动建设，预计 2026 年 12 月具备试运营条件。

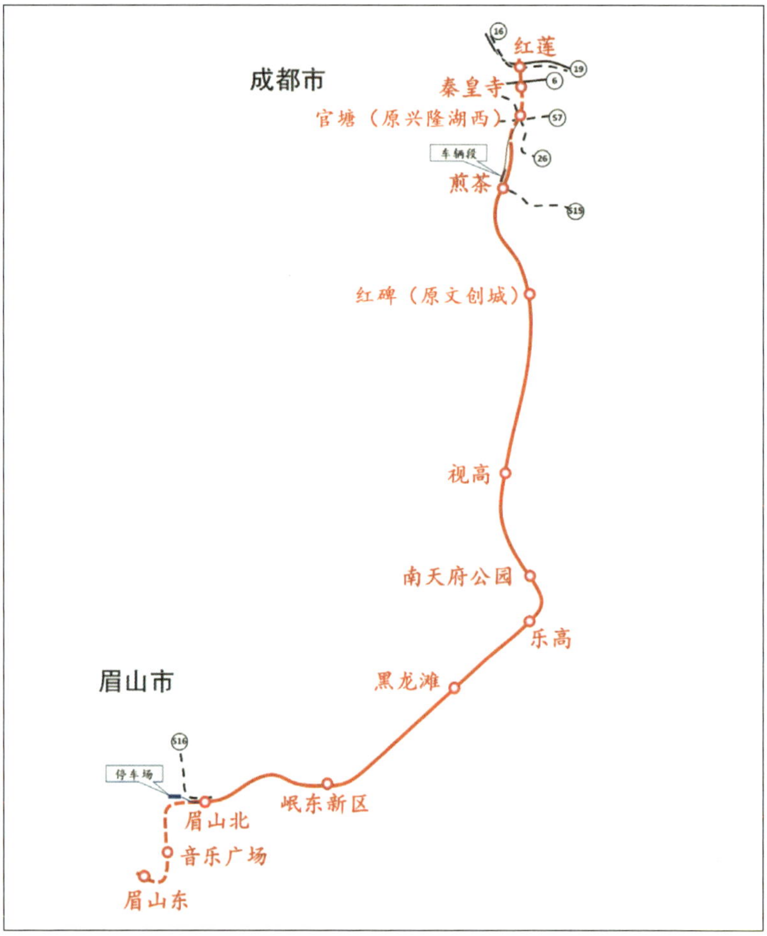

图 3　市域（郊）铁路成都至眉山线路示意图

市域（郊）铁路成都至德阳线起于轨道交通 1 号线韦家碾站，止于德阳北站。线路全长 70.8 千米，最高速度为 160 千米 / 时。其中，成都段 30.6 千米，设车站 8 座（韦家碾站、凤台三路站、友谊站、杜家碾站、国际商贸城站、斑竹园站、马家站、濛阳站）；德阳段 40.2 千米，设车站 7 座（三星堆站、天府旌城站、德阳南站、四川建院站、五洲广场站、文庙广场站、德阳北站）（见图 4）。项目于 2023 年启动建设，预计 2027 年具备试运营条件。

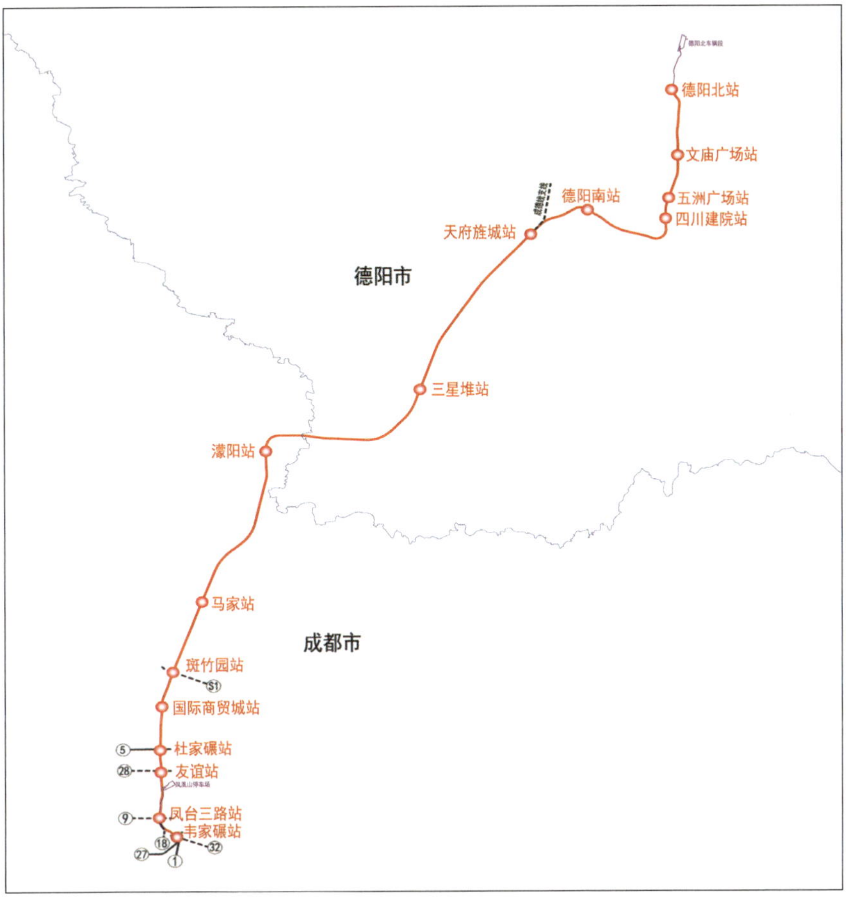

图 4　市域（郊）铁路成都至德阳线路示意图

二、创新

（一）创新模式提速轨道项目纳规获批

成德眉资四市创新工作思路，全力推动轨道交通纳入国家发展改革委印发的《成渝地区双城经济圈多层次轨道交通规划》，为项目顺利推进奠定了坚实基础。推进项目前期工作时，在依法依规的前提下，多个部门并联审批，市域（郊）铁路成都至眉山线、成都至德阳线用地预审获批分别仅用 19 个、24 个工作日，在 2019 年以来报自然资源部预审的涉及成都市独立选址项目中，审查效率分别位列第四、第五，仅次于川藏铁路雅安至林芝段、成渝中线高铁（均为 14 个工作日）和邛崃机场（18 个工作日）。

嘉宾点评

马路 北京交通大学教授

该案例统筹布局以“两环三射”为主骨架构建多层次轨道交通体系，加速推动干线铁路、城际铁路、市域铁路、城市轨道交通“四网融合”，有效解决了不同层级交通需求的衔接问题。此外，项目在推进过程中采用了多种创新举措，如联合购置新型公交化动车组、采用“一站直达”“多站停靠”等多种开行方案，实现了动车公交化运营。这些创新措施不仅提升了运营效率，还显著改善了乘客的出行体验。

该案例具有较高的推广性，通过科学布局线网廊道，合理确定技术标准，构建了多能级城市轨道交通网络，这种模式可以为其他都市圈提供参考，尤其是在交通需求多样化、出行距离较长的地区。其次，项目在审批和建设过程中采用了并联审批、多部门协作等高效的工作机制，大大缩短了项目的审批周期，可以为其他地区的轨道交通项目提供借鉴。

为了进一步深化推进成都都市圈轨道交通同城化建设，提出以下四点建议和思考。

1. 基于现有“两环三射”架构，进一步细化和完善轨道交通网络规划，同时考虑未来人口增长和城市发展需求，预留足够的扩展空间。

2. 通过轨道交通的建设和运营，带动沿线区域的经济发展，促进产业布局优化和城市功能提升。

3. 加强 5G、物联网、云计算等新一代信息技术在轨道交通领域的应用推广，推动基础设施与运输工具的数字化、网络化，提升运营调度、运行控制智能化水平。

4. 在各种轨道交通设施互联互通的基础上，推动信息互联、票务互认、安检互信、支付互容、管理互通，加快统一标识信息、信息平台、服务标准和评价体系，逐步实现一体运营、一体管理、一体服务。

（二）科学布局形成都市圈城轨快线框架

着眼于不同区域、不同功能、不同速度的出行需求，科学布局线网廊道，合理确定技术标准，构建 80 千米 / 时至 160 千米 / 时的多能级城市轨道交通网络，规划预留“四网融合”工程条件和 14 处互联互通节点。已开通运营的全国首条直通中心城区的市域快线 18 号线分别与成德、成眉、成资三条市域铁路及连接“双机场”的 19 号线、连接成都西部区域的 17 号线、连接成都东部区域的 S13 线、成都枢纽环线、外环铁路等无缝衔接，构建起贯穿都市圈东西南北的城轨快线框架。

（三）多种方案推进动车公交化运营

成德眉资四市和成都铁路局深化合作，通过联合购置（租赁）新型公交化动车组增加车次，加大早晚高峰时段及节假日列车开行密度，缩短发车间隔，采用“一站直达”“多站停靠”“跨线运行”等多种开行方案，实现动车公交化运营，成都都市圈中心城市轨道运营总里程突破 670 千米，居全国第 4 位。

（四）运用五级协调机制推进重大项目建设

充分运用同城化牵头部门市级协调机制、专项合作组“跨市”协调机制、省同城化办公室“专题 + 季度”调度机制、省同城化办公室主任办公会重点协调机制和省同城化发展领导小组会议重大协调机制，定期召开协调调度会议，研究解决成德眉资同城化发展轨道交通中跨区域、跨部门、跨层级问题，对项目线路外部电源、用地保障、资金筹集、电力线路迁改等急难险重的事项进行了协调解决，确保了项目顺利开工，有序推进项目建设。

三、成效

清华大学中国新型城镇化研究院发布的《现代化成都都市圈高质量发展指数》指出：成都都市圈轨道交通同城化走在全国前列，都市圈城市间平均城际铁路班次数在横向对比中排名第二，跨市交通通勤可达性和便利性不断提升。“轨道上的都市圈”建设有序推进，基础设施同城同网正加快实现。4 年来，成都都市圈交通体系建设进展显著，城际铁路车次从无到有，多层次轨道交通初步成网，城际、高铁轨道交通在通勤时段发车间隔缩短至 30 分钟 / 班次以内，基本实现公交化运营，轨道上的都市圈加快打造。

如何打通都市圈“断头路”？①

实施打通城际“断头路”行动计划，力争2025年基本消除城际“断头路”。

——《成都都市圈发展规划》第四章第二节

一、探索

2020年以来，成德眉资四市先后联合印发实施了成德眉资同城化打通城际“断头路”第一批、第二批、第三批行动计划，推动“断头路”与高速路网、国省干线、农村公路网的衔接，持续提升成都与德眉资三市交界地带交通供给水平，同时扩大成都与德阳、眉山、资阳相邻县域的交通联系，全力打通“断头路”，提升交界地带交通供给水平，促进成都与德眉资三市交界地带产业互联。结合成德眉资四市交界地带道路分布和交通需求情况，统筹考虑项目资金、用地等要素保障和实施的难易程度，前后实施三批次行动计划共63项，总里程为380.2千米，总投资为219.8亿元。

（一）成德间

首批行动计划共涉及“断头路”6条，分别是成德货运大道、青金快速路北延线、S422金旌路、积淮路、彭什沿山路、广大路，里程59.9千米，投资54亿元。截至2024年12月底，成德间已打通S422金旌路、积淮路、广大路3条“断头路”（见图1）。

① 本案例由四川省同城化办公室，综合交通专项合作组组长单位成都市交通运输局供稿，《创新同城化：成都都市圈探索实践》编委会组织编写。

图 1　成德间“断头路”项目分布示意图及成德广大路建成实景图

（二）成眉间

首批行动计划共涉及“断头路”4 条，分别是简仁快速路、S401 蒲丹路、S103 剑南岷东大道双流改造段、三岔湖旅游环线，里程 71.1 千米，投资 75.9 亿元；第二批行动计划共涉及“断头路”4 条，分别是通江大道、滨江大道至郑园路、简仁快速路、工业大道青龙互通至新津大件外绕段，里程 42.7 千米，投资 43.72 亿元。截至 2024 年 12 月底，成眉间已打通 S103 剑南岷东大道双流改造段、三岔湖旅游环线 2 条“断头路”，S401 蒲丹路（一期）已打通（见图 2）。

图 2　成眉间“断头路”项目分布示意图及成眉蒲丹路一期建成实景图

（三）成资间

首批行动计划共涉及“断头路”6 条，分别是成资大道、螺简路、云大路、养资路、万罗路、放高路，里程 91.7 千米，总投资 46.9 亿元。截至 2024 年 12 月底，成资间 6 条“断头路”已全部打通（见图 3）。

图 3　成资间“断头路”项目分布示意图及成资大道建成实景图

（四）德资间

第二批行动计划共涉及“断头路”2 条，分别是古乐路和挂啄路，里程 14.8 千米，总投资 0.84 亿元。截至 2024 年 12 月底，德资间 2 条“断头路”已全部打通（见图 4）。

图 4　德资间“断头路”项目分布示意图及德资挂啄路建成实景图

二、创新

（一）广泛开展调研，科学制订行动计划

开展成德眉资毗邻区域道路连通情况调研，系统梳理交界地带“断头路”“瓶颈路”现状。结合成德眉资四市交界地带道路分布和交通需求情况，统筹考虑项目资金、用地等要素保障，实施的难易程度以及建设时序的轻重缓急等情况，研究制订成德眉资同城化打通城际“断头路”行动计划。2020 年 5 月，制定印发《成德眉资打通同城化城际“断头路”行动计划》，纳入“断头路”项目 15 个，总里程 220.2 千米，总投资 171.8 亿元。2022 年 12 月，制定印发了《打通同城化城际“断头路”第二批行动计划》，纳入“断头路”项目 6 个，总里程 55.8 千米，总投资 44.6 亿元；2024 年 8 月，制定印发《打通同城化城际“断头路”第三批行动计划》，纳入“断头路”项目 42 个，总里程 104.6 千米，总投资 3.3 亿元。

（二）纳入实施清单，推进项目分批建设

积极争取推动“断头路”打通工作纳入成都都市圈发展重大事项，重点将“断头路”建设项目纳入成德眉资同城化发展暨成都都市圈建设起步期、成长期三年行动计划项目实施清单，确保成德眉资四市相关职能部门在同城化综合交通专项合作组协调机制下，能够做好“断头路”行动计划职能分工，分解细化目标任务，确保责任层层落实，合力推动打通“断头路”项目顺利实施，按期建成。

（三）加强要素保障，化解资金、用地难题

抢抓成渝地区双城经济圈建设等战略机遇和西部地区补短板等政策机遇，积极争取中央专项资金和预算内资金支持，对“断头路”项目积极争取省市两级共同支持，进一步加大财政投入力度。精心组织项目规划建设，有效衔接“三区三线”，做好项目用地预留，保障项目建设用地需求。强化“断

嘉宾点评

刘亭　浙江省人民政府咨询委员会特邀委员

都市圈是我国城市化发展的主体形态。都市圈同城化将促进相邻的两个或多个城市，在地域空间、产业发展、基础设施、治理体系等方面逐渐融合，最终实现一体化发展，以获取“1+1 ＞ 2”的高效能网络联动效应。交通一体化是经济、社会发展一体化的先行和基础。只有人流、物流畅通了，才能更好地带来资金流、信息流的畅通。成熟的同城化，固然要求交通基础设施的网络化、标准化和智能化，但“千里之行，始于足下”，最现实的还是应当首先从整治“断头路”开始。成都都市圈以此为突破口，牢牢抓住调研先行、计划引领、项目清单、要素保障等核心环节，扎实推进“断头路”与高速路网、国省干线、农村公路网的衔接，持续提升成都与德眉资三市交界地带交通供给水平，从而以最小的代价，最快地彰显出同城化的效应。这将会极大地提升人们对推进同城化发展的认知，提振相关城市一体参与、互利共赢的信心。这个突破口选得对，也抓得给力，已取得明显的成效，为各地都市圈同城化发展提供了一个经典案例。成都都市圈的同城化发展才刚刚起步，今后的道路更漫长，任务也更艰巨。“一体化”的“体”是体制的“体”，有形的“断头路”要打通，但思想意识和体制机制等无形的“断头路”更要自觉去破除。从长远来看，都市圈内城乡间包括劳动、资本、土地、知识、技术、管理、数据等在内的生产要素，在社会主义市场经济和全国统一大市场背景下的平等交换、自由流动，才是都市圈同城化发展最坚强的保障。

头路”项目产业导向，促进成都与德眉资三市交界地带产业互联，通过产业与“断头路”打包争取专项债等方式，多元化筹集项目建设资金。

三、成效

推进成德眉资同城化发展，交通的直连直通是合作的基础。打通城际“断头路”是一项民心工程，将直接畅通都市圈内交通微循环，为成德眉资四市经济融合发展“舒筋活络”，为成德眉资四市百姓交流往来带来切实便利。截至目前，成德眉资同城化已打通 26 条“断头路”，剩余路段正加快推进项目规划建设。

如何以“三管齐下”让四市群众出行更实惠？①

促进轨道交通、跨市公交、城市公交有机衔接，构建多种运输方式无缝换乘的公共交通服务体系。

——《成都都市圈发展规划》第四章第二节

随着成都都市圈建设不断深入推进，“圈”内的人流、物流、交通流将呈快速增长势头，为了满足人民群众日益增长的公交出行需求，成德眉资四市坚持便捷、共享、共兴的发展理念，通过优化铁路公交化服务、加密跨市公交线路、推动天府通卡（码）“互惠互通”，全面提升都市圈公共交通服务水平，促进轨道交通、跨市公交、城市公交有机衔接，构建起多种运输方式无缝衔接的公共交通服务体系，同城化服务给四市人民群众带来的幸福感、获得感不断增强。截至目前，成都都市圈稳定开行 17 条跨市公交线路，日均客流量约 2.6 万人次，天府一卡通、一码通覆盖 30 个区（市、县），动车日均开行对数达 144 对，单日到发旅客达 4.45 万人次。

一、探索

（一）动车日均开行对数及往来客流量稳步提升

成德眉资四市和成都铁路局深化合作，通过联合购置（租赁）新型公交化动车组增加车次、加大早晚高峰时段及节假日列车开行密度。2024 年，动车日均开行对数相较于公交化开行前的 70 对增加到 144 对，其中成德间 60 对、成眉间 54 对、成资间 30 对，增幅达 105.7%。都市圈单日到发旅客总量由 2.96 万人次增至 4.45 万人次（其中 2021 年、2022 年人流受疫情影响有所下降），其中成德间 2.15 万人次、成眉间 1.73 万人次、成资间 0.57 万人次，增幅达 50%（见图 1 和图 2）。

① 本案例由四川省同城化办公室、成都公交集团、成都天府通公司供稿，《创新同城化：成都都市圈探索实践》编委会组织编写。

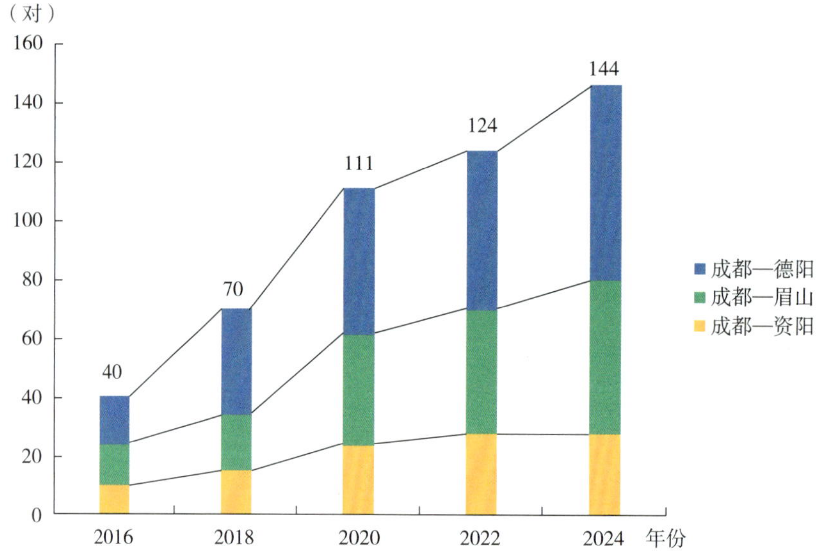

图 1　都市圈动车公交化开行对数统计图

资料来源：中国铁路成都局集团有限公司、四川省同城化办公室。

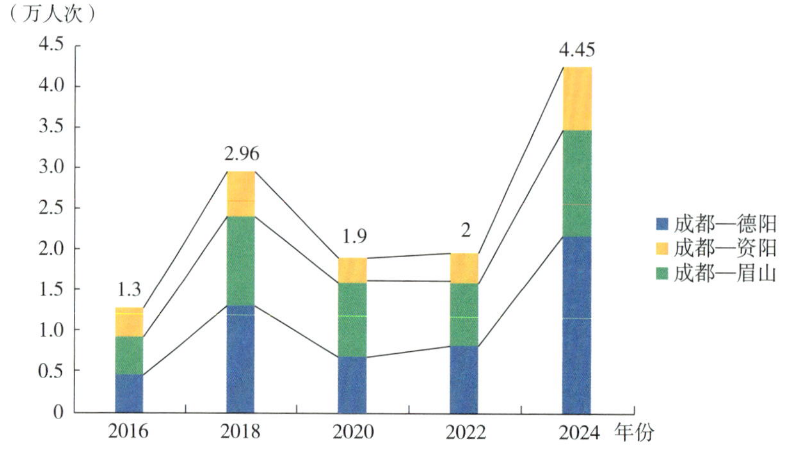

图 2　都市圈动车公交化往来客流统计图

资料来源：中国铁路成都局集团有限公司、四川省同城化办公室。

（二）动车平均运行时间及发车间隔持续缩短

都市圈动车采用“一站直达”“多站停靠”“跨线运行”等多种开行方案，实现动车公交化运营。成都—德阳、成都—眉山、成都—资阳的平均运行时间分别由 2016 年的 56 分钟、55 分钟、40 分钟减少为 2024 年的 24 分钟、26 分钟、22 分钟，降幅达 50% 左右。平均发车间隔时间分别由 2018 年的 27 分钟、51 分钟、64 分钟减少为 2024 年的 15 分钟、18 分钟、31 分钟，平均发车间隔时间减少 26 分钟，降幅达 50% 左右（见图 3 和图 4）。

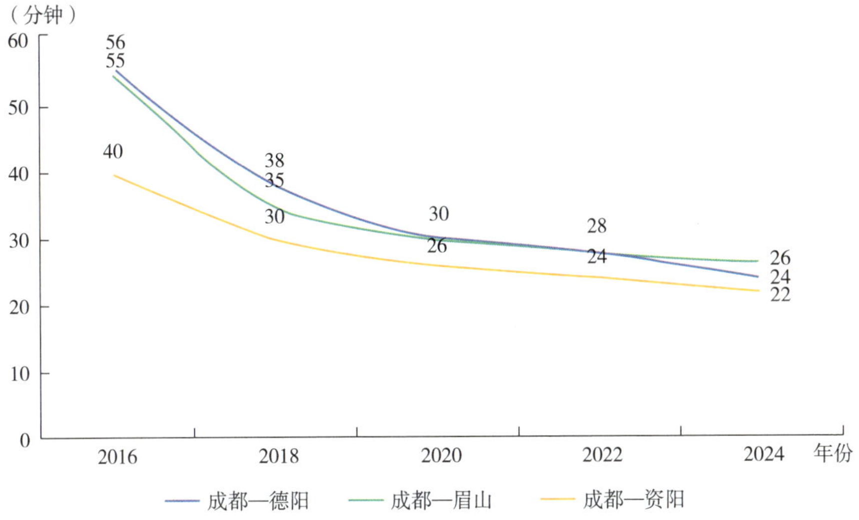

图 3　都市圈动车平均运行时间统计图

资料来源：中国铁路成都局集团有限公司、四川省同城化办公室。

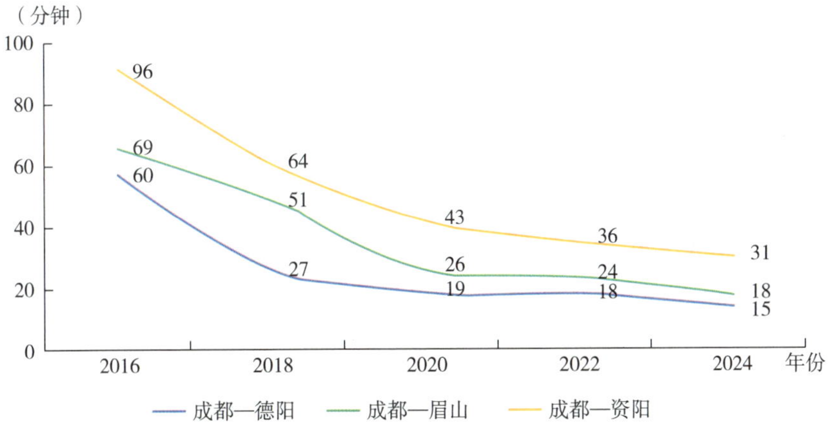

图 4　都市圈动车公交化发车间隔统计图

资料来源：中国铁路成都局集团有限公司、四川省同城化办公室。

（三）公交化票制范围不断扩大

为了让铁路通勤旅客出行更为便捷，中铁成都局集团联合铁路 12306 科创中心共同推出公交化票制，旅客使用该票制可乘坐成都局集团管内指定城际铁路当日区间内的 C、D、G 字头车次，无须购票，刷证或扫码即走，还可以享受每单立减的票价优惠。目前，成都的青白江东、新都东、成都南、双流机场、双流西、新津、新津南、成都东、简阳南，德阳的罗江东、德阳站、广汉北，眉山的彭山北、眉山东、青神，资阳的资阳北站等 38 座高铁站已启用公交化票制，涉及成都都市圈的线路主要为成贵客专、西成高铁四川段、成绵乐城际、成都东环线、成渝高铁、渝万高铁、郑渝高铁万巴段。

（四）跨市公交开行线路持续增加

成德眉资四市不断创新公交运营模式，推动交界地带公交线路对接，促进跨市公交和各市境内其他运输方式有效衔接，构建起多种运输方式无缝换乘的公共交通服务体系（见图 5）。成都智慧绿道南桥发往广汉向阳镇的首条公交线路—— Q50 路，以“跳出区划限制、共享资源红利”的创新举措，增加公交车数量和发车频次，线路单程里程增加 3.8 千米，日发班次 29 班，月发班次 870 班，月营运里程增加 6612 千米，三年累计客运总量达 46 万人次，极大地方便了青白江—广汉两地居民出行，提升了当地居民的幸福感，同时促进两地经济融合发展。截至 2024 年 4 月，成都都市圈稳定开行 18 条跨区域公交线路（其中成德间 10 条、成眉间 6 条、成资间 2 条），投入定制客运车辆 160 余辆，日均客流量 2 万人次。

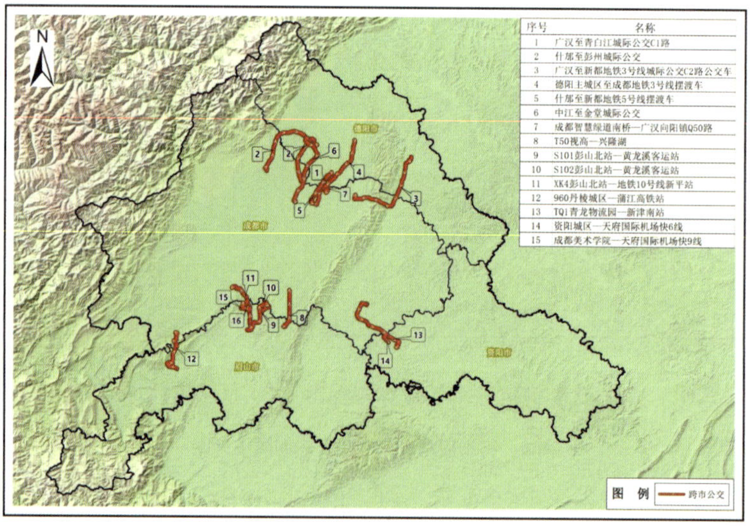

图 5　都市圈跨市公交开行线路图

资料来源：四川省同城化办公室。

（五）天府通卡（码）覆盖面不断增加

成德眉资四市持续提升交通服务同城化水平，不断巩固都市圈公交“一卡通”成果，持天府通卡可享受德阳公交 8 折及免费换乘 1 次优惠、眉山公交 9 折及 1 小时免费换乘 1 次优惠、资阳公交 8 折及 1 小时免费换乘 1 次优惠；刷天府通码可享受都市圈公交 9 折优惠。38 个区（市）县中已有 30 个（成都 21 个、德阳 4 个、眉山 3 个、资阳 2 个）实现天府通“一卡通刷、一码通乘、优惠共享”和跨市域多场景应用，天府通卡在成都都市圈内已累计发行约 2600 万张，“一卡通”覆盖交通模式的种类与广度不断增加。截至 2024 年底，成都都市圈稳定开行 17 条跨区域公交线路（其中成德间 8 条、成眉间 8 条、成资间 1 条），日均客流量 2.5 万人次，成德异地刷卡达 25.6 万人次，成眉异地刷卡达 67.7 万人次，成资异地刷卡达 52.3 万人次（见图 6）。

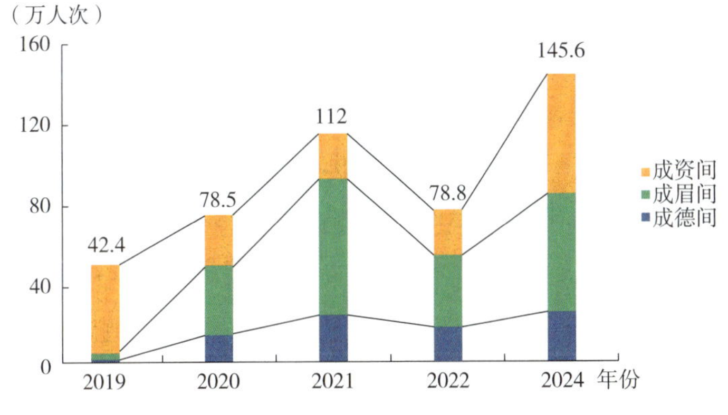

图 6　都市圈异地刷卡人次

资料来源：四川省同城化办公室。

二、创新

（一）运力供给模式不断创新

为有效解决“通道能力富余、运输装备不足”的矛

> **嘉宾点评**
>
> **葛继宏**　浙江传媒学院文化创意研究院院长，浙江省媒体传播优化协同创新中心执行主任，凤凰卫视浙江公司总裁、凤凰网浙江总编辑，浙江省政协委员，民盟中央文化委员会副主任，杭州市人民政府参事
>
> 交通基础设施一体化是都市圈形成的前提，成德眉资四市坚持便捷、共享、共兴的服务理念，通过铁路公交化服务、加密跨市公交线路、推动天府通卡（码）“互惠互通”等创新举措，推动基础设施互联互通，构建便捷高效的通勤圈，实现了交通设施运营同城化，极大地缩短了通勤时间，降低了通勤成本，提升了通勤舒适度，增强了四城人民群众的幸福感和获得感，这既推动了人口和资源的有效流动，也必将推动四城产业的协同发展。成德眉资四市的举措对其他都市圈交通一体化发展有重要的借鉴作用和推广价值。
>
> 近年来，不少都市圈各城市通过转变理念、政策支持、协同配合、技术赋能，在打造交通工具一码通行、公共交通管理“城市大脑”项目等方面都开展了探索实践，取得了一些经验做法。根据国务院印发的《深入实施以人为本的新型城镇化战略五年行动计划》目标，应进一步总结经验、推广实践，构建都市圈同城化交通体系，培育更多的同城化程度高的现代化都市圈，推动通勤便捷高效、产业梯次配套、生活便利共享，引导大中小城市和小城镇协调发展。

盾，成都联合德眉资三市通过多种方式提升公路公交化水平，累计增加 28 组动车组统筹用于都市圈铁路，各线日均开行对数增加了 15 ~ 20 对，沿线区域铁路公交化水平持续提升。

（二）动车公交化灵活多样

成德眉资四市积极推广灵活多样的动车运输组织方式，优化为大站停、站站停等快慢结合的列车开行方式，动态调整列车开行车次，适时开通预留及关停站点，实现旅客随到随走，不断满足都市圈轨道交通通勤需求。

（三）公交天府通大力推行

鼓励成德眉资四市人民群众使用天府通卡（码），鼓励推行云闪付、乘车码支付、人脸支付等多种非现金支付应用，在乘坐跨市公共交通工具时进行票务结算。不断优化购票、安检、进出站、行李托运等流程，让都市圈人民群众出行更加高效、智能、便捷。

三、成效

成德眉资同城化发展暨成都都市圈建设经过三年起步期建设，成效显著，互联互通的立体交通网络带来了持续密切的人群交流，成都都市圈人口迁徙指数整体呈现逐年递增的趋势，年日均流动人次总量超 60 万人次。铁路公交化凭借其快速、高频优势，支撑形成市域 30 分钟、都市圈 1 小时的高铁交通圈，大幅提升出行便捷度。跨市公交与天府通卡（码）“互惠互通”更好地为人口流动提供便利条件，多方面的“同城化”吸引了更多的人口落户成都都市圈，促进了人流、物流等生产要素的加速流动。

如何用好候机楼运营模式提升航空出行便捷度？①

推动成都空港异地城市候机楼建设。

——《成都都市圈发展规划》第四章第一节

德阳·成都双流/天府国际机场城市候机楼作为德阳市区唯一的航空服务窗口，以双流机场和天府机场为依托，通过将售票、值机、安检、候机、行李托运、旅客班车、航空保险、酒店、商务办公、旅游及综合问询服务等多项服务功能前移，并结合德阳市什邡雪茄特色，打造高标准异地候机楼。同时实现购票、值机、退改签、行李托运等全程一站式无忧服务，并特别提供诸如 VIP 专用通道等方式，提高候机楼服务水平，旅客可享受全程徒手出行，免去了机场登机前的种种繁杂手续和大量等待时间。通过提供高效便捷安全的大巴运输服务，将路上遇到的各种特殊情况逐一解决，确保旅客优质出行。

一、探索

德阳·成都双流/天府国际机场城市候机楼（以下简称“德阳城市候机楼”）的开通运营，弥补了德阳没有民航机场的交通劣势，较好地满足了广大市民日益增长的航空运输需求，方便旅客航空出行，有效提升城市形象、改善投资环境、打造城市名片，提高对外交通地位，放大区域竞争优势，强化对周边城镇的向心力和辐射力。德阳城市候机楼正式投入使用，是德阳市委、市政府贯彻落实四川省委要求部署的实际行动，是成德同城化战略布局具体深化的重大成果，为德阳市民出行、改善营商环境带来了更大的便利。

① 本案例由德阳市发展和改革委员会供稿，《创新同城化：成都都市圈探索实践》编委会组织编写。

（一）打造高标准异地候机楼

德阳城市候机楼（见图 1）营业时间为 4：00—18：00，每日超过 30 个班次的机场专线大巴往返于城市候机楼至双流 / 天府国际机场。候机楼总面积为 718 平方米，集售票、值机、安检、候机、行李托运、旅客班车、航空保险、酒店、商务办公、旅游及综合问询服务等多项服务功能为一体。其中，一楼大厅面积为 507 平方米，二楼贵宾候机厅面积为 211 平方米。一楼设有值机柜台（含自助值机）、功能性综合服务柜台、行李和人身安检区、“蜀道”土特产专卖区、旅客座椅休息区，并配备了卫生间、母婴室、饮水机、手机充电设备、自助售货机等；二楼为贵宾候机厅，设有一个 VIP 阅读区、贵宾会客休息间以及一个雪茄主题吧，方便雪茄爱好者体验什邡雪茄的魅力。

图 1　德阳城市候机楼

（二）提供购票值机安检服务

现德阳城市候机楼已开通选票购票、值机功能，主要为德阳市行政事业单位、国有企业等提供团体出行购票、值机、退改签、行李托运等全程一站式无忧服务。选择候机楼出行能享受双流机场 VIP 值机安检专用通道服务（见图 2），大大缩短在机场排队等候的时间。例如，旅客可在城市候机楼提前完成双流机场的部分登机手续，旅客于双流机场 T2 航站楼 11 号门抵达后下车，由城市候机楼地服工作人员负责将托运行李运送至各航空公司专用值机柜台，并引导旅客进入城市候机楼专用安检通道 T2-DE02、T2-FG02 快速通过安检。旅客全程徒手出行，免去了机场登机前的种种繁杂手续和大量等待时间。

图 2 德阳候机楼安检通道

（三）提供机场大巴运输服务

采用全程高速汽运方式，平均运行时长 90 ~ 120 分钟。总投入 20 台 7 ~ 53 座各类车型汽车，每天往返 34 班次。由德阳城市候机楼始发，先后经过“德阳南”高速、成绵高速、成都绕城高速或成都第二绕城高速、机场高速，最终到达“成都双流国际机场”或“成都天府国际机场”，于双流机场出发层或天府机场交通枢纽中心下客。双流机场运营时间去程为 05：00—15：00，回程为 07：00—17：00，滚动发班。天府机场运营时间去程为 04：00—18：00，回程为 06：00—20：00，滚动发班。

二、创新

（一）努力提升城市形象

城市候机楼较好满足了广大市民日益增长的航空运输需求，方便航空出行，同时起到提升城市形象、改善投资环境、打造城市名片的重要作用。同时，将带来较

嘉宾点评

曾博伟 北京联合大学旅游学院教授、中国旅游协会休闲度假分会副会长

德阳城市候机楼的建设在创新性与推广性上具有一定的示范意义。其创新价值体现在其一站式服务模式。德阳将售票、值机、安检、托运等服务前移到城市候机楼，并通过 VIP 专用通道和高效大巴服务，显著提升了旅客的出行体验，减少了机场办理手续的时间。这种“全程徒手出行”的模式，提高了服务便捷度，对无机场的城市来说是一次创新尝试。此外，德阳什邡卷烟厂在烟草文化方面很有代表性，因此德阳还结合当地特色如什邡雪茄文化，提升地方形象，助力打造城市名片，这也为类似无民航机场的城市提供了可借鉴的经验。

另外，德阳城市候机楼的模式具有较强的适应性，尤其是对于交通不便的中小城市。通过城市候机楼的建设，可以解决区域性交通不便，提升城市对外开放度和辐射力。

目前，国内其他一些地区也在开展类似城市候机楼服务，但“德阳模式”在服务的精细化和地方特色的融合上更具优势。未来可进一步加强与铁路、高铁的联动，提升综合交通运输能力。此外，智能化管理系统的引入也有助于优化运营效率和旅客体验。

大规模的人流、货物和信息的集散，并促进周边其他配套设施完善和壮大。

（二）扩大区域竞争优势

德阳城市候机楼直接对接成都双流国际机场、天府国际机场，弥补德阳无民航机场的交通劣势，提高对外交通能级，强化对周边市县的向心力和辐射力，有力促进德阳现代综合交通运输体系的构建、现代服务业和“运游一体化”的发展。

（三）完善综合交通体系

与铁路、城际高铁、公路及城市公交等运输方式有效衔接、协同运作，对健全完善现代综合运输体系、加快区域综合交通枢纽建设和现代服务业的发展起到积极的推动和促进作用。

三、成效

目前，城市候机楼已平稳运营 2164 天，共计接待旅客 263320 人次，其中双流机场 185329 人次、天府机场 77991 人次，总托运行李 5.67 万余件，无特勤保障，无旅客投诉事件。候机楼已成为德阳广大市民和客商实现便利出行的主要选择之一，得到人民群众和社会各界的认可，旅客对该线路的满意度总体较高。德阳航空市场潜力巨大，年航空客流量达 50 万人次，建成启用城市候机楼既是双流国际机场拓展航空市场的战略之举，也是成德同城不断深化的重大成果，必将为四川省构建干支联动的区域发展格局提供有力支撑。

如何协同共建电网通道提升都市圈电力保障水平？①

要增强电网能力，构建环成都区域四川电网“北立体双环”网架，在成都中心城区打造国际领先城市电网，积极构建坚强局部电网。

——《成都都市圈发展规划》第四章第三节

电力是现代经济社会发展的基础，是保障成都都市圈建设的重要支撑。近年来，成德眉资四市携手构建电网通道，协同推进川渝特高压交流工程建设，统筹推进成都都市圈 500 千伏及配套输变电重点工程建设，同步优化 220 千伏网架结构，以优化电网网架结构、提高供电能力，助推成德眉资同城化高质量发展。

一、探索

（一）外建清洁电力输入大通道，推动构建四川电网“北立体双环”网架

针对 2022 年高温极端缺电情况，围绕电力输入通道满载的问题，成德眉资四市积极与国网四川省电力公司对接，共同推动川渝 1000 千伏特高压交流工程落地。甘孜—天府南—成都东 1000 千伏特高压项目已建成投运，阿坝—成都东 1000 千伏特高压项目计划 2026 年底前投入运营，2 个项目共新建天府南、成都东、甘孜、阿坝 4 座特高压变电站（其中天府南、成都东、甘孜已投运，阿坝将于 2026 年投运），新增变电容量 2400 万千伏安、双回特高压线路约 2x657 千米，总投资约 280 亿元。项目建成后，四川电网的主网架电压等级将从 500 千伏提升到 1000 千伏，成都都市圈将有效承接来自西北、西藏等地的电能，对构建清洁低碳、安全高效的能源体系，保障区域能源安全具有重要意义。

① 本案例由先进制造业专项合作组组长单位成都市经济和信息化局市新经济发展委员会供稿，《创新同城化：成都都市圈探索实践》编委会组织编写。

（二）统筹推进 500 千伏主网架建设，增强负荷中心保障

四川天府新区大林（籍田）500 千伏输变电工程及配套项目、500 千伏玉堤变电站项目（220 千伏配套工程）顺利投运（见图 1），分别提升成都南部片区、西部片区 60 万千瓦、30 万千瓦供电能力。新津 500 千伏输变电工程顺利投入运行，为成都城南片区及天府新区增加了一个可靠电源点。眉山杉杉科技至成都 500 千伏新津站线路新建工程建成投运，有力保障了锂电龙头企业——杉杉科技用电，对构建以眉山为主导的成眉锂电产业链具有重要意义。加快推进德阳南 500 千伏变电站建设，项目投运后德阳 500 千伏电网变电容量将提升 57%，为德阳南部地区发展提供坚强电力保障。

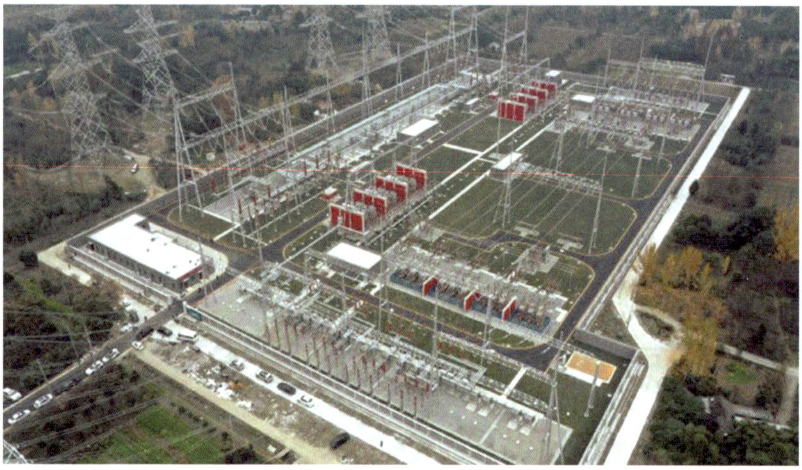

图 1　成都市温江区 500 千伏玉堤变电站全貌

（三）积极构建坚强局部电网，提升供电可靠性和防灾抗灾能力

针对局部地区电网薄弱的问题，成德眉资四市同步优化 220 千伏网架结构，推动城市电网供电能力持续提升。尖石二线 220 千伏增容改造工程、沙西 220 千伏输变电工程等项目顺利投运，优化了成都西部、南部 220 千伏网架结构。220 千伏蒙阳变电站，220 千伏谭寿一、二线等成功投入运营，较大幅度提升了德阳市区、中江县供电能力，有效优化了广汉电网网架结构。

二、创新

（一）持续完善电网建设体制机制

在四川省同城化发展领导小组及四川省同城化办公室框架下，将跨区域电力通道建设项目纳入项目协调调度机制，成德眉资四市建立电力规划建设运行协调会议制度加强电力规划与城市产业、国土等专项规划的统筹衔接，促进城市发展与电网建设协调同步，及时协调解决电网规划、建设、运行中的重大问题，确保规划任务落地落实。成都市成立了市能源建设领导小组，不断强化电网规划建设统筹协调，德阳市调整充实电网建设工作领导小组，切实加强电网建设组织领导。

（二）持续优化变电站建设模式

成德眉资四市鼓励各区（市）县政府（管委会）、供电公司采取“先土建，后电气”的建站新模式，即由区（市）县政府（管委会）或供电公司先行建设220千伏及以下变电站土建部分（由政府出资建设，建成后无偿移交给供电公司），待周边负荷满足变电站投运条件后，再由供电公司实施电气部分建设。该模式能够有效缓解邻避效应导致的变电站落地难问题，对加快变电站建设、完善电网体系具有重要意义。该模式正在四川天府新区、成都东部新区等地开展先行试点，相关项目正在有序推进。

嘉宾点评

许勤华 民盟中央生态环境委员会副主任、中国人民大学教授

本案例展示了成德眉资都市圈协同推进电网建设，尤其是“北立体双环”网架和特高压输电项目的推进。

首先，该案例在创新价值上具有显著的意义。成德眉资四市通过联合构建电网通道，尤其是积极推动1000千伏特高压交流工程的建设，展示了现代电网发展的前瞻性思路。特高压电网的建设不仅提升了电网输电能力，还打破了地方电力供应的瓶颈，有效应对了2022年高温极端缺电的挑战。同时，案例中引入的“先土建，后电气”变电站建设模式，也是一种颇具创意的新模式。它不仅减少了邻避效应，还加快了电力基础设施的建设速度，是电力与城市规划协同发展的一个成功范例。

其次，在推广性方面，本案例亦具有一定借鉴意义。都市圈电网建设通过多方协同、分阶段推进，为其他地区提供了参考。然而，成德眉资地区的电网建设有其特殊性，尤其是在面对高负荷需求和复杂的城市规划背景下，1000千伏特高压项目和500千伏主网架建设对于供电能力的提升和电网结构的优化起到了关键作用。对于同样处于快速城市化和工业化进程的区域，如长三角、珠三角等都市圈，类似的大规模电网建设模式具备较强的参考价值。

最后，下一步如何深化推进是关键问题。尽管该项目已在多个方面取得了显著成果，但进一步的推进需要聚焦以下三个方面：一是应加强清洁能源输入渠道的建设，持续推动跨区域电力互联互通，确保电网的绿色低碳转型；二是应继续深化行政审批流程优化，减少冗长的审批环节，提升项目落地速度；三是应加强智慧电网和大数据技术的应用，提升电网的智能化管理水平，确保电力调度的灵活性和高效性。

总体而言，成德眉资电网项目在电力基础设施建设中的协同创新模式值得肯定，且具有一定推广价值。未来的深化推进应在绿色低碳、智能化管理等领域进一步探索，持续提升电网的安全性、可靠性和可扩展性。

（三）持续优化行政审批流程

成都都市圈有关市直部门开辟“绿色通道”，加快办理电网建设项目环评、水保方案审批，跨越高速公路手续，用地预审和选址意见，稳评及核准批复等手续。成德眉资四市各区（市）县政府（管委会）积极配合做好特高压工程过境线路属地协调工作，落实相关 500 千伏配套工程站址及廊道资源，及时办理相关手续。

三、成效

2023 年，成都都市圈投入超过 280 亿元，建设 11 个电力基础设施，构建结构清晰、运行灵活、安全可靠、扩展性强的环成都区域四川电网“北立体双环”网架。电网创新取得较大突破，500 千伏德宝直流输电工程在国内首次实现常规直流工程日内柔性调度，尖山—彭祖 500 千伏线路新建西部首座串抗站，为成都地区迎峰度夏和大运会供电提供新保障。成都电网共有 500 千伏变电站 11 座，总变电容量为 2520 万千伏安，220 千伏变电站 60 座，总变电容量为 2610 万千伏安，全网供电能力达到 1820 万千瓦，较 2021 年提升 170 万千瓦。其中，500 千伏新津、玉堤、大林输变电工程等投运，进一步完善了成都 500 千伏“立体双环”网架结构，显著增强了成都都市圈电网协调互济能力。

肆

协同提升创新驱动发展水平

成都都市圈如何建设都市圈科创走廊？如何推动金融科技产业同城发展？如何构建知识产权同城化服务体系？如何共建协同创新中心？

在本章 5 个富有启发性的案例背后，我们看到：成都都市圈正从要素驱动、投资驱动，走向创新驱动；正从成都、德阳、眉山、资阳的城市创新走向区域联动创新；正从科技创新走向科技与制度的融合创新；正从项目与平台类的创新走向更加紧密的创新共同体。

曾刚、安晖、周学峰等专家的点评告诉我们：从都市圈创新走向创新都市圈，这是包括成都都市圈在内的所有现代化都市圈发展的必由之路。和世界一流都市圈相比，成都都市圈任重道远。

如何规划建设都市圈科创走廊、打造创新共同体？①

增强创新资源集聚转化功能，建设成德眉资创新共同体，打造高质量紧密型创新生态圈，共同构建科技创新中心重要支撑。

——《成都都市圈发展规划》第五章

四市科技局充分发挥成都辐射带动作用和德阳、眉山、资阳资源禀赋优势，共同规划建设天府大道科创走廊，将其作为打造成德眉资创新共同体、建设具有全国影响力的科创走廊的重要内容和重要抓手。

一、探索

天府大道科创走廊是世界最长的城市中轴线，是成渝地区创新资源最为聚集、创新动能最为充沛、创新活力最为强劲的区域之一，以成都科学城为原始创新策源地，其余组团重点承担技术创新、应用创新和创新服务功能，同时辐射带动科创走廊外功能组团，加快汇聚国内外科研机构、高端人才团队、领军型科技企业等创新要素资源，打造产业联动、空间联结、功能融合、开放共享的创新发展走廊，塑造区域科技创新品牌，打造区域协同创新共同体。

（一）增强成都创新策源功能

以成都科学城为核心引领，系统布局重大科技基础设施、学科交叉研究平台、前沿技术创新平台和专业领域实验室集群，联合天府国际生物城、成都芯谷、成都氢谷等创新功能组团，重点围绕核科学、人工智能、生物医药、航空航天、信息安全等前沿技术领域开展集中攻关，打造以重大创新功能型平台为主的重要科学中心，建成天

① 本案例由四川省同城化办公室，科技创新专项合作组组长单位成都市科学技术局供稿，《创新同城化：成都都市圈探索实践》编委会组织编写。

府大道科创走廊的原始创新极核，打造具有全国重要影响力的原始创新高地。

（二）提升德阳创新成果转化功能

协同推动清洁能源万亿元级装备制造产业集群、成德临港经济产业带等做大做强，加快促进产业功能、创新功能在区域空间上的互动耦合。聚焦装备制造、电子信息、新材料等产业领域，依托德阳罗江先进材料产业功能区、德阳国际物流港等创新功能组团，重点推动智能制造、清洁能源装备等领域全流程智能化改造，推动中国装备科技城建设。

（三）增强眉山高端产业承载功能

围绕电子信息、生物医药、新材料等产业领域，以眉山天府新区、仁寿经开区等重要功能组团为依托，持续支持成眉协同发展光电显示产业，充分发挥眉山高端仿制药工程技术研究中心等产业创新平台的作用，主动承接成都生物医药原始创新及研发资源，促进创新平台与优势产业融合发展。

二、创新

（一）坚持统筹谋划，强化顶层设计

按照“多规合一”的原则，划定规划范围、统筹资源利用、优化用地结构，协调空间矛盾，编制天府大道北延线、南延线科创走廊国土空间专项规划，启动编制控制性详细规划和起步区、核心区城市设计，由成德眉资四市规划和自然资源部门联合编制印发《天府大道北延线、南延线科创走廊和成资协同开放走廊国土空间专项规划》，对天府大道科创走廊建设在物理平台上作出了空间布局，确定天府大道科创走廊范围为天府大道北延线、南延线两侧相关区域，涉及成都、德阳、眉山等地 19 个功能组团，长度为 142 千米，面积为 849 平方千米，包括成都凤凰新城、城北新消费活力区、濛阳新城、新经济活力区、天府中央商务区、成都科学城、天府数字文创城，德阳三星堆文创区、德阳国家高新技术产业开发区、德阳国家经济技术开发区、天府旌城、天府数谷、德阳国际铁路物流港，眉山视高创新谷、岷东新区、四川眉山高新技术产业园区、四川仁寿经济开发区、眉山城市新中心、西部药谷等。

立足建圈强链思维，推进创新链、产业链、资金链、人才链深度融合，着力破解科技创新、产业发展“两张皮”，推进天府大道科创走廊建设，四市科技局联合印发了《天府大道科创走廊建设方案》，明确了天府大道科创走廊建设的目标体系及七大建设任务。其中，目标体系提出到 2025 年，初步建成具有区域影响力的科创走廊。

科技创新策源能力显著增强，西部（成都）科学城、成渝（兴隆湖）综合性科学中心建设全面成势，区域研究与试验发展经费投入强度突破 3.3%，万人有效发明专利达到 6 件 / 万人，国家级高层次人才累计突破 600 人。科技创新赋能产业建圈强链成效突出，建成电子信息、装备制造 2 个万亿元级优势产业集群，廊内国家高新技术企业数量达 2000 家，战略性新兴产业增加值占廊道产值达 60%。区域协同创新生态愈加完善，创新要素跨区域自由流动机制基本构建，创新服务机构类型完善率达 80%，创新协同联合攻关机制完善率逾 95%。到 2035 年，建设成为具有全国影响力的科创走廊。

（二）合力构建措施，完善保障体系

为进一步落实天府大道科创走廊空间规划和建设方案，四市科技局联合制定了《关于推进天府大道科创走廊建设 促进成都都市圈区域协同创新的若干措施》共计 15 条，其中在技术共研方面提出：设立区域协同技术创新专项，聚焦重点技术领域，组建创新联合体，开展关键共性技术攻关。鼓励成都都市圈高校院所和龙头企业"揭榜挂帅"。组建技术创新联盟，共同开展重点技术领域合作交流与信息共享。

在资源共享方面提出：整合成都都市圈创新资源信息及服务功能，建立科技资源共享云平台，推动开放共享并支持德眉资三市建设分平台。构建成都都市圈科技创新券互认互通机制，支持成都都市圈跨区域使用科技创新券。支持高层次科研人员开展跨区域工作，并对符合条件的高层次科研人才给予支持。建立农业科技特派员共享制度，支持农业科技特派员队伍深入农村地区开展相关服务。

在协同转化方面提出：支持创新主体跨区域设立"科创飞地"，支持高校院所、龙头企业等主体跨区域设立研发及成果转移转化机构。聚焦重点产业领域，建设一批中试平台。加快整合成都都市圈科技服务资源，建立科创生态

嘉宾点评

冯奎 中国区域科学协会副理事长、研究员

成德眉资四市规划建设天府大道科创走廊，这是同城化走深走实的重要成果，并且也将有力促进同城化高质量发展。

我国地理学家陆大道先生于 20 世纪 80 年代首次提出"点－轴"理论。科创走廊既符合"点－轴"理论，又给"点－轴"理论注入了新的时代元素。全球出现了一些典型的科创走廊，国际上较知名的有美国加州 101 公路创新走廊、日本东京—横滨—筑波创新走廊、英国 M4 创新走廊等，国内发展较快的有广深科技创新走廊、杭州城西科创大走廊等。天府大道集聚的创新资源多，成都市的带动性强，四市协同性高，都市圈应用场景多，因此综合来看这条科创走廊具备条件成为国内外一流的科创走廊。

前期阶段，成德眉资四市为建设科创走廊，已采取了许多有效措施，但从区域发展的要求来看，这条科创走廊还需要极大提升。建议四川省争取国家更多支持，在更高层面更广范围来进行谋划，将科创走廊与双城经济圈发展紧密结合，动员更多资源力量将科创走廊建设成为都市圈和同城化的强劲的"大动脉"。

岛辐射联动机制，支持德眉资三市的创新主体、创新服务机构、技术交易机构等入驻科创生态岛。推动成都都市圈联合打造若干科技成果应用场景，推动新技术、新产品在成都都市圈内开展应用示范；依托成都市国有投资平台，德眉资三市国有投资平台协同，联合社会资本设立科创投资基金。

在生态共建方面提出：常态化组织创新资源服务推介、科技成果转化对接等活动。组建科普场馆联盟，推动科普场馆共享、科普活动共办，支持科普场馆联盟开展活动。依托成都市科技智库，构建天府大道科创走廊建设战略咨询平台，为成都都市圈科技创新和经济发展提供智力支撑。

（三）坚持需求导向，创新工作机制

加强组织协调。在四川省推进成德眉资同城化发展领导小组及其办公室统筹协调下，成德眉资四市健全推进机制，以科技创新专项合作组为抓手，定期研究重点任务、重点项目等相关工作，协调解决推进中的问题，把建设方案确定的各项任务落到实处，切实推进天府大道科创走廊建设落地落实。

强化要素保障。加大对科创走廊建设工作的资金支持，引导各地加大对科创走廊建设的财政资金投入，鼓励各地财政出资共同组建天府大道科创走廊发展引导资金，撬动社会资本加大对科创走廊建设的支持。加强科创走廊范围内重大项目的新增建设用地需求保障，各地强化计划指标统筹调剂。支持探索产业用地与产业空间供给新机制，推动实施新型产业用地等新型用地制度。

加强监测评估。压实成德眉资四市工作责任，将推进科创走廊建设纳入本地重点工作，实施动态监测和评估问效，并督促协调推动。

（四）强化区域协同，推进资源共建共享

构建科技创新券互认互通机制。四市科技局联合印发《关于开展成德眉资同城化区域科技创新券互认互通试点的通知》，支持德阳、眉山、资阳三市企业到成都申领、使用科技创新券。

共建区域协同创新中心。成都市科技局联合德阳、眉山、资阳三市科技局分别在三地共建成德、成眉、成资协同创新中心，推动成都科技服务资源向都市圈范围辐射共享。

共谋天府大道科创走廊品牌建设系列活动。依托“线上科创通＋线下科创岛”，举办“创享都市圈 链接新未来”——天府大道科创走廊品牌建设系列活动，以成果转化、中试等需求为导向，举办彰显地方特色的科创品牌活动，共同打造具有成都都市圈区域特色的科创 IP。

三、成效

截至2024年底，已组建规模为10亿元的成德眉资科创母基金、成眉科创基金，推动东方电气（德阳）绿色智造产业基金正常运营，完成大连瑞谷、先导薄膜等8个项目投资，投资金额共计3.46亿元；已支持德阳、眉山、资阳三市企业到成都申领、使用科创券；建成电子信息、高端装备制造等重点产业领域省级中试平台6家，备案市级概念验证中心和中试平台69家；成德眉资四市科技部门共同开展“校企双进·找矿挖宝”活动306场，引进重点成果转化项目116个；完善“线上科创通+线下科创岛”创新转化服务体系，科创生态岛引聚国家知识产权局专利局、专利审查协作四川中心等科创服务机构100家，集成技术交易、创业孵化等服务事项104项，“科创通”平台集聚科技型企业超4.2万家、高校院所157家、服务机构1101家。

如何共建共享“科创通”平台助推都市圈协同创新？①

共建共享“科创通”等双创服务平台，协同打造科技成果转移转化示范区。

——《成都都市圈发展规划》第五章第二节

一、探索

（一）创新打造“科创通”创新创业云孵化平台

2014 年 5 月，“科创通”成都创新创业云孵化平台正式上线，由成都生产力促进中心负责建设与运营。通过线上线下模式，聚集创新要素资源，面向创业团队、创业企业、创业服务机构、创新创业载体四类主体提供全方位、全流程的专业化服务，构建创新创业云孵化平台。此平台以创新创业服务和科技金融为特色，运用互联网技术，通过大数据画像精准对接“双创”资源，促进创新要素资源互联互通、开放共享，为科技型中小企业提供全生命周期服务和产品的创新创业服务。

（二）走出成都，推动成德眉资四市科技创新资源共建共享

经过九年多的运营，平台服务模式与流程日趋稳定成熟，目前已在德阳、眉山、资阳、拉萨、遂宁、攀枝花等地共建子平台或分中心。

二、创新

（一）科技资源平台共建

依托成都“科创通”平台整合四市科技企业、高校院所、创新平台、重大项目、大型仪器、科普基地等科技资源，建立科技资源共享云平台。结合各地实际，推进

① 本案例由科技创新专项合作组组长单位成都市科学技术局供稿，《创新同城化：成都都市圈探索实践》编委会组织编写。

德阳、眉山、资阳等市科技资源共享云平台和分平台建设。2020 年 11 月，成都生产力促进中心启动德阳科创通平台建设项目，于 2021 年 7 月，正式上线“科创通”德阳分平台。2022 年底，为加快实现科创通平台服务在成都都市圈全覆盖，成都生产力促进中心分别与眉山市、资阳市科技局签订了“科创通”眉山、资阳分平台共建协议，并于 2023 年初步建成、投入试运行，持续优化完善平台功能（见图 1 至图 4）。

（二）“服务模式”共推

采取线上线下互动的方式完善平台服务模式，为企业与高校院所等科研机构搭建无缝对接的互动平台。四市科技部门通过“科创通”平台开展线上业务对接，为企业提供服务；通过联合开展“校企双进·找矿挖宝”等线下对接活动，促进成果转移转化，加快创新要素流动，高效配置优化创新资源。

（三）“科创资源”共享

成都“科创通”平台围绕“集聚、撮合、交易、孵化”等专业化、差异化、精准化服务，不断完善平台功能，推动成都都市圈创新平台共享共用，支持国家超级计算成都中心、天府实验室、大科学装置等在蓉重大创新平台面向成都都市圈内科研单位、高校和企业开放共享。推进科技创新券互通互用试点工作，德阳、眉山、资阳等市科技型企业通过成都“科创通”平台，申请成都市科技创新券，用于抵扣使用检验检测、高性能算力等服务时的支出。

嘉宾点评

曾刚 华东师范大学城市发展研究院院长、终身教授，教育部人文社科重点研究基地中国现代城市研究中心主任

成都生产力促进中心围绕“集聚、撮合、交易、孵化”服务目标，利用国家超级计算成都中心、天府实验室等大科学装置，集合科技资源与力量，搭建了“成都科创通”创新创业云孵化平台，建立了创新共同体。通过开展科技创新券互通互用试点，畅通信息流通渠道，推进政产学研用全一体化，不仅减少了科创领域重复投资，提高了科技成果的转化效率，还加大了成德眉资四地科技联合攻关力度，实现了重点领域和关键环节的技术突破，为成都创业团队、创业企业、创业服务机构、创新创业载体提供了专业化服务，为四川新质生产力发展提供了可靠支撑。在全国各地争当中国式现代化“排头兵”、大力发展新质生产力、建设都市创新圈的当下，“成都科创通”经验具有重要的推广应用价值。放眼未来，成都将瞄准“我国发展的战略腹地”的功能定位，有望秉承“百尺竿头更进一步”的理念，不断求索创新，在壮大创新创业“朋友圈”的同时，奋力推进科技创新、金融创新、产业创新的融合发展，实现从“成都经验”向“成都模式”的新跨越。

图 1　成都科创通平台界面

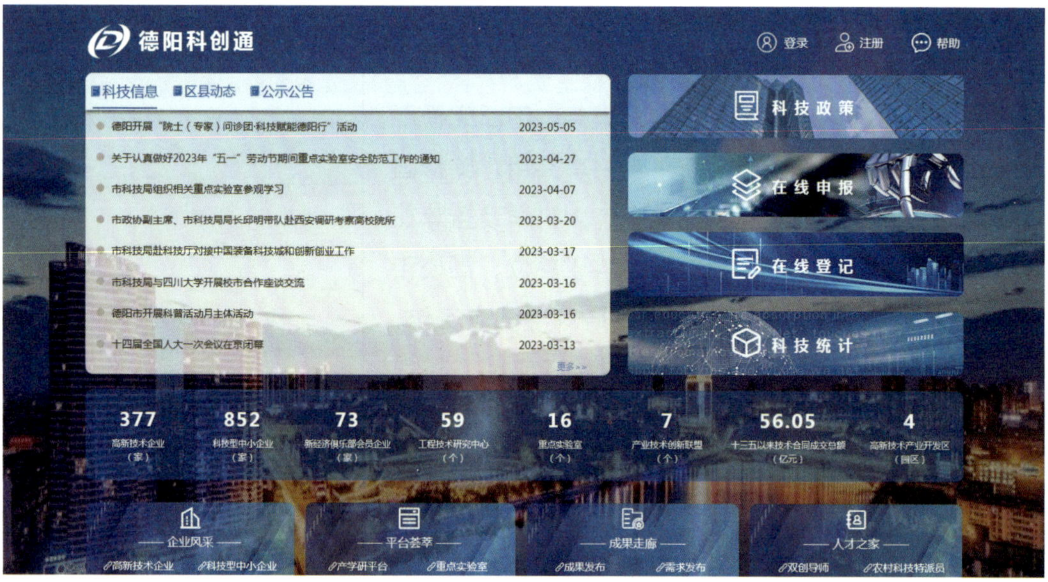

图 2　德阳科创通平台界面

图 3 眉山市科创通平台界面

图 4 资阳科创通平台界面

三、成效

截至 2024 年 12 月，成德眉资“科创通”平台已入驻超过 1101 家各类科技服务机构，已集聚超过 2967 款科技服务产品、平台合作金融机构 121 家、认证双创服务导师 1545 位，收集科技成果 28233 项。

如何推动金融科技产业同城发展，打造都市圈科创共同体？①

加强高能级创新平台建设，增强创新资源集聚转化功能，建设成德眉资创新共同体，打造高质量紧密型创新生态圈，共同构建科技创新中心重要支撑。

——《成都都市圈规划》第五章

加快现代金融业集聚发展。开展绿色金融、普惠金融、科创金融等创新工作，运用金融科技创新监管工具强化对创新活动全生命周期的审慎管理。

——《成都都市圈规划》第六章第二节

一、探索

（一）金融科技产业能级全面提升

交子金融梦工场持续推动金融科技产业集聚，实现产业集群式创新；同时持续推进重大功能性项目和关键核心配套项目落地，成功引进成都天府金融科技研究院、上海证券交易所资本市场服务西部基地、科创板企业培育中心、天府金融风险监测大脑等省、市重大金融科技项目，推动成都都市圈金融服务资源要素同享同用，促进金融科技产业能级全面提升。交子金融梦工场二期——交子金融科技中心获批“国家级科技企业孵化器”。

（二）金融科技服务设施共建共享

交子金融梦工场在中国人民银行四川省分行指导下，搭建线上银企对接平台——“交子金融科技云平台”，推动成德眉资四市金融机构、金融科技企业在线开展供需交流合作。依托落地的上海证券交易所资本市场服务西部基地、科创板企业培育中心，引入“蓉易贷”成都市普惠金融综合服务平台，为金融科技企业提供全生命周期

① 本案例由成都金融梦工场投资管理有限公司供稿，《创新同城化：成都都市圈探索实践》编委会组织编写。

> **嘉宾点评**
>
> **安晖** 中国电子信息产业发展研究院副总工程师、正高级工程师
>
> 交子金融梦工场作为全国首个金融科技创孵平台，系统推进产业资源集聚、服务设施打造、底层技术创新、重大项目引入、产业生态建设等系列化工作，打造形成了金融特色和科技特征显著、多种特色生态服务融为一体的金融科技产业生态圈，对以新平台、新机制推进银企对接，以新机构、新服务赋能产业圈链，以及以“平台＋技术＋人才＋服务”模式推动高能级创新方面进行了积极探索，在推动成都都市圈金融科技产业发展能级跃升、金融服务资源要素共建共享等方面取得了显著成效，发展模式和经验做法具有创新意义和实践价值，对各地方发展金融科技产业、深化银企融合等具有借鉴参考意义。未来可在此基础上，不断加强与新技术、新领域的融合互动，培育发展金融大模型等产品，拓展“人工智能＋金融”领域，面向各新兴产业领域需求打造有针对性的特色服务，在推动成都都市圈新质生产力打造方面发挥新的更大作用。

的投融资服务。通过规则共通、机构共享、平台共用、活动共联等方式提升成德眉资金融科技服务设施建设与同城化应用水平。

（三）金融科技底层技术突破引领

联合电子科技大学加强区块链高能级创新平台建设，推动区块链安全领域的底层核心技术研究、标准建设、监管支撑、成果转化等工作，搭建全国首个区块链领域的教育部工程研究中心——“区块链安全与平台技术”工程研究中心，促进区块链在成德眉资数字货币、智能制造、社会治理等方面的深入示范应用。入驻企业迅鳐科技作为核心技术团队打造了成都市首批央行金融科技创新监管试点项目之一的“基于区块链技术的知识产权融资服务平台”，并成功实现成都都市圈知识产权融资业务全过程办理及知识产权、融资企业、金融产品、金融机构、业务流程“五个上链”。

（四）金融科技产业生态协同完善

落地清华大学高质量发展研究院、复旦西部国际金融研究院等六大高能级产学研合作平台，助力高校金融科技创新成果落地转化，为成都都市圈金融科技产业发展提供人才智力支撑。面向成德眉资四市举办银企对接会、金融科技项目路演、“专精特新”科创沙龙等活动150余场，全方位助力企业融资、项目合作及业务拓展。构建数字人民币产业生态，集聚数字人民币产业链上下游企业20余家，打造全国数字人民币应用示范园，推动成德眉资数字人民币应用场景全覆盖。

二、创新

（一）搭建银企对接数字化平台　支持企业市场应用拓展

为深化成德眉资区域金融与科技融合发展，助力金融科技企业市场开拓，成都交子金控集团联合11家相关单位共同发起设立了成都市金融科技协会，并开发了线上

银企对接平台——“交子金融科技云平台”（见图 1），搭建金融科技企业与监管机构、金融机构的沟通合作桥梁，获中国人民银行四川省分行（原中国人民银行成都分行）支持、成德眉资同城化发展领导小组办公室发文支持推广。“交子金融科技云平台”面向金融科技企业提供项目展示、技术交流、供需对接服务；面向金融机构提供产品发布、技术攻关支持；面向监管部门提供政策发布、监管试点申报服务。

图 1 “交子金融科技云平台”界面

（二）深化金融科技投融资服务 赋能产业圈链高效发展

为推动成德眉资金融科技投融资服务同城化，交子金融梦工场三期落地了上交所西部基地、上交所科创板企业培育中心，引入了“蓉易贷”成都市普惠金融综合服务平台，为企业提供全生命周期投融资服务，推进成德眉资金融服务资源共享。落地成都市“交子之星”经济证券化行动助力产业“建圈强链”系列活动，获得成德眉资“金融顾问”服务团等支持，助推成德眉资相关企业进行上市培训，借助资本市场上市发展。交子金融梦工场发起设立交子科技投资公司，开展成德眉资金融科技领域“专精特新”企业股权投资，持续延伸金融科技产业链服务。

（三）推动产业底层技术突破 加强高能级创新平台建设

为协同提升创新驱动发展水平，助推科技创新能力提升，打造了“一栋区块链大厦”，集聚区块链上下游、左右岸企业 60 余家；搭建了全国首个区块链领域的教育部工程研究中心——“区块链安全与平台技术”工程研究中心以及交子区块链研究院、区块链产业创新中心“三大科技创新平台”，落地四川省博士后创新实践基地、首席科学家、基于区块链的人才实训平台“三大人才引育项目”，旨在整合优势资源，以创新链带动成都都市圈产业链升级。

三、成效

交子金融梦工场在成德眉资金融科技产业孵化培育方面成果显著，有力发挥“头雁”引领带动作用。截至 2024 年底，“交子金融科技云平台”已有 151 家成德眉资区域机构注册用户，包括工商银行、农业银行、交通银行、招商银行、光大银行等 90 余家银行分支机构，50 余家金融科技企业。交子金融梦工场入驻企业迅鳐科技基于德阳市政府和大数据管理局的需求和指导建设的“德阳数据资产登记平台”已在德阳成功应用，并入选“四川数字化转型标杆案例”。

交子金融梦工场获批“国家级科技企业孵化器”，入选中组部备案管理的“党建强、发展强”基层党建示范单位，荣获“四川省先进基层党组织”等荣誉。

据《每日经济新闻》报道，作为全国首个金融科技创孵平台，交子金融梦工场持续推动金融科技产业建圈强链，已成长为全球规模最大的专注金融科技领域的创孵平台。经过数年发展，交子金融梦工场金融科技创新能力和产业发展能级大幅提升，成为引领成德眉资金融科技创新的重要力量。

如何构建知识产权同城化服务体系？①

加强知识产权全链条保护，强化知识产权公共服务，推动知识产权高质量创造运用。

——《成都都市圈发展规划》第五章第三节

一、探索

成都知识产权交易中心（以下简称成都知交中心）于 2018 年 7 月经四川省人民政府批准筹建，于 2019 年 2 月经地方金融监管部门批准正式开业，注册资本 3 亿元，是四川省唯一的知识产权类交易场所。依托成都知交中心现有业务平台和四市现有的知识产权运营平台，由成德眉资四市市场监管局共同推动，提升服务能力，拓展服务范围，搭建集知识产权转移转化、质押融资等功能于一体的成德眉资知识产权服务共享平台。

二、创新

（一）以核心业务创新为导向

成都知交中心先后赴苏州、上海、安徽等地广泛开展调研工作并联合成都市标准化研究院，协同 30 余家金融机构、高校院所、龙头企业共同编制并发布了国内首个关于知识产权价值评估的团体标准《知识产权价值评估规范》；同时结合大数据、人工智能等技术建立知识产权评价系统，解决知识产权“评估难”问题，形成具有公信力的知识产权价值评估评价工作平台。

（二）以共享机制创新为保障

推动成都知交中心与德、眉、资服务中心建立了知识产权供需项目共享互通机

① 本案例由成都知识产权交易中心供稿，《创新同城化：成都都市圈探索实践》编委会组织编写。

制，建立成德眉资知识产权项目展示平台（见图 1），针对成德眉资特色产业，通过知识产权项目展板展示、实物展示、项目路演等多样化形式，举办多场知识产权供需对接活动；同时联合全国知识产权交易场所联盟，实现知识产权需求客户群体覆盖全国，大幅提高知识产权交易成功率。

图 1　成德眉资知识产权数据监测成都市平台界面

（三）以智能系统创新为支撑

围绕专利成果推广、转化的全业务流程，按照专利转化前、中、后期三个不同阶段，成都知交中心建设、开发了多功能、一站式的知识产权业务支撑平台体系，依托“知识产权大数据监测分析系统”“知识产权供需对接数据库”“知识产权价值评价分析系统”“知识产权在线交易服务系统”以及“‘知贷通’知识产权质押融资服务系统”等核心业务软件系统，可实现“信息共享、供需对接、价值评价、成果交易、融资服务”等业务全覆盖，为成德眉资各类创新创业主体提供专利供需匹配、转让、许可、作价入股、质押融资等专业化服务。

三、成效

（一）知识产权价值评估助推知识产权转移转化

自成德眉资跨区域知识产权价值评估工作平台设立以来，成都知交中心基于《知识产权价值评估规范》，创新研发出企业专利资产评估分析报告、专利市场交易价格分析报告、专利质押融资分析报告等专利评估分析产品，为成德眉资创新主体提供专利价值评估、评价服务近千次，出具企业专利资产报告、单件专利价格分析报告等共计500余份。

（二）成都知交中心助力成德眉资优化知识产权公共服务和营商环境

2020年以来，成都知交中心在成德眉资区域共组织开展百余场知识产权政策宣传、业务培训、供需对接等公益性活动，参训人员数万人，不断提升成都知交中心行业知名度，切实服务成德眉资创新主体知识产权成果转移转化工作，不断优化区域知识产权营商环境。2021年，成都知交中心获评“2021年四川省知识产权保护工作成绩突出集体”。2023年，成都知识产权交易中心“知贷通”知识产权金融服务平台被国家发展改革委、银保监会、国家知识产权局评为“首批知识产权质押融资及保险典型案例”，形成知识产权质押融资“成都经验”并在全国推广；7月“知贷通”入选由四川省经信厅发布的2022年度四川省数字经济典型应用场景。2024年，公司面向成德眉资开展专利成果供需对接、知识产权主题培训等活动4场，参会人数达760余人次。2020—2024年，联动成德眉资高质量连续承办第四届、第五届、第六届高校专利年会，相关工作受到国家相关部委（局），省市主管部门、监管部门的充分肯定。同时，荣获“2023年四川省技术合同认定登记先锋机构”通报表扬。

嘉宾点评

周学峰 北京航空航天大学法学院副院长、教授

建立都市圈同城化发展体制机制，是促进现代大中小城市协同发展的重要途径。发展是硬道理，党的二十届三中全会提出，高质量发展是全面建设社会主义现代化国家的首要任务。通过科技创新驱动发展是我国近年来一直倡导的发展战略，这就意味着我们要鼓励新技术的研发、科技成果的转化与应用，使得前沿科技能够转化为新质生产力，而这一切都离不开知识产权的保护与交易。长期以来，我国在知识产权领域，一直面临知识产权价值评估难、供需匹配难等问题。

成都知交中心与成德眉资四市的知识产权运营平台相衔接，共同形成了一个成都大都市圈的知识产权共享服务平台，在很大程度上解决了知识产权交易领域的信息不对称问题，其通过提供知识产权评估服务，解决了知识产权转让和融资交易中的估值难问题；其通过提供科技创新成果信息，为供需双方牵线搭桥，促进了科技成果的转化与转让；其通过促进知识产权和科技创新成果在四市之间的流通、共享，促进了四市在科技创新驱动发展领域的协作。成都大都市圈的知识产权共享服务机制，在促进城市间协同创新方面具有典型的示范意义，有助于实现大中小城市共同发展的目标。

成都—资阳如何共建四川省首个协同创新中心?[①]

加强高能级创新平台建设，实施科技创新能力提升工程，建设产业技术创新平台。

——《成都都市圈发展规划》第五章第一节

一、探索

（一）助力科技企业孵化培育

成资协同创新中心为资阳市创新创业园建立“一对一”企业服务制度，助力资阳市创新创业园新引进科技型企业 20 户，孵化培育高新技术企业 4 户、科技型中小企业 7 家，助推资阳市创新创业园成功创建为省级科技企业孵化器；在香港城市大学成都研究院、天府数智谷挂牌设立“资阳飞地孵化基地”，落地孵化四川新皇科技有限公司、民基森威玻璃有限公司等 10 家企业。2024 年，成资协同创新总部基地（由创新中心升级而成）孵化落地四川云上卫士无人机科技有限公司、菜蓝子（资阳）科技有限公司等 8 家企业，推动 6 家企业入库科技型中小企业。

（二）共促产业技术创新升级

成资协同创新中心（见图 1）充分发挥协同平台优势，导入成都资源，引入成都迪康药研所 UCN 益生菌生物技术与资阳市传统酱腌菜进行中试熟化合作，在乐至县川龙食品、兴鹏食品完成 50 吨益生菌泡菜工程化落地，协助默森药业完成蚕桑药食同源材料的精深开发及营养产品领域相关技术难题攻关；共同组织四川大学、电子科大专家团队走访调研数字中医机器人、希晨再生聚苯乙烯发泡技术等项目，帮助资阳企业规划设计技术路线、寻找技术突破点。

---

① 本案例由科技创新专项合作组组长单位成都市科学技术局、副组长单位资阳市科学技术局供稿，《创新同城化：成都都市圈探索实践》编委会组织编写。

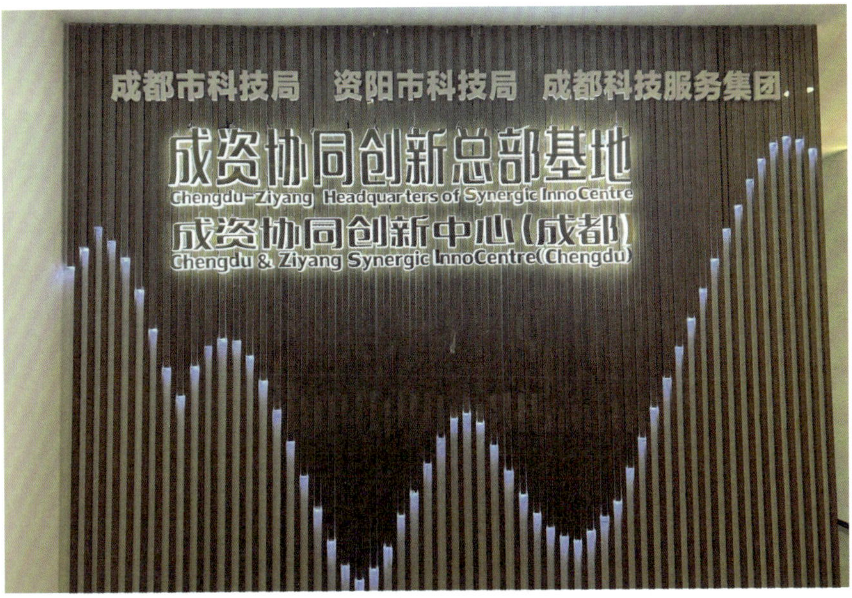

图 1 成资协同创新中心

（三）助力科技服务水平提升

成资协同创新中心引进成都优质科技服务机构落地资阳、服务资阳；组建成都“科服管家”资阳工作站、成都“科创通”平台等，牵头组建“成都都市圈新质生产力创智中心”，组织开展产业研究、行业创新交流会等 20 余场次，常态化举办行业创新交流会、技术交流会、科技成果供需对接会、创新培训会等科技主题活动 10 余场次；帮助资阳企业梳理创新方向、完善技术路线、制定营销策略、开展政策辅导、提供管理咨询；搭建“创新资阳”网站，融合国家技术转移（西南）中心资阳分中心功能资源，聚集天府国际技术转移中心、天府股权交易中心、中国银行等 12 家服务机构资源，助力完善成都资阳跨区域科技服务体系。

（四）助力科技招商错位发展

以资阳市重点产业为指向，在产业细分领域与成都错位配套。成资协同创新中心推动资阳市政府与德欧中心（DEZ）签署战略合作备忘录，促成重庆贝纳吉超低温液氮存储项目在资阳高新区落地投产，引入铭森医疗、智慧佳创、汇八方等 12 家企业落户。2024 年，依托成资协同创新总部基地开展科技招商路演活动共 7 场，累计招引入驻科技类创新创业项目 15 个。推动菜蓝子“社区小商业态产业数字化升级”技术成果在资阳落地转化。发起成立成资低空经济创新联盟，开展低空经济产业创新研究 3 次。

（五）助力企业创新能力提升

建立企业问题清单、定期上门走访，推动创新平台提升能级，促进资阳创新型企业快速发展。成资协同创新中心先后帮助中国牙谷孵化园建成省级小型微型企业创业创新基地、牙易在线建成“四川省口腔材料与器械工程技术研究中心”，辅导中车资阳机车公司成功申报“四川省大中型曲轴工程技术研究中心”，辅导中车公司为铁路机车曲轴申报全国单项冠军产品，辅导嘉承食品、启源药业等争创省级专精特新企业，辅导安岳柠檬产业技术研究院创建四川省新型研发机构（见图 2）。

图 2 “极核引领 共建共享”——成都创新资源资阳行（装备制造专场）活动

二、创新

（一）借“成都资源”开展飞地孵化

聚焦资阳科技资源供给不足、结构不优问题，导入成都技术资源、创新资源、人才资源，优化资阳创新环境。以“高校教授实用型成果 + 企业”精准对接，实施产线改造、技术攻关，实现资阳部分传统企业能级提升，通过成都大企业市场资源及技术优势，帮助资阳同行业企业拓展市场及产品渠道，精准实施技术转让及产线改造有效放大。

（二）引“成都成果”促进产业转型

结合资阳市资源禀赋和产业基础，通过调研走访，挖掘传统行业走创新发展转型之路的共性问题和技术需求，引入成都高校、优质企业、技术专家、科技成果与资阳市传统食品企业进行中试熟化合作，寻找了一条企业转型升级的新路径，打造产业发展新赛道。

（三）按“成都标准”丰富功能延伸

充分发挥成资协同创新中心平台作用，加快建设安岳、乐至分中心，扩大服务半径，带领企业积极融入成都创新服务体系中，助力提升资阳科技服务行业体量和质量，推动科技型企业高质量发展，实现创新主体数量大幅增长。

（四）用“成都渠道”开展科技招商

借力成都创新项目投资和招引渠道资源，精准匹配资阳产业分布，开展与成都差异化“科技招商联动模式”。组织推荐协鑫集团、成都菲斯特、国星宇航、重庆贝纳吉等20余家域外企业考察洽谈，并找到了一条以技术、人才招商赋能资阳产业发展的新路径。

> **嘉宾点评**
>
> **冯奎** 中国区域科学协会副理事长、研究员
>
> 成资共建四川省首个协同创新中心，这是同城化进程中的一项重要成果。其最显著的意义在于：通过共建协同创新中心，资阳这类中小城市获得了科技创新的“加速度”，科技企业得以加速孵化培育，企业创新能力持续提升。
>
> 从举措来看，成资共建协同创新中心，主要的“创新”之处在于资阳借“成都资源”开展飞地孵化，引“成都成果”促进产业转型，按“成都标准”丰富功能延伸，用“成都渠道”开展科技招商，以“成都理念”提升服务能力。应该说这些创新举措非常地道，具有极强的可操作性、可推广性。但从另一个角度来看，现在也需要思考：成都能从创新协同中获得什么？整个区域能从协同创新中增加什么？这是协同创新进一步发展的破题方向。

（五）以“成都理念”提升服务能力

引进科技咨询、科技中介、科技金融、技术转移等机构在成资协同创新中心集中设立办事机构，联合成立科技服务业联盟、技术转移联盟，用成都服务理念为资阳企业提供专业优质服务。通过“一对一”辅导和“多对一”辅导，推动创新平台提质增效，促进创新型企业加快发展。

三、成效

成资协同创新中心累计走访企业500余家次、搜集企业创新需求60多条；辅导培育高新技术企业30余家，招引高新技术企业7家，辅导资阳全市入库科技型中小企业100余家，培育新增创新型中小企业100余家，辅导60余家企业成功申报省级“专精特新”中小企业；推动四川大学、电子科技大学等高校的10余支创新团队与资阳10余家企业开展技术合作，推动UCN益生菌生物技术在资阳6家企业转移转化，帮助企业降低生产成本、扩大市场，推动企业实现“零添加、零排放”。2024

年，中心升级为成资协同创新总部基地，是资阳市首个科创飞地，围绕科研人才集聚、新兴产业孵化、科技成果对接三大功能，零距离共建共享成都优质创新资源，全年开展科技金融、科技成果供需对接等科技创新活动 30 余次，入驻科技项目 15 个，孵化科技型中小企业 6 家，推动成立成都都市圈新质生产力创智中心、成资科技服务业联盟、成资低空经济创新联盟。

伍

共建现代化高端产业集聚区

成都都市圈产业发展的 12 个案例说明:“都市圈 + 产业集群”这样一种发展模式具有强大的生命力，正成为区域竞争优势空间的新形态。一系列鲜活的案例隐藏着区域经济发展的“新密码”:为什么都市圈具有更高的生产效率水平?为什么都市圈增长的韧性更加强劲?为什么都市圈更能打造出“国”字头的产业链，甚至培育出世界级的产业集群，从而更具竞争力?

然而，要充分释放都市圈增长的强大动能并非易事，这是因为都市圈作为经济区，它需要加快要素资源的融合，同时，都市圈包含若干行政区，行政区之间有清晰的权、责、利边界。张贵、盛毅、朱玉等专家从案例分析的角度，帮助我们更好地了解在都市圈产业发展中，市场应该在哪里，政府又应该在哪里。

如何共建都市圈现代化产业体系？①

要坚持“强链条、育集群、建体系”，推动产业创新融合发展，提升产业链供应链现代化水平和优势产业核心竞争力，构建高端切入、错位发展、集群成链的现代产业体系。

——《成都都市圈发展规划》第六章

一、探索

为贯彻落实四川省推进成德眉资同城化发展领导小组关于加快推动产业跨区域“建圈强链”工作要求，加快构建都市圈产业协同发展体系，成德眉资四市立足资源禀赋和产业基础，持续完善顶层设计，推动共建集群、共办展会、共享平台，以都市圈 9 条重点产业链为突破，深入开展产业跨区域建圈强链，不断提升产业链供应链现代化水平和优势产业核心竞争力，加快构建高端切入、错位发展、集群成链的现代化产业体系，一体化构建成都都市圈产业协同生态。

（一）共建产业协同规划体系

在成都都市圈“1+1+N”规划体系框架下，成德眉资四市共同编制印发《成德眉资同城化暨成都都市圈产业协同发展三年实施方案（2020—2022 年）》。2023 年，成德眉资四市经信部门联合印发《成都都市圈制造业发展白皮书》《成都都市圈重点产业产业链全景图》《成都都市圈白酒产业融合发展规划》《成德眉资同城化暨成都都市圈产业建圈强链攻坚行动计划（2023—2025 年）》等产业协同文件，推动构建“错位协同、相互借力、集群成链”的产业链条。

（二）共推重点产业建圈强链

成德眉资四市按照“具有比较优势、存在协作需要、拥有协作潜力”原则，研究确定成都市牵头发展新型显示、轨道交通、航空装备、新能源汽车、绿色食品（调味

① 本案例由四川省同城化办公室供稿，《创新同城化：成都都市圈探索实践》编委会组织编写。

品）、医美服务6条产业链，德阳市、眉山市、资阳市分别牵头发展清洁能源装备、锂电、医疗器械（口腔医疗）3条产业链，共筑“长板协作”格局。

（三）共育先进制造产业集群

成德眉资四市立足高端能源装备、电子信息等优势产业领域，聚焦共育先进制造产业集群。成都市轨道交通、成都市生物医药2个产业集群入选国家战略性新兴产业集群，成渝地区电子信息先进制造、成德高端能源装备、成都市软件和信息服务等5个产业集群入选国家先进制造业集群，成都青羊区航空配套、广汉市油气钻采装备制造、眉山市东坡区泡菜食品、资阳市雁江区口腔医疗器械等8个产业集群入选国家中小企业特色产业集群，成德眉资特色调味品、成德眉遂锂电材料等8个产业集群入选四川省先进制造业集群。

二、创新

（一）共建产业协同工作推进机制

2023年，成德眉资四市经信部门联合印发《成德眉资同城化先进制造业专项合作组工作规则和实施细则》，组建先进制造业专项合作组，成都市经济和信息化局成都市新经济发展委员会为组长单位，德眉资三市经济和信息化局为副组长单位，四市相关部门为成员单

嘉宾点评

张贵　南开大学京津冀协同发展研究院秘书长、教授、博士生导师

区域现代化产业体系建设是区域经济社会发展的“基石”。区域产业一体化是成德眉资同城化发展的实质载体和根本支撑。成德眉资同城化发展领导小组提出加快推动产业跨区域“建圈强链”，做了卓有成效的探索，并取得实实在在的成效，成为推进区域产业一体化发展的典范，也必将在未来的发展中有效促进成德眉资产业链区域配套深度融合，提升区域产业基础能力和产业链水平，夯实区域经济增长的根基。

随着国际外部环境的严峻性和不确定性增加，区域产业一体化更加呈现集群化、生态化，供应链保障面对日趋复杂和不稳定的国际外部环境、技术革新浪潮以及产业变革，产业发展也正日益强调在地理空间上的集中、产业链的协同配套以及生态环境的可持续性，同时，供应链稳定性和保障性也变得更加重要。基于此，在借鉴国内城市群、都市圈的产业一体化发展经验基础上，建议成德眉资产业一体化下一阶段的总体思路为：链式集群，构建自研发设计至终端产品相对完整的产业链条；协同推进，建设“创新中心＋研发转化＋高端制造＋高端服务＋高品位宜居生活”分工合作的新型城市带；创新驱动，形成“研发＋制造”的区域产业分工格局；生态发展，打造“研发—孵化—转化—组装—物流—配套—服务”良性循环的产业生态、区域生态和创新生态。在空间布局上，要推进“技术进链、企业进群、产业进带”战略；在产业发展上，要强化“缺链补位、短链拉长、弱链增强、同链错构”发展路线，按照城市比较优势不同，可以分为以我为主、三地共建、协同对方同类型的产业分工，最终形成“点—链—线—集群—园区—网络”的成德眉资产业分工与一体化发展新格局。为实现这一目标，需要成德眉资完善顶层设计，实行产业、空间规划“多规合一”，统筹城市发展空间布局与产业发展布局；建立健全利益共享机制，完善人才合作培养与交流机制；四地要建立产业安全状况监测预警机制，形成自主可控的供应链安全管理体系；着眼生产环节的前瞻性布局，加强流通环节的跨越式突破，全面提升产业一体化发展水平。

位，定期召开联席会议，合力推进都市圈产业建圈强链；印发《成都都市圈“1+9”重点产业链专班工作规则》，明确成德眉资四市各自牵头组建负责重点产业链工作推进专班，建立并动态更新产业链“链主企业 + 配套企业 + 投资基金 + 中介机构 + 领军人才”资源库。

（二）共建产业跨区域协作平台

为强化政府引导作用，成德眉资四市共同打造都市圈产业协作高能级平台，采取“线上、线下”方式，发布制造业供需合作清单。线上依托工业互联网供需对接平台，实现都市圈企业供需信息归集、智能匹配、自动报送功能，线下举办五届成都都市圈产业生态建设企业供需对接云共享大会，聚焦都市圈 9 条重点产业链发布供需合作清单。

（三）共建集群协同申报培育机制

成德眉资四市联合成立集群申报工作专班，在申报策略、对上争取、材料拟制和答辩准备等方面周密部署，共同参加国家和省组织的先进制造业集群竞赛。推广“主承载 + 协同地”“研发 + 制造”“终端 + 配套”等模式，推动集群建设和能级提升。共同筛选链主企业，充分利用链主企业的产业链整合力、创新链溢出力、供应链掌控力，形成以链主企业为核心、大中小企业融通发展的产业生态格局。

三、成效

成都都市圈立足四市资源禀赋和产业基础，以都市圈 9 条重点产业链为突破，深入开展跨区域产业建圈强链，成效显著。一是重点产业链快速成长。2024 年，都市圈 9 条重点产业链总规模达到 1.2 万亿元。二是产业配套持续深化。2021 年以来，成德眉资四市共服务都市圈 10000 多家工业企业，发布 35000 余条供需对接信息；共联合发布 8 批次同城化发展主题机会清单，发布机会信息超 5000 条，释放融资需求超 3000 亿元。三是集群竞争力不断提升。深入实施“成德高端能源装备集群培育提升行动”，集群集聚“链主 + 配套企业”近 3000 家，2024 年产值突破 3000 亿元，超 800 家成都企业为德阳“三大厂”（国机重装、东汽、东电）提供产业配套。

如何编制《全景图》引导产业跨区域建圈强链？①

提升产业链竞争力，编制产业链全景图，依托产业链部署创新链，加大技术更迭、工艺优化、装备升级力度，巩固提升传统产业链，塑造新兴产业链。

——《成都都市圈发展规划》第六章第一节

一、探索

为贯彻落实四川省推进成德眉资同城化发展领导小组关于加快推动产业跨区域“建圈强链”工作要求，四川省经济和信息化厅出台《成德眉资制造业同城化发展引导目录》，先进制造业专项合作组联合编制《成都都市圈重点产业产业链全景图》(以下简称《全景图》)。《全景图》围绕四川省“5+1”工业体系和《成都都市圈发展规划》，按照“具备比较优势、存在协作需要、拥有协作潜力”的原则，遴选确定9条重点产业链，绘制形成“4图4表”产业图谱体系，旨在明确未来一个时期推动产业跨区域“建圈强链”的发展目标、分工重点、协作路径，是成德眉资四市推动项目联合招引、企业供需对接、产业链协同构建的指引。《全景图》立足成德眉资四市主导产业比较优势，围绕构建“相互依托、相互借力、相互融合”的产业链条，形成产业错位协同发展格局。

(一)深入挖掘四市比较优势，明确产业协同方向和路径

绘制产业发展图谱(见图1)、产业发展路径图、产业发展布局图3张产业图，深入分析成德眉资在各产业链环节的基础和优势，明确2025年、2035年协同发展目标以及产业主承载地、协同发展地，并落位成德临港经济、成眉高新技术、成资临空经济三大产业带，同时根据产业链不同发展阶段和发展特征，提出“一链一策”推

① 本案例由先进制造业专项合作组组长单位成都市经济和信息化局市新经济发展委员会供稿，《创新同城化：成都都市圈探索实践》编委会组织编写。

进产业跨区域建圈强链的路径。

产业发展图谱（轨道交通）

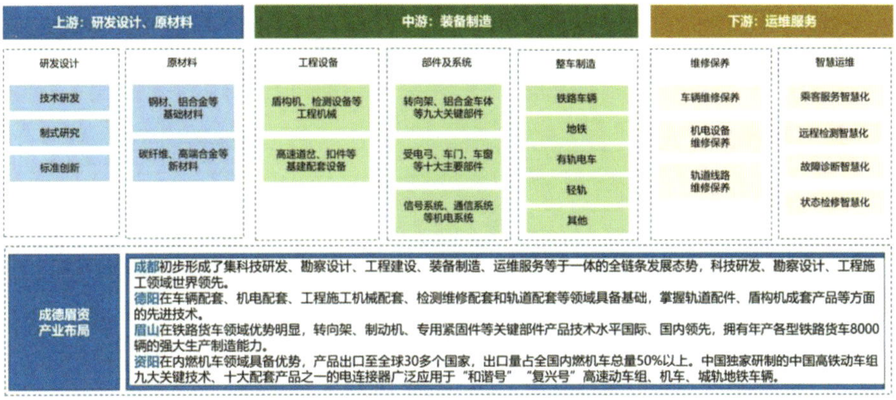

产业发展布局图（轨道交通）

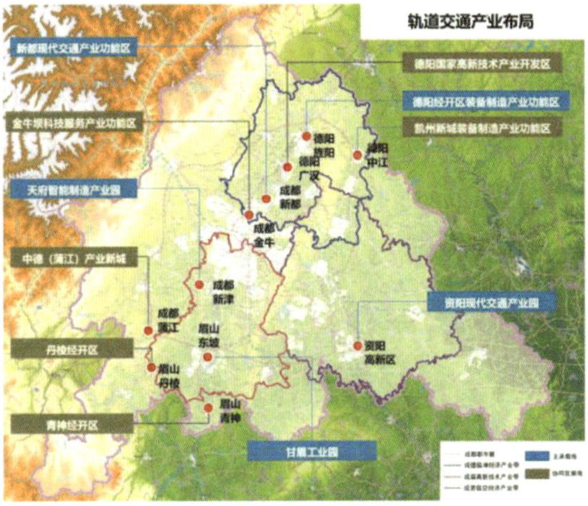

序号	城市	主承载地		协同发展地	
		名称	位置	名称	位置
1	成都	新都现代交通产业功能区	成德临港经济产业带核心区	金牛坝科技服务产业功能区	成德临港经济产业带拓展区
		天府智能制造产业园	成眉高新技术产业带核心区	中德（蒲江）产业新城	——
2	德阳	德阳经开区装备制造产业功能区	成德临港经济产业带核心区	德阳国家高新技术产业开发区	成德临港经济产业带核心区
				凯州新城装备制造产业功能区	成德临港经济产业带拓展区
3	眉山	甘眉工业园	成眉高新技术产业带拓展区	丹棱经开区	——
				青神经开区	——
4	资阳	资阳现代交通产业园	成资临空经济产业带核心区	——	——

图 1　成都都市圈轨道交通产业发展图谱

（二）全面梳理链主链属企业资源，引导企业供需对接和精准化招商引资

绘制链主企业布局图、重点配套企业清单“一图一表”，分全球、全国和成都都市圈三个层级，系统全面梳理链主企业总部位置、生产基地布局、优势产品等相关信息，并以技术水平、产品附加值、配套需求、企业规模等为评价指标，梳理筛选出一批核心零部件、关键原材料配套企业，精准识别产业链配套优势和短板，为下一步引导产业链上下游供需对接、针对性开展招商引资提供指引（见图 2）。

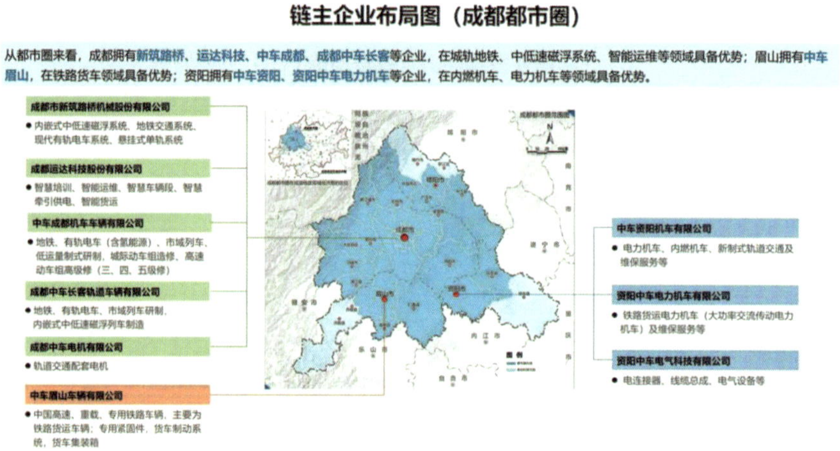

图 2　成都都市圈轨道交通产业链主企业布局图

（三）全面梳理关键要素资源，引导做强产业协同发展基础支撑

编制领军人才清单（见图 3）、产业基金清单、关键平台清单 3 张清单，重点梳理高校、科研院所、龙头企业的领军型研发人才和产业链急需紧缺技能人才；各级政府、国有平台公司、龙头企业发起设立或拟设立产业基金和投资的重点产业项目；国家级创新平台及其分支机构、知名高校及科研院所共建新型研发机构、产学研联合实验室、工程技术研究中心、中试孵化平台、专业检验检测平台等创新平台资源，为更好地利用现有平台资源、吸引集聚更多优质人才、资金资源提供参考。

领军人才清单

领军型研发人才/带头人					人才紧缺岗位			
地域	序号	姓名	研究领域	所在机构	序号	关键环节	岗位名称	所属专业
国内	1	王梦恕	轨道及地下工程	北京交通大学	1	研发设计	磁悬浮研发工程师	磁悬浮、电气工程及其自动化相关专业
	2	卢春房	铁道工程	北京交通大学	2	研发设计	列车网络控制系统设计工程师	车辆工程、电气工程及自动化、控制理论及控制工程相关专业
	3	陈湘生	地下工程	北京交通大学	3	研发设计	轨道交通GIS数据处理工程师	测绘、遥感、地理信息系统相关专业
	4	朱合华	地下建筑与工程	同济大学	4	研发设计	轨道交通信息化研发工程师	机械自动化、测控、车辆相关专业
	5	张忠亮	勘察设计	天津大学	5	装备制造	轨道车辆设计工程师	车辆工程、机械设计、电气自动化相关专业
本地	1	沈志云	机车车辆动力学	西南交通大学	6	装备制造	结构强度工程师	机械工程、车辆工程、载运工具相关专业
	2	钱清泉	铁道电气化自动化	西南交通大学	7	装备制造	轨道交通装备调试工程师	轨道交通相关专业
	3	梁君海	城际动车组、市域A型列车	中车成都机车车辆公司				
	4	高　波	高速铁路隧道空气动力学	德阳城市轨道交通职业学院	8	运维服务	轨道交通智能运维平台研发工程师	计算机软件、轨道交通相关专业
	5	王平华	传动系统、牵引系统等	中车资阳机车有限公司	9	运维服务	城市轨道交通列车检修工	机械自动化、测控、车辆相关专业
	6	刘映安	铁道车辆	中车眉山车辆有限公司	10	运维服务	高铁线路综合维修工	机械自动化、测控、车辆相关专业

图 3　成都都市圈轨道交通产业链领军人才清单

二、创新

(一)集众智汇众力，筛选确定重点协作产业

按照“具备比较优势、存在协作需要、拥有协作潜力”的原则，会同高校院所、行业协会、链主企业的专家学者多次研讨，共同遴选确定9条重点产业链。其中，以成都为主导，绘制新型显示、轨道交通、航空装备、新能源汽车、绿色食品(调味品)、医美服务等6条产业链的全景图；分别以德阳、眉山、资阳为主导，绘制清洁能源装备、锂电、医疗器械(口腔医疗)等3条产业链的全景图。

(二)注重优势互补，推动产业协同布局

根据四市在产业链不同环节或不同细分领域的优势，确定各自未来的发展方向，避免重复建设。以锂电产业为例，眉山、德阳化工园区承载空间较大，重点推动锂电材料及电池回收利用等涉化项目落地布局；成都集聚众多锂电总装头部企业且拥有丰富的高校院所创新资源，适宜布局锂电研发项目和先进的电池总装制造项目。

(三)聚焦产业特征，谋划建圈强链路径

对于航空装备、清洁能源装备等创新驱动型产业，重点推动协同开展技术攻关、成果转化和产业化等，推出一批国之重器产品，提升产业链自主可控水平。对于轨道交通、新能源汽车等规模经济型产业，重点推动产业链配套协作、联合开展新产品示范应用推广等，加快扩规模、出新品、拓市场，实现集群化发展。对于绿色食品(调味品)、医美服务等特色消费型产业，着力增品种、提品质、创品牌，提升市场影响力和竞争力。

(四)加强统筹协调，完善产业协作机制

在成德眉资先进制造业专项合作组框架下，设置9个重点产业链专班，成都牵头6个产业链专班，德眉资

> **嘉宾点评**
>
> **盛毅** 四川省社会科学院研究员
>
> 协同推进都市圈产业一体化，是各都市圈探索的重点。为此，都市圈普遍编制了产业结构图，以此明确各城市分工并作为招商引资的重要依据，而编制重点产业链《全景图》，则是成都市的一个创新。推进“建圈强链”是成都市系统推进产业成链发展的创新举措，前一阶段已经积累了较为成熟的经验。将这一创新举措应用到成都都市圈，明确未来一个时期推动产业跨区域“建圈强链”的发展目标、分工重点、协作路径，可以在更大范围内实现“建圈强链”，不仅拓展了成都市“建圈强链”空间，增强了产业辐射带动能力，而且更能体现产业一体化的需要，这比编制产业结构全景图的针对性更强。从实施的情况看，成都都市圈遴选9条重点产业链，绘制“4图4表”产业图谱体系，并且按照“谁有优势谁牵头”的原则，由成都市牵头6条产业链，德眉资各牵头1条产业链，同时“一链一策”建立协作机制，发布产业协作机会清单，动态更新重点产业链“链主企业+配套企业+投资基金+中介机构+领军人才”资源库，有力地推动了产业一体化，在都市圈各城市间分工协作关系更加密切的情况下，以跨城市产业链构建为抓手推进“建圈强链”，值得都市圈建设借鉴。

各牵头 1 个产业链专班。联合培育产业集群，共同举办重点产业链展会论坛、投资推介、供需对接和技术交流活动，发布产业协作机会清单。联合建立“5+N”产业生态数据库，动态更新重点产业链“链主企业 + 配套企业 + 投资基金 + 中介机构 + 领军人才”资源库。

三、成效

成德眉资四市以《全景图》为引领，推进产业跨区域建圈强链，成效显著。一是产业链优势更加凸显。锂电产业链电解液、隔膜等短板环节加速补齐；光伏、氢能等产业链加快向上游光伏组件、制氢装备等环节延伸；医疗器械（口腔医疗）产业链完整度全球第一；OLED 发光材料等新型显示产业替代性材料规模逐步提升；山地轨道（齿轨）电客车、HXN6 型混合动力机车等轨道交通创新产品不断涌现；调味品特色领域居全国第一方阵。二是企业协作配套更加紧密。探索形成“头部 + 配套”“研发 + 制造”“总部 + 基地”多种协作模式，根据第三方互联网数据反映，2024 年成都都市圈 2860 家“准规上企业”开展跨市域产业协作，国机重装、东方电气等 37 家企业实现跨区域布局研发中心，阿格瑞、钰鑫机械、国机重装等企业进入京东方、中国航发四川燃气涡轮研究院、中航工业成飞等都市圈链主企业配套链。三是企业要素匹配更加精准。梳理 518 名产业领军人才、急需紧缺岗位 648 个，面向重点高校发布用人需求 2000 余个，“盈创动力”为都市圈企业提供债权融资 668 亿元。

如何搭建“线上+线下”共享平台，推动制造业精准对接？①

成德眉资要加强产业分工协作，搭建覆盖生产采购、技术创新、成果转化等多环节的区域产业协作供需对接平台，促进都市圈上下游企业紧密合作，加快培育制造业高能级生态圈。

——《成都都市圈发展规划》第六章第一节

一、探索

（一）常态化举办都市圈云共享大会

成德眉资四市常态化轮流主办成都都市圈产业生态圈建设暨企业供需对接云共享大会（见图 1），共同发布链主（龙头）企业需求机会清单、产品供给需求清单、产业功能区需求清单以及“会展 + 产业 + 产业生态圈”供需清单，通过“线上发布 + 线下展会”的结合，促进企业信息共享、供需对接。截至 2024 年 12 月，云共享大会已持续举办五届，累计服务企业超 1 万家，发布供需对接信息 35000 余条，促进 1800 余家企业形成稳定供需配套生态。截至 2024 年底，成德眉资共联合发布 8 批次同城化发展主题机会清单，涉及机会信息超过 5000 条，释放融资需求超 3000 亿元。

（二）共享工业互联网供需对接平台

成德眉资四市共同引导本市工业企业、服务企业、第三方机构等各类主体入驻“成都工业互联网供需对接平台”，聚合并动态更新政策文件、供需清单、机会清单、金融服务等多板块数据信息，采用智能化技术多维度分析企业资质、产品参数等指标，实现供需信息精准匹配和智能推荐，促进企业找需求、找产品、找融资、找政

① 本案例由先进制造业专项合作组组长单位成都市经济和信息化局市新经济发展委员会供稿，《创新同城化：成都都市圈探索实践》编委会组织编写。

图 1 第四届成都都市圈产业生态圈建设暨企业供需对接云共享大会

策、找服务足不出户。截至 2024 年 12 月，平台已在线发布 15000 余条企业产品及需求信息，服务企业超过 5000 家，覆盖电子信息、医药健康、轨道交通等多个领域。

（三）跨市域组建产业生态圈联盟

跨市域联合组建电子信息、智能制造、医疗健康等 19 个产业生态圈联盟，聚焦都市圈新型显示、新能源汽车、清洁能源装备、医疗器械（口腔医疗）等 9 条制造业重点产业链，协同开展都市圈电子信息企业供需对接大会、轨道交通产业链供需对接大会、工业互联网企业供需对接大会等重要活动；组织四市企业参与世界清洁能源装备大会、世界显示大会、中国（西部）汽车博览会等各类推介会，促进企业开展国内国际交流合作，提升其知名度、影响力和竞争力。

二、创新

（一）共建资源库

联合成立先进制造业专项合作组，围绕九大标志性产业链，组建工作专班，定期跟踪收集四地企业及项目信息，建立重点产业链“链主企业 + 配套企业 + 投资基金 + 中介机构 + 领军人才”资源库并动态更新完善。成德共同编制发布《成德市场准入产品目录》，实现成德两地企业一体化互认。

（二）共享云平台

共享 SEPP 中欧跨国采购平台、四川制造“天府云销”平台、成都市工业互联网供需对接平台等线上平台，强化都市圈企业链接全球的数字平台支撑。通过云平台共同发布欧洲企业采购需求清单、都市圈链主企业需求机会清单以及企业产品供给需求清单，帮助企业实现与国内国际供应商、配套商、服务商的广泛有效互选，助力都市圈内企业深度融入全球产业链供应链体系，参与国际产业分工合作。

（三）共办推介会

聚焦都市圈制造业重点产业链，坚持政府部门引导、联盟协会主办、四市主体参与，组织召开各级各类别产品供需对接会、产业推介会，为企业面对面交流、实地观感体验创造机遇，促进四地企业打通产业链供应链堵点，推动企业联合出海找订单、拓市场、招项目。

三、成效

成都都市圈通过搭建双向供需桥梁，精准匹配企业需求，新型显示、新能源汽车、清洁能源装备等重点产业链本地配套率显著提升。截至 2024 年 12 月，累计超 300 家成眉企

嘉宾点评

朱玉 中国中小企业协会专职副会长、中国人民大学特邀研究员

成都都市圈是成渝“双城记”的重要一极，成德眉资四市一体化、同城化、融合化发展特色鲜明。经济的一体化离不开产业的一体化，我认为此案例主要有三个特点。一是认真贯彻落实了规划要求，也从侧面反映了规划的指导意义与现实需求的紧密结合。二是突出了信息化技术的运用，使用工业互联网供需对接平台、智能化数据分析技术，努力降低交易成本，提高合作效率。三是切实发挥了政府引导作用，无论是合作生态的形成，还是合作能级的提升，都离不开政府“牵线搭桥”，并协调解决跨区域合作中的障碍和问题。

对于下一步的考虑，有两个方面可供参考。

第一，对跨区域产业合作的认识。

以区域合作促进产业发展是国内外广泛采用的做法，可以通过产业集群集聚提高效率。一是区域合作目标确定后，需要具体的双边举措才能取得实效；反之，则难以形成有组织的产业合作成效。二是优势互补、差别化发展，这是区域合作的重要基础；反之，则双方的合作积极性不匹配，举措也就只能流于形式。三是充分促进企业间的交流合作，这是取得产业合作成效的关键，不仅包括搭建平台，更在于解决企业跨区域投资发展中遇到的共性问题等。

第二，对成德眉资四市产业合作的建议。

一是要持续深化特色产业发展。每个城市应根据自身资源禀赋和发展基础，进一步明确特色产业定位，共同构建完整的产业链条。这需要开展有针对性的产业链对接研究，不断细化产业链条，在细分领域寻找差异化发展空间。同时，各地要充分利用差别化的基础优势，不断强化本地特色。二是要共同打造企业发展环境。一方面简化企业办事流程，降低企业运营成本，营造公平开放的投资环境；另一方面要支持企业跨区域布局，减少政府阻碍，比如兼并重组、产业链垂直整合等。这需要有更宽广的胸怀，从企业发展角度出发，政府间利益由内部协商协调。三是要形成合力解决突出问题。聚焦重点产业链，解决企业上下游和发展问题。比如开展联合攻关，推进“研发 + 制造”合作；共同拓展市场，开展“品牌 + 产能”合作；联合招引产业链关键企业，共同补链强链等。这里面一方面要发挥好成都的龙头带动作用，另一方面要发挥合力来体现高能级。四是要开展广泛的企业交流合作。随着经济规模越来越大，更要注重发挥市场配置资源的决定性作用，发挥商会协会、第三方专业机构作用，支持企业开展合作共建园区，支持科创载体为跨区域企业服务等。同时，还要注重宣传，把四市一体化发展中的惠企政策、公共平台、成功案例等宣传好。

业建立合作关系，多家眉山新型显示材料企业为成都京东方提供配套；累计超 800 家成都企业为德阳的国机重装、东汽、东电德阳“三大厂”提供配套；超 200 家成资企业实现供需配套，资阳机车、中车电气与成都总装车企开展细分领域协同合作，羽佳模塑、中联重科、天马钢板等资阳零部件车企已与一汽大众、沃尔沃、吉利等成都整车企业形成稳定供应链合作关系。2022 年，“成都市、德阳市高端能源装备集群”入选国家先进制造业集群。

如何共建国家先进制造业集群，打造跨区域产业协作样板？①

成德眉资四市要加强产业分工协作，提升产业链竞争力，壮大先进制造业集群。

——《成都都市圈发展规划》第六章第一节

一、探索

（一）跨区域国家先进制造业集群成功申创

成德眉资四市联合成立集群申报工作专班，共同参加工业和信息化部组织的先进制造业集群竞赛，多次组织专题研究和模拟答辩，在申报策略、对上争取、材料拟制、答辩准备等方面周密部署，推动成渝地区电子信息先进制造、成德高端能源装备、成渝地区生物医药、成德绵自凉航空航天等产业集群入选国家先进制造业集群，成渝地区电子信息先进制造集群更是成为全国首个跨省域国家先进制造业集群。

（二）产业集群协同布局持续优化

立足成德在高端清洁能源装备产业的比较优势，进一步明确各园区发展定位及发展重点，已初步形成以德阳经开区装备制造产业功能区、成都淮州新城为主承载地，以成都绿色氢能产业功能区、德阳凯州新城装备制造产业功能区等为协同发展地的产业发展格局。结合成德眉资电子信息产业发展基础，明确成渝地区电子信息先进制造集群空间布局（见图 1），形成“一轴双核、两带三区”产业协同发展新格局。

（三）集群融合发展水平持续提升

推广“主承载 + 协同地”“研发 + 制造”“终端 + 配套”等模式，推动集群建设和能级提升。共同筛选链主企业，充分利用链主企业的产业整合力、创新溢出力、供应掌控力，形成以链主企业为核心、大中小企业融通发展的产业生态格局。共同争取

① 本案例由成都市人大经济委员会、先进制造业专项合作组组长单位成都市经济和信息化局市新经济发展委员会供稿，《创新同城化：成都都市圈探索实践》编委会组织编写。

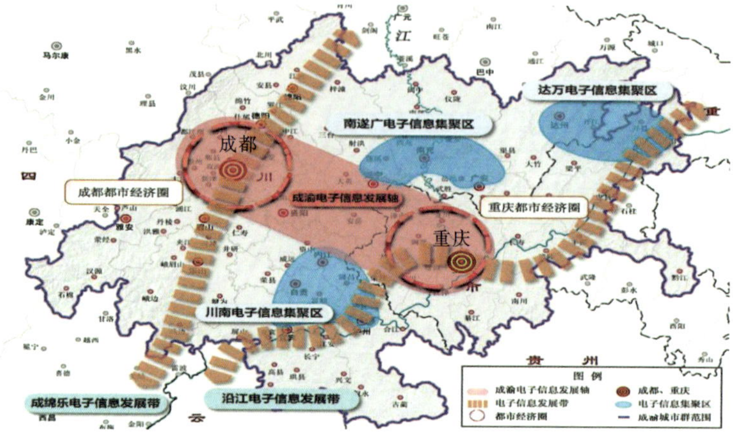

图 1　成渝地区电子信息产业协同发展布局图

国家超高清视频创新中心等一批高能级创新平台，共同举办世界清洁能源装备大会、世界显示产业大会等一批高规格展会。2024 年，成德高端能源装备集群、成渝地区电子信息先进制造集群产业规模分别达 3000 亿元、1.71 万亿元。

（四）集群共治体系逐步完善

分年度制定集群工作任务清单和集群发展促进工作方案，联合编制成德高端能源装备产业集群实施方案、电子信息产业高质量协同发展实施方案等政策文件，明确德阳市中小企业服务中心、成都电子信息产业生态圈联盟作为成德高端能源装备集群、成渝地区电子信息先进制造集群促进组织的职能职责，成都电子信息产业生态圈联盟联合川渝 14 家行业组织，吸纳 1500 家以上产业企业、高校院所、中介机构，形成“政府公共治理 + 行业自发治理”的集群治理机制。

二、创新

（一）集群申报“一条心”

改变过去单一城市申报模式，整合资源，成德联合申报高端能源装备产业集群，成渝地区共同申报电子信息先进制造集群，共同参加先进制造业集群竞赛，加强与国家部委、国家智囊机构的沟通联系，准确把握申报方向、政策动向，做好答辩准备，把主动攻坚克难作为集群竞赛的基本态度，赢得竞赛组织者信任。

（二）协同发展“一盘棋”

做好集群发展顶层设计，成德及成渝地区分别聚焦高端能源装备、电子信息制造，按年度发布工作计划清单，明确目标任务分工和路径措施。明确各城市产业发展重点和重点产业链联合攻坚重点，推广“主承载 + 协同地”“研发 + 制造”“终端 + 配套”等模式，在更大区域、更宽领域、更深层次推进产业建圈强链。

（三）科产融合“一张网”

在推进科技创新和科技成果转化上同时发力，围绕产业链部署创新链、围绕创新链布局产业链，推动落地国家超高清视频创新中心、成德高端能源装备产业集群创新中心等一批高能级创新平台，依托同城化展开有机协作，推动形成“成都研发、德眉资制造”的格局。

（四）建好对接“直通车”

共同策划举办世界清洁能源装备大会、世界显示产业大会等重大品牌会展活动，依托会展平台，聚集优质产业资源，助力“成都都市圈造”融入全球竞争体系。常态化举办成都都市圈产业生态圈建设暨企业供需对接云共享大会等线上线下活动，提升服务响应及时性、精准性。

嘉宾点评

顾强 北京都市圈研究院首席研究员

在都市圈内联合打造重点产业链和产业集群，构建以跨区域合作为特征的产业体系及生态，这是都市圈协同发展的重点和难点，也是检验产业协同发展成效的“试金石”。成德眉资按照城市群与都市圈空间结构演进的规律，以共谋发展、共做增量、共建体系、共筑优势为出发点，联手推动成德高端能源装备集群、成渝地区电子信息先进制造集群分别入选工业和信息化部第二批、第三批先进制造业集群决赛优胜者名单，成渝地区电子信息先进制造集群更是成为全国首个跨省域先进制造业集群。成德眉资推广“主承载 + 协同地”“研发 + 制造”“终端 + 配套”等模式，在合理进行区域功能分工、优化区域产业布局的同时，逐步完善集群共治体系，联手推动集群建设和能级提升，积极探索都市圈产业协同发展的新模式新机制，这一经验做法可在重点城市群和都市圈推广复制。

三、成效

截至 2024 年 12 月，成德高端能源装备集群已成为全国三大动力设备制造基地之一，发电设备产量累计突破 7 亿千瓦，连续多年居世界第一，生产了全国 60% 的核电产品、50% 的大型电站铸锻件、40% 的水电和气电机组、30% 的火电机组、16% 的风电装备、10% 的太阳能电池片，相继研制了白鹤滩百万千瓦水电机组、F 级 50 兆瓦重型燃气轮机、新一代“人造太阳”等一批“国之重器”。成渝地区电子信息先进制造集群产业规模占据全国显要地位，是中国大陆第三、全球前十的电子信息制造业集聚区。成德绵自凉航空航天集群是全国前三的航空航天先进制造业基地。

央地如何共建产业基金赋能成德清洁能源装备制造业？①

鼓励省、市国有企业共同组建合资公司或建设基金。政府产业基金是财政扶持经济发展机制由“补”改“投”的重要创新，具有杠杆作用、引导功能和集聚效应。

——《关于推动成德眉资同城化发展的指导意见》

一、探索

（一）探索央企与地方合作模式，实现发展共赢

央企立足全国的资源配置能力、资本运作效率、技术管理优势，给地方带来资金项目和资源，带动地方的结构性改革和高质量发展。东方电气绿色智造基金将东方电气集团在制造业方面的优势和德阳本土的实际情况相结合，使二者在产业协同发展、产业转型升级、产品配套协作、商业模式创新和科技成果转化等方面合作共赢、相互赋能，实现“1+1 ＞ 2”的效应。德阳市产业引导母基金和东方电气投资集团围绕重点产业建设布局清洁能源装备制造业，推进清洁能源装备领域进一步深化合作，推动传统优势产业链条向下游延伸，发展新产业新产品，培育增长新动力，既为央企经营拓展空间，也为地方发展增添动力。通过设立基金、深化合作，建立了良好沟通合作机制及优质项目共享机制，形成了央企、地方融合发展的良好局面。

（二）立足市场化投资机制，赋能产业发展

基金已经成为创新资本形成的重要载体，是促进资本形成的重要工具，是推动科技创新与科技成果转化有效衔接的重要资本力量，为新经济发展提供关键支持，有力推动了新经济成长。东方电气绿色智造基金由央企下属专业基金管理人——东方江峡产业投资私募基金管理（成都）有限公司进行高度市场化运营管理，基于市场化判断

① 本案例由德阳投资控股集团有限责任公司供稿，《创新同城化：成都都市圈探索实践》编委会组织编写。

在体制机制上进行创新，组建专业化的投资管理队伍，建立相应的激励和风险约束机制，不仅可以提供企业创新的初始资本，还可以促进新旧动能转换，助推多层次资本市场的建立（见图 1）。同时，德阳产业引导母基金探索通过加大投资让利力度，根据返投比例、投资效益，以及投资项目对地方经济贡献等多种因素，给予基金社会出资人和社会基金管理机构一定奖励，进一步激发基金管理团队的积极性、创造性，赋能产业高质量发展。

图 1　2022 年 8 月 27 日，东方电气（德阳）绿色智造基金在世界清洁能源装备大会上签约

（三）以招商引资为牵引，增强发展动能

德阳市产业引导母基金通过加强与东方电气集团的合作，加大产业链招商和以商招商力度，积极引进优质战略投资者，助力塑造高竞争力、高根植性的清洁能源装备产业集群；以改革创新的思维推动产业链融合发展，持续开拓新产业、新业态、新商业模式，激发央企在大干项目、大抓招商中当主力、挑重担，放大资源优势培育产业集群；通过东方电气绿色智造基金遍布全国的项目触手，重点在改造提升传统优势产业、培植发展战略性新兴产业、做大做强生产性服务业等方面，精细谋划一批利长远、支撑高质量发展的招商项目。

二、创新

（一）建立开放式重大产业基金合作模式

创新投资方式，探索建立由财政和国有平台公司出资作为引导资金，联合产业龙头企业或大型金融机构发起成立产业基金，吸引社会资金参与的放大杠杆机制的基金投资模式，委托市场化的专业基金管理公司管理，依托专业团队论证把脉，做好尽职调查，明确投资风险和可行性，做到科学理性决策，最大限度降低国有资产流失风险。

（二）解决项目“退出难”问题

东方电气集团已构建水电、火电、核电、风电、气电、太阳能发电“六电”并举协同发展的产品格局，其装备制造类产业实体大部分落地在德阳，研制了全国 40% 的水电和气电机组、30% 的火电机组、16% 的风电装备，发电设备产量累计突破 7 亿千瓦，连续多年居世界第一。东方电气绿色智造基金可利用东方电气在德阳市的已有产业基础作为项目天然退出通道，解决项目“退出难”问题。

（三）借助央企资源提升产业投资价值

东方电气集团作为基金的发起人和基金投资人，通过产融结合为基金提供全方位的产业和金融支持，共建清洁能源制造业产业生态圈。德阳产业引导母基金依托大央企各产业板块和金融板块在业务发展、市场开拓、信息交流、融资支持等方面的优势地位和丰富资源为基金和投资项目提供支持，可借助大央企集团技术、产业及资金优势为基金运作提供有力支撑，为产业并购标的退出提供通道，提高基金运作效率，实现产融结合。

嘉宾点评

吴亚平 国家发展和改革委员会投资研究所体制政策室主任、中国国际工程咨询公司和国家开发银行专家委员会专家、中国投资协会投资咨询专委会理事

地方政府出资与金融机构、实体企业等社会投资者联合设立产业投资基金，支持地方特色产业、新兴产业投资发展，无疑是地方政府投融资方式的创新之举。实践证明，政府出资产业基金有助于解决本地被投资企业特别是创新创业企业的融资难题，并有可能通过金融机构或实体企业为被投资企业带来更多的市场机会或商业资源，从而进一步帮助被投资企业做优做强做大，助推地方鼓励的特色产业、新兴产业加快发展。此外，地方政府通过出资设立产业投资基金，实际上不仅有助于在基金层面招商引资——吸引金融机构、实体企业等社会投资者出资认购基金份额，而且通过基金的助力，有助于进一步招引异地的行业排头兵企业在本地投资布局。但是，在政府出资产业基金的运作管理中，也要妥善处理政府与其他基金持有人之间的责、权、利关系，正确处理政府有效监管与更好发挥基金管理机构积极主动性之间的关系，合理解决基金政策性目标任务和市场化运作之间的矛盾，合理设定基金在本地与异地之间的投资比例关系。

三、成效

截至 2024 年底，东方电气绿色智造基金已完成大连瑞谷、先导薄膜、大有科技、宁夏小牛等 8 个项目投资，投资金额共计 3.46 亿元。

据《四川经济日报》报道，为推动央企产业协同并借助其资金优势和地方政府产业端优势互补，推动优质项目落地发展，服务成都、德阳市清洁能源制造业发展，德阳产业引导母基金出资 3 亿元联合东方电气投资公司、成都创投、海宁城投共同组建东方电气绿色智造基金，基金总规模为 12.12 亿元，围绕“双碳”背景下东方电气集团推动能源与装备制造业数字化、智能化转型战略，着力发展成都、德阳先进制造产业，具体投资方向为绿色低碳产业领域和数字经济产业领域的优质项目。此举不仅建立开放式重大产业基金合作模式，还解决了项目“退出难”问题，更借助央企资源提升产业投资价值，是一项全新有益的尝试，目前成效明显。

金牛—什邡合作园如何探索产业同城新模式？①

坚持“强链条、育集群、建体系”，推动产业创新融合发展，推动形成“研发＋转化”“总部＋基地”“终端产品＋协作配套”等产业分工模式。

——《成都都市圈发展规划》第六章第一节

成都市金牛区与德阳市什邡市按照“总部研发在金牛，生产制造在什邡”的总体思路，以产业融合为抓手，以合资公司为载体，加快打造飞地合作示范园区，招引落地中航智等龙头企业，致力成为成都都市圈建设“新亮点”，以产业园区合作模式助推产业跨区域建圈强链。

一、探索

（一）共建“融圈＋飞地”同城合作模式

建立飞地融合机制，由金牛区城投集团与什邡市恒新公司按照6：4入股合资组建交子恒新科技发展有限责任公司，并以什邡市经开区南北区约500亩成熟地块作为共建示范产业园起步区，按照统一谋划、统一规划、分步实施原则，开展园区投资、建设、招商、管理、运营（见图1）。

① 本案例由成都市金牛区发展和改革局，德阳市什邡市发展和改革局供稿，《创新同城化：成都都市圈探索实践》编委会组织编写。

图 1　金什产业园全景图

（二）共建“链主 + 项目”特色产业格局

聚焦航空航天、食品饮料（烟草）、先进材料等重点领域，培育并招引链主企业，构建“研发与生产、总部与制造”协同联动的产业生态圈。金什总部大楼完成选址，作为金什产业园定向落地合作项目总部研发基地，加快打造金什合作“窗口阵地”。

（三）共建“金融 + 平台”区域协同局面

构建“政银企”协作机制，四川省区域协同发展投资引导基金、四川制造业基金、青樾基金合计出资 2.7 亿元，与由成都市重大产业化项目投资基金、金牛城投集团、成都国际商贸城功能区建设发展有限公司等共同出资组建的专项子基金——成都重产青樾中航智股权投资基金（总规模 6.3 亿元）同步增资深圳联合飞机科技有限公司，用于倾转旋翼无人机总体研发生产项目落地（见图 2）。

图 2　成都联合飞机生产制造基地

二、创新

（一）创新建立金什融合发展利益共享机制

立足“优势互补、合作共赢”，按属地统计和税收制度确定数据指标归属，由金牛、什邡合资成立同股同权的合资公司（四川交子恒新科技公司），具体承担金什合作园区开发成本和分享发展红利。

（二）探索“总部＋基地”模式

形成招引企业“总公司在金牛、生产型子公司在什邡”设置模式，构建畅通高效的融合发展合作机制，搭建两地对口单位“一对一”联系工作专班，充分发挥两地比较优势，聚焦轨道交通、生物医药、北斗导航、新型材料等重点产业发展。

（三）强化人力要素资源保障

坚持“服务区域发展，服务产业发展，赋能人才未来”，金牛区创新建设成都蓉北人力资源服务产业园，邀请什邡、丹棱等8个区（县）参加活动，首批成员单位24家，与什邡等地行业协会组建“金牛区绿色建筑建圈强链人力资源协同联盟”，致力于打造同城人力资源服务协同创新发展样板。

（四）联合抱团出海

创新助推“什邡造”拓展跨境外贸新业务，金牛区联合什邡市召开市场采购贸易方式试点什邡企业洽谈会，四川蓝剑集团等20余家什邡企业参加洽谈会，借助市采平台，让更多“什邡造”产品走向“一带一路”共建国家，为“什邡造”产品拓展国际市场提供新路径，为“成德同城，金什合作”再添新成就。

嘉宾点评

冯奎　中国区域科学协会副理事长、研究员

成都市金牛区与德阳市什邡市以产业融合为抓手，以合资公司为载体，加快打造飞地合作示范园区，招引落地一批龙头企业，致力其成为成都都市圈建设“新亮点”。

金牛—什邡的合作是一个“小切口”。事实上，在都市圈的毗邻地区之间，这类合作愿望强、发展前景好的“小切口”还有许多。因此，总结这类“小切口”如何变成大产业具有重要意义。由于这类“小切口”合作涉及国有平台公司出资以及随之而来的税收统计等问题，因此就需要体制机制的改革创新。金牛—什邡改革创新的价值在于：两个城市成立了合资公司，研究提出了经济产值、税收等指标归属及统计等问题。

当然，金牛—什邡的改革还需要进一步深化，力求形成更加简捷、高效的多元投入机制，促进都市圈诸多“小切口”更好更快发展。

三、成效

金牛、什邡合资成立同股同权的合资公司——四川交子恒新科技公司，运营金什合作产业园；持续推进金什合作园区《一体化城市设计》的编制工作，形成区域航空产业整体规划；招引落地国内工业级无人机行业头部企业中航智科技公司，引导推介企业赴什邡通航产业园开展项目选址，推动成都联合飞机科技有限公司成功入驻园区，中航智一期项目厂房工程主体于2024年竣工。

成都金牛区和德阳什邡市积极探索经济区与行政区适度分离改革的实施路径，以共建“金什合作园区”为载体，不断创新体制机制，打破两地原有行政区域经济壁垒，优化资源配置，扩展区域合作空间广度。

成都—眉山如何立足比较优势，共建生物医药高地？①

坚持“强链条、育集群、建体系”，推动产业创新融合发展，推动形成“研发 + 转化”“总部 + 基地”“终端产品 + 协作配套”等产业分工模式。

——《成都都市圈发展规划》第六章第一节

一、探索

（一）深化园区合作

成都市武侯区与眉山市东坡区正式缔结为友好区，推动武侯区华西大健康产业功能区与眉山经开区新区协同发展，在招商引资、信息交流、平台共建等方面开展合作，重点推进武侯华西大健康产业功能区医美产业研发成果转化向眉山经开区新区转移（见图 1）。

图 1　西部药谷

① 本案例由成都市武侯区发展和改革局，眉山市东坡区发展和改革局供稿，《创新同城化：成都都市圈探索实践》编委会组织编写。

（二）强化协同招商

基于双方产业基础，将武侯区医药研发、融资、人才等优势和东坡区土地资源、成本优势相结合，通过协作招商促成大项目、好项目落地，逐步建立“总部基地在武侯，生产基地在东坡”发展模式，实现资源、资金、人才、信息等要素合理分配，不断促进两区医药产业上下游联动和优势互补。

（三）加强相互交流

建立健全常态互访机制，定期互相开展走访调研，选派干部开展学习交流，充分借鉴对方先进发展模式和管理经验，提升政务服务水平；共同举办学术、产业、融资交流活动，聚焦医药行业重点领域，引导两区科研院所、医疗机构、医药企业合作交流。

（四）共同举办活动

共同举办第五届“环华西国际智慧医谷”发展论坛，为华西医院眉山医院、成都中医药大学附属眉山医院等搭建交流平台；共同举办“相约华西坝”生物医药产业项目概念验证暨投融资对接会，专题开展项目培训辅导、投融资对接、项目专项评审等，推动科研创新成果走向成熟。

（五）建立发展服务平台

共建共享成眉两地公共技术服务平台，推动 CRO、CMO 和 CDMO 等医药研发服务平台共用，格林泰科、格林豪斯等眉山企业成功入围成都生物医药技术平台，区域协同公共服务平台和服务体系初步形成。

二、创新

（一）建立工作对接机制

武侯—东坡双方派人组建示范园团队管理机制，成立成眉同城大健康产业示范园工作小组、分管领导小组，确定分管领导组长。示范园工作小组下设办公室，分设在甲乙双方招商部门，成员

嘉宾点评

陈宪 上海交通大学安泰经济与管理学院研究员

生物医药产业是战略性新兴产业的重要组成部分。成都武侯区和眉山东坡区推进生物医药产业的协同发展，在招商引资、信息交流、平台共建等方面开展合作，协同互补，将推进武侯华西大健康产业功能区医美产业研发成果转化向眉山经济开发区新区转移。

成都和眉山在国家级天府新区和省级东部新区都有很好的合作平台、机制和范例。相信在生物医药产业上，将通过协同招商、相互交流、举办活动和建立服务平台，在企业层面建立工作对接机制、人才双向交流机制、招商引资项目跟踪推进机制，进一步做大做强生物医药产业。

希望成都和眉山坚持让市场在资源配置中起到决定性作用，更好发挥政府作用，激发和维护创业型企业、科技型企业的活力和动力，使生物医药产业发展成成都都市圈的主导产业。

由招商、项目服务中心、国土、住建等相关单位抽调组成，负责协调飞地经济示范园的筹备开发、建设、运营等工作，建立以双方管委会主要领导为召集人的联席会议制度，每季度召开一次工作例会，定期沟通交流，推进合作事项落实。

（二）启动人才双向交流机制

干部是合作工作的具体实施主体，双方搭建实践锻炼平台，选派县级领导干部交流，互相学习借鉴对方成功的发展经验，逐步提高干部队伍服务同城高质量发展的综合水平。

（三）建立招商引资项目跟踪推进工作制度

为切实推动项目落地，在项目前期推进、项目调度、协议拟订、注册办理、落地开工等环节上，双方定期、定人、明确分工进行推动。

三、成效

截至 2024 年底，从成都招引项目 34 个，协议总投资 183.65 亿元，全面建成后预计可实现年销售收入 100 亿余元。其中，双方共同促成成都青山利康、四川智谷藏御堂、四川杨天生物、成都伊诺达博等优质项目落户东坡，总投资约 40 亿元，预计实现年销售收入约 22 亿元。

如何打造“鞋服引擎”推动传统产业升级？[①]

加强产业分工协作。突出成都制造业创新发展引擎作用，强化德眉资服务配套和产业承接能力，推动链式关联、梯度布局，一体构建成都都市圈产业功能区。

——《成都都市圈规划》第六章第一节

一、探索

安岳县认真分析国内制鞋产业发展趋势，积极承接成都制鞋产业转移。一是实行“专班＋首席服务员”机制，实现“办事不出园”，以良好的营商环境促进企业落地投产。截至 2024 年底，安岳经济开发区（以下简称安岳经开区）已入驻鞋企 99 家，其中成都鞋企 41 家，占比达 41.4%，年产值约为 15 亿元。二是协作模式优。武侯区、安岳县创新优化“研发＋生产”合作模式，目前已形成研发设计、终端贸易、平台展示在武侯她妆美谷，生产制造在安岳经开区的跨区域产业协作模式。三是知名品牌多。通过积极参与都市圈招商引资活动，目前安岳经开区已成功聚集百丽、克拉克、斯凯奇等 20 余个国内外知名品牌，国内知名运动品牌中安踏、鸿星尔克、特步等实现“安岳造”。四是产业链条全，积极围绕全产业链招商。园区现入驻成品鞋制造企业 24 家、配套鞋企 75 家、服装企业 8 家、纺织企业 6 家，建成 56 条（投产 48 条）成型生产线、95 条鞋材生产线，形成了较为完善的制鞋产业链条。五是带动就业广，推行“园区总部＋卫星工厂＋家庭工坊”发展模式。目前除园区实现就业 1.5 万余人外，117 家卫星工厂、300 余个家庭工坊还带动就业 4000 余人，该模式上榜 2024 年度四川改革县域十个典型案例之一。

① 本案例由资阳市同城化发展工作局、资阳市安岳县发展和改革局供稿，《创新同城化：成都都市圈探索实践》编委会组织编写。

嘉宾点评

范毅 财经城市研究院院长、研究员

区域协调发展是党中央、国务院确定的一项重大战略部署，党的二十届三中全会强调“完善区域一体化发展机制，构建跨行政区合作发展新机制”。都市圈是推动区域协调发展的重要载体，推进都市圈产业协同发展是跨行政区合作的重要形式。资阳安岳与成都武侯围绕鞋帽产业开展“研发设计销售 + 制造基地”合作是跨行政区协同发展的一个典型案例，对推进建设网络化城镇体系，助力都市圈高质量发展具有重要借鉴意义。

长期以来，我国一线城市中心城区优质功能的高度集聚，使得人口集聚超过了资源和环境承载能力，制约了城市品质提升，疏解城市非核心功能成为推动中心城市高质量发展的必要手段。另外，一些县域在发展中面临产业支撑能力不足、产业创新能力不强等问题，出现人口大量流失，亟须增强县域产业支撑能力。在中心城市优势功能与县域发展之间形成有效联动，是推动区域协调发展的一项重要课题。

武侯与安岳围绕鞋帽构建了产业协同发展机制，安岳利用县域低成本优势为产业提供了发展空间，有效承接了成都主城区转移产业，武侯则利用人才、市场等功能优势为安岳所承接产业进行赋能。由此，企业既获得了低成本的生产制造空间，又能够利用中心城市的创新、市场等资源优势，为产业发展创造了更加优越的条件，达到了“1+1 > 2”的效果。

这种产业协同并不是自发形成的，需要政府为协同创造必要的条件。安岳县政府瞄定成都制鞋产业转移的有利时机，利用国企平台为制鞋产业发展提供适宜的生产空间，加强与相关专业机构联动补齐制鞋产业集群化发展的短板，提供了专业化、定制化的产业发展服务，使企业在产业转移过程中得到了实惠，获得了更大的发展空间，在安岳构建形成了具有较强竞争力的产业集群，做强了“中国女鞋之都”品牌，为推动都市圈产业协同发展探索了有效路径。

二、创新

（一）夯基筑巢，拓展产业发展“新空间”

为打造成都制鞋产业转移的重要承载地，安岳县充分发挥国企在收购、置换、储备等方面的引导作用，盘活低效闲置资源 373 亩，个性化定制建设标准厂房 52 万平方米，完成渝成制鞋产业园 5 万平方米综合配套设施项目主体工程建设，完成俄罗斯卡里（中国）、安踏安鑫 10.1 万平方米厂区（厂房）建设，加快建设成渝鞋服产业园、渝成二期一组团标准厂房 30 万平方米，夯实产业承载基础。

（二）强链补链，探索产业发展“新路径”

把握成都“产业迭代”时机，发挥全省唯一鞋纺产业功能区独特优势，安岳县主动邀请四川省鞋业协会、成都市相关县（市）区及成都鞋企代表赴安岳县考察对接，促进成都制鞋产业向安岳县聚集。联合举办“数字建圈 · 融合强链”武侯 · 安岳区域协同发展大会暨第四届她妆电商直播节，共同推动“总部 +”“电商 +”赋能制鞋产业发展。

（三）引育人才，提供产业发展“新支撑”

通过“政府 + 企业”招聘模式，组织朗特鞋业、利兴鞋业等龙头企业参加成都都市圈大型人才招聘会，推动企业成功引进高级管理人才和产业能手 50 余名，整体带动提

升安岳制鞋产业生产、管理水平。深化校企合作，推动四川大学轻工学院、安岳职业技术学校与安岳制鞋企业深入合作，研发鞋底、鞋垫等新材料及开展技能培训，提升产业科技创新能力及工人技术水平。

（四）优化营商环境，打开助企惠企“新思路”

聚焦“企业办事不出园”目标，帮助企业办理经营证照审批、医保、社保、税务等 900 余次，入企服务，指导环保业务、安全生产等工作 260 余次，确保鞋纺产业全年消防、安全、环保事故零发生。制发金融支持经开区工业高质量发展 7 条措施，帮助企业融资 5500 万元。出台《资阳市促进鞋服产业高质量发展若干政策措施》《安岳县人才引领鞋服产业发展 9 条措施》《四川安岳经开区工业企业用水用电用气支持政策》等政策，从建圈强链、人才保障、生产要素等方面给予政策支持，切实降低企业生产经营成本。

三、成效

安岳县的制鞋产业是其主导产业，通过与武侯区制鞋产业十余年的合作，在产品设计、制造工艺和市场营销等方面都具备了较高水平，赢得了国内外客户的认可和好评。2024 年，安岳县制鞋产业快速发展，产量突破 4200 万双（套），增长 24%，税收实现 4866 万元，增长 24%，新增就业 4000 人，累计达 1.9 万人。

安岳县积极承接成都制鞋产业转移的成功实践得到了社会各界的广泛认可。2021 年 3 月，省政府颁布的《四川省“5+1”重点特色园区培育发展三年行动计划（2021—2023 年）》中安岳县被规划为四川唯一鞋纺产业功能区（见图 1）。2023 年 12 月，安岳县成功举办 2023 · 首届川渝时尚鞋服消费节及川渝鞋服产业发展交流大会，全国 400 余名知名企业家及产业链合作伙伴赴安交流考察，卡美多、大东等 60 余家企业进行展示展销活动，销售额超 1100 万元，被 CCTV-4、中国新闻网、《四川日报》等平台争相宣传报道，安岳鞋纺产业影响力持续提升（见图 2 至图 4）。2024 年 5 月，四川省经济和信息化厅将安岳县鞋服产业纳

图 1 安岳承接成都鞋企转移的重要载体——渝成国际制鞋产业园

入 2024 年度四川省中小企业特色产业集群，它是其中唯一以制鞋为主的产业集群。

图 2　入驻安岳的国内知名运动鞋品牌——鸿星尔克

图 3　成都转移安岳标志性企业——四川季茜鞋业有限公司生产现场

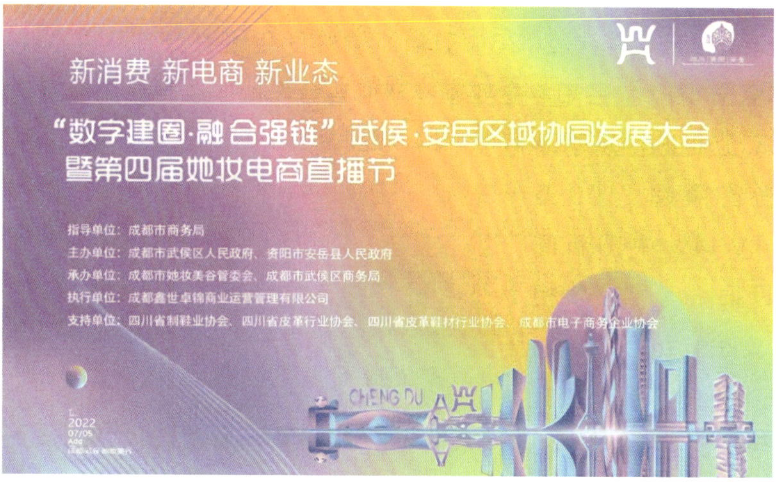

图 4　武侯、安岳共同举办“数字建圈 · 融合强链”武侯 · 安岳区域协同发展大会暨第四届她妆电商直播节

如何在成都都市圈打造“中国牙谷”？①

——中国牙谷致力打造成都都市圈口腔医疗器械产业集群

坚持“强链条、育集群、建体系”，推动产业创新融合发展，提升产业链供应链现代化水平和优势产业核心竞争力，构建高端切入、错位发展、集群成链的现代产业体系。

——《成都都市圈规划》第六章

一、探索

（一）以全产业链布局塑造链主优势

围绕“产学研销医养”全产业链基地建设目标，优化布局建设“一园一校一馆一镇”，即“中国牙谷”科创园、资阳口腔职业学院、“中国牙谷”学术交流展览馆、“中国牙谷”特色小镇。搭建三大国际平台实施全球招商，与全球前 20 强口腔企业全覆盖建立联系机制。成功引进全球隐形矫治器开创者爱齐科技、全球大型口腔设备研发制造企业盈纬达、牙科手机市场份额全球第一的 NSK 和国内隐形矫治器市场份额第一的时代天使、中国第一家无线口扫企业联耀、国内口腔线上销售额第一的牙易在线等国内外知名口腔企业，做大做强爱齐科技等头部企业，发挥成都都市圈“链主”企业龙头作用。

（二）以链条完善加速产业集群

充分依托成都都市圈产业和市场资源，按照“全球化”“可持续”的思路，委托全球顶尖咨询机构麦肯锡编制形成“中国牙谷”发展规划，集中布局医康养综合体、产业集聚区、科教原研区、国际交流区、生活配套区“一体四区”功能板块，充分借助成都都市圈品牌影响力，推进产业集聚和产城融合，推动国内外牙科产业、资源、企业、科研院所等集聚“中国牙谷”，着力建设国际口腔全链式生态系统、中国一流复合型产业社区。目前已推动口腔医疗器械产业集群成功入选第一批（2023 年度）四川省中小企业特色产业集群名单，并于 2024 年成功获评国家级中小企业特色产业集群（见图 1）。

① 本案例由资阳高新技术产业园区管理委员会供稿，《创新同城化：成都都市圈探索实践》编委会组织编写。

图 1 资阳“中国牙谷”科创园

（三）以科技创新增强产业动能

深化与华西口腔医学院合作，成立口腔疾病研究国家重点实验室中国牙谷研发孵化中心，推动国家技术转移西南中心资阳分中心实质性运转；实体化运行成资协同创新中心，推动科技成果就地就近孵化，爱齐医疗等 49 家口腔企业实现“生产在资阳，销售在成都”；建设以科创园多功能中心、科技创新中心、创新创业中心为基地的孵化平台，构筑金融支撑体系，采取税费优惠、项目补助、现金奖励等方式，鼓励支持口腔企业发展。与美国密歇根大学牙科学院等全球口腔权威机构或院校建立战略合作关系并开展深入合作。

二、创新

（一）创新“两审”机制强推进

设立省药品监督管理局驻资阳办事处，成立四川省口腔装备材料检验检测中心、省医疗器械检测中心资阳分中心，与国家卫生健康委国际交流与合作中心、北京大学口腔医学院口腔医疗器械检验中心等签署合作备忘录，打造检验认证“资阳体系”和“资阳标准”，初步构建起一类产品市局当日即办、二类产品省局“一事一议”、三类产品国家局沟通交流的审评审批“绿色通道”，企业最快在 103 个工作日内取得Ⅲ类医疗器械注册认证，在 35 个工作日内取得Ⅱ类医疗器械注册认证，在 1 个工作日内取得Ⅰ类医疗器械注册认证，审评审批时间较常规减少 60%，极大促进了企业产品快速上市。

（二）创新多元投融资机制强保障

创新“地方金融 + 口腔产业”发展模式，组建“中国牙谷”金融服务中心，吸引投资机构入驻。建立多元投资机制，强化资金保障，引进设立科技保险、融资租赁等领域金融企业和政策性中小企业担保公司，创新信贷抵质押方式，大力推广银税互动融资、知识产权抵押等动产抵质押贷款，构建涵盖园区建设运营、科技孵化、融资担保、创业投资的金融服务生态链。

（三）创新人才引进机制强支撑

建立“以才引企”和“以企引才”双模式，引进研发创业团队 18 个，引入高端管理和技术人才 100 余人。依托华西口腔医学院、口腔行业协会，与华西组建“中国牙谷智库”，张志愿、王松灵、赵铱民、周学东等 10 余位院士专家被聘为“中国牙谷”战略发展顾问或委员；引进国家、省级知名专家教授等高端人才 300 余人。资阳口腔职业学院在校学生 8200 余人，与 100 余家企业建立校企合作关系，建立“订单式”人才培养模式，已定向培养技能人才 1200 余人。

三、成效

合作模式多样。“中国牙谷”与全球前 100 强口腔企业建立定期联系机制，积极组织企业参加华南口腔展、西部口腔展、北京口腔展等口腔专业展会，连续举办 5 届“中国牙谷国际峰会”和 2 届“中国牙谷产业发展大会”，累计 132 户企业入驻，317 个“资阳造”产品投入市场，恒和鑫、口口齿科、善蓉生物等企业在成都都市圈已形成“研发 + 制造”“生产 + 配套”的合作模式。

获得“三个全球第一”。“中国牙谷”总规划面积 6 平方千米，目前已建成 2 平方千米，园区规划和建设面积居全球第一；企业产品涵盖口腔设备四大类、

嘉宾点评

彭劲松　重庆社会科学院副院长、研究员

近年来，随着人们生活水平的提升、口腔保健意识的提高和口腔医疗服务质量的改善，口腔医疗器械市场稳步扩大，特别是随着新冠疫情的结束，加之大数据、人工智能和口腔医疗的融合应用，在市场技术等因素的共同作用下，口腔医疗服务市场将迎来一个新的爆发式增长窗口期。推动口腔医疗器械产业集群式发展，正成为各省市竞相培育的新兴产业增长点和发展新动能。如何在激烈的招商竞争中脱颖而出，走出一条适合自身发展的路子，是一个重大课题。成都市准确捕捉到了市场先机，并立足既有产业优势、科技优势、人才优势和平台优势，创新发展模式，积极推进口腔医疗器械产业“人、科、金”全要素整合、“研、创、制、销”全产业链培育，率先打造“中国牙谷”，发展思路清晰，路径可行。经过五年的努力，产业体系建设取得了积极成效，创新产品质量检测的“两审”机制，推动“地方金融 + 口腔产业”融合发展，构建“研发 + 制造”“生产 + 配套”等合作模式，对全国其他城市引育发展类似产业具有借鉴启发意义。

> **媒体点评**
>
> 《人民日报》
>
> 经过近8年的接续发展，“牙谷”从无到有，并依托口腔装备材料、智能制造等产业优势，不断升级传统制造业，提速物联网发展，加快形成新质生产力，为资阳推动成都都市圈现代化产业新城和成渝地区中部崛起示范区建设提供有力支撑。“牙谷”正向“新”挺进，逐“质”前行，以聚集全球口腔产业资源为抓手，培育高质量发展新动能，全力打造口腔产业新增长极。
>
> 资料来源：《四川资阳：培育发展新质生产力 助力口腔产业高质量发展》，《人民日报》2024年4月24日。

口腔材料五大类，产业链完整度居全球第一；年产隐形矫治器6000万片，产量居全球第一。

“抱团出海”成效显著。协调对接成都、内江海关，建立“中国牙谷”企业进出口“绿色通道”，定期在国内外举办牙科产品展销会，爱齐等口腔企业产品远销新西兰、澳大利亚等国家。2024年，口腔医疗器械产业实现产值37亿元，同比增长8.8%，“中国牙谷”成为全国最大的口腔装备材料产业聚集地。预计到2025年，“中国牙谷”年产值将达40亿元，口腔装备材料研发制造占全国市场份额达到15%，打造“产城融合、职住平衡、生态宜居”的发展蓝图正在变为现实。

取得的荣誉。“中国牙谷”先后被评为四川省特色产业（口腔）基地、四川十大产业文化地标、四川省级科技企业孵化器、成渝地区双城经济圈产业合作示范园区、四川省“5+1”重点特色园区、四川省外贸转型升级基地、四川省高端人才产业园、四川省科技创新法治示范区。2024年，口腔医疗器械产业集群入选国家中小企业特色产业集群。

如何建设都市现代高效特色农业示范区？①

建设都市现代高效特色农业示范区，保障主要农产品稳定供应，联动实施“米袋子”“菜篮子”工程，高质量推进都市农业发展。

——《成都都市圈发展规划》第六章第三节

一、探索

（一）打造新时代更高水平“天府粮仓”

根据四川省《建设新时代更高水平“天府粮仓”行动方案》，四市分别出台“天府粮仓”建设方案，梳理形成“天府粮仓”建设年度工作清单和要点，坚决扛稳粮食安全“国之大者”使命担当，严格落实粮食安全责任制，健全耕地“非粮化”管控机制和撂荒地动态监管机制，严格落实耕地利用优先序，抓好土地流转用途监管和耕地种植用途动态管控。制定完善“田长制”配套措施，健全市、县、乡、村四级田长责任体系，落实耕地保护激励政策。建设“天府良田”，持续推进高标准农田建设，统一提高建设标准，中央、省、市、县四级财政对每亩新建高标准农田实际投入 3000 元以上，依托都江堰精华灌区、大邑县、什邡市等全域推进高标准农田建设试点，四市新建和改造提升高标准农田 96.6 万亩。实施高标准农田新建和“四改四提”工程，开展“五良”融合宜机化改造行动，聚力打造粮油（经济）产业园区（见图 1）。

① 本案例由现代高效特色农业专项合作组组长单位成都市农业农村局供稿，《创新同城化：成都都市圈探索实践》编委会组织编写。

图 1　眉山市东坡区永丰村“天府粮仓”核心区

资料来源：眉山市同城化发展工作局。

（二）稳定区域粮食和重要农产品生产保供

在同城化区域着力构建“从田间到舌尖”全流程、全体系协同的高质量供应链，通过提升“产地前置加工仓、枢纽核心物流仓、销地周转调剂仓”的物流体系，建设重要农产品“从田间到舌尖”全程数字化信息平台，完善农业农村金融体系，发展符合条件的供应链金融社会化服务体系，四市发展和改革、农业农村部门签署了《成德眉资同城化粮食生猪蔬菜区域生产保供合作协议》，完善粮食、生猪、蔬菜等农产品同城化生产保供合作机制，支持建设都市圈蔬菜保供基地，统筹布局规模化生猪保障基地。

（三）推动毗邻地区农业合作园区加快建设

金堂—中江蔬菜（食用菌）产业建设合作示范园区获四川省农业农村厅 2021 年度成渝现代高效特色农业带合作园区试点项目支持（金堂县、中江县各 500 万元）。彭什川芎现代农业产业园区、中国（彭什）黄背木耳（食用菌）现代农业产业园区成功打造为成德眉资交界地带融合发展首批和第二批精品示范点。彭什川芎现代农业园区核心区面积 10 万亩，辐射带动 20 万亩，综合产值达 30 亿元以上；彭什黄背木耳（食用菌）现代农业园区总产值突破 12 亿元，黄背木耳种植规模约 2.7 亿袋，总销量占全国 65% 以上。蒲丹晚熟柑橘现代农业产业园全域实施“两个替代”（有机肥替代化肥、绿色防控替代化学防治）、“双替双升”（有机肥替代化肥、绿色防控替代化学防治，促进土壤大气质量提升和农产品品效提升）行动，建成中国晚熟柑橘专家大院，开展跨县域技术交流培训 40 余次，联合制发《蒲丹柑橘社会化服务组织管理规范》等柑橘团体标准，协同推进晚熟柑橘标准化生产、规范化管理、品牌化培育，蒲江、丹棱柑橘分获中国农产品百强标志性品牌，2024 年“蒲江丑柑”品牌价值达到 102.63 亿元，“丹棱桔橙”品牌价值达 53.4 亿元。简雁乐交界农旅融合区域形成合作联席机制，签订联防联治相关协议。

（四）提升都市圈农产品公用品牌影响力

全域推行农产品合格证制度，大力发展绿色食品、有机农产品和农产品地理标志，四市全年农产品检测合格率达到 98% 以上。加强“天府源”“蜀道”“味在眉山”“资味”等市级、县级农产品区域公用品牌宣传推介，建立品牌共用机制，鼓励品牌企业在都市圈开设专营店、实体店。实施“互联网 +”农产品出村进城工程，鼓励电商平台直连特色产业基地直播带货，扩大农产品线上线下产销对接渠道和基地直采直销覆盖面，网络零售额同比增长 15% 以上，提升农产品品牌竞争力（见图 2）。

图 2　资阳市安岳县柠檬喜获丰收

二、创新

（一）强化规划引领，高标准编制实施农业农村同城化政策文件

现代高效特色农业专项合作组借鉴京津冀、长三角、粤港澳大湾区、日本东京湾和以色列、荷兰等先发地区经验做法，基于四市都市现代农业发展状况，挖掘四市都市现代高效特色农业产业比较优势，编制形成《成德眉资都市现代高效特色农业示范区总体规划（2021—2025 年）》并报四川省委农村工作领导小组印发，立足川菜、川果、川药、川酒、川茶五大优势产业，策划成德眉资共建优势特色产业集群项目 32 个。四川省农业农村厅牵头，制定发布《成德眉资都市现代高效特色农业优

势产业目录》，聚焦粮油、蔬菜及食用菌、晚熟柑橘、伏季水果、中药材、茶叶、高端种业、农产品加工业等十大类 20 项农业产业，逐项梳理成都都市圈各区（市）县及农业产业园区重点发展的优势特色产业。

（二）建立健全合作机制，合力推进农业农村同城化项目落地落实

在四川省农业农村厅指导下，成都、德阳、眉山、资阳四市农业农村部门共同组建现代高效特色农业专项合作组，加强对成都都市圈农业高质量发展的统筹协调。谋划一批农业产业化重点项目，实时跟踪掌握项目进度，解决企业困难诉求，推动项目落地。四市共建高效农业社会化服务体系，以省级、市级重点服务组织为主，对具备成德眉资地区跨区作业经验和能力的服务组织进行信息相互推送，实现服务资源的信息共享。

嘉宾点评

李春顶　中国农业大学经济管理学院教授、经济贸易系主任

本案例展现了高度的创新价值与实践深度。一方面，该案例在粮食安全战略上进行了积极探索，通过打造新时代更高水平“天府粮仓”，稳定区域粮食生猪蔬菜生产保供，推动毗邻地区农业合作园区加快建设，提升都市圈农产品公用品牌力，确保了粮食生产的根基稳固，体现了政策制定与执行的创新性。

另一方面，该案例具备极强的推广性。四川省作为农业大省，该案例的成功经验不仅为省内其他地区树立了标杆，也为全国其他地区提供了可借鉴的范式。特别是高标准编制实施农业农村同城化政策文件，合力推进农业农村同城化项目落地落实，推动成都都市圈农业高质量发展等创新举措，对于提升农业生产效率、促进农业现代化具有重要意义，值得在全国范围内推广复制。

对于下一步的深化推进，要进一步优化农业产业结构，推动特色农业示范区向绿色化、智能化、品牌化方向发展，提升农产品附加值和市场竞争力。同时，加强农业科技创新与人才培养，为农业现代化提供持续动力，确保“天府粮仓”建设不断迈上新台阶，为国家粮食安全作出更大贡献。

（三）强化科技支撑，推动成都都市圈农业高质量发展

发挥农业科技平台作用，强化农业科技创新与转化，引领都市圈农业高质量发展。温江国家农业科技园强化与成德眉资农业产业园区合作，积极探索建立“研发总部在温江，生产基地在周边区域”的协同发展模式，已与眉山市仁寿县农业现代园区建立合作机制。在四川天府新区建设成德眉资都市现代农业园区，获四川省农业农村厅建设培育资金 1000 万元支持。创新制定都市圈农业农村技术规范新模式，出台《成德眉资共同制定农业农村技术规范程序》《数字农业农村标准化工作指南》《数字农业农村大数据平台系统架构与交换共享规范》《数字农业农村公共基础数据规范》等 4 项标准规范，推进农业乡村数字化建设。

三、成效

农业农村领域金融合作不断加强。推动农村产权流转交易规范化建设，以深度融入全国统一大市场建设为指引，坚持农村产权交易机构、平台系统、服务体系、鉴证应用、资金结算“五统筹”，逐步构建起覆盖都市圈全部涉农区（市）县的农村产权有形交易市场。2020 年以来，四市农村产权综合价格价差从 1.5 万元减少到 0.45 万元。不断提高“农贷通”金融服务平台辐射力度，在眉山落地建成农村金融综合服务平台。2024 年引导四市金融机构入驻 43 家，累计入驻 395 家，完成涉农贷款、保险业务投放 7724 笔，累计投放 5.77 万笔。

加快培育农业园区。四市已培育超 150 个市级及以上星级现代农业园区，创建省级星级现代农业园区 42 个、国家级现代农业产业园 6 个，金堂—中江蔬菜（食用菌）产业建设合作示范园区获评四川省农业农村厅 2021 年度成渝现代高效特色农业带合作园区试点项目，四川天府新区等 4 个区（市）县获省级成德眉资都市现代农业园区培育园区称号。据人民网金台资讯报道，作为成渝现代高效特色农业带“一轴三带四区”空间格局的“四区”之一，成德眉资都市现代高效特色农业示范区建设，将以交界地带融合发展为示范引领，以协同供应保障、协同价值输出、协同要素配置“三协同”为发展路径，打造成渝乃至国内城市群地区农业农村高质量发展典范。

如何依托成都金融云平台定制德眉资风险监测专版？①

运用金融科技创新监管工具强化对创新活动全生命周期的审慎管理。

——《成都都市圈发展规划》第六章第二节

一、探索

（一）搭建一体化系统

天府金融风险监测大脑平台采用一体化系统架构设计，由“一个云平台、四大应用群、一个中心”构成（见图1）。一是地方金融云平台，依托成都市政务云搭建统一技术底盘和应用支撑，实现地方金融数据融合共享，为所有应用及服务提供支撑。二是四大应用群，依托行业综合监管应用群、金融科技服务应用群、金融风险监测预警应用群、综合监管协同应用群，在成都都市圈实现数据化、智能化监管，实现工商企业和外地输入型风险企业风险监测预警，提升金融科技服务质效。三是一个中心，即实体化金融风险监测中心，主要用于区域性金融风险的分析、监测和数据中转等。

（二）集成三大金融功能和场景

天府金融风险监测大脑平台涵盖地方金融监管、金融科技服务、金融风险防控三大功能。一是依托行业综合监管应用群，建立审批备案准入、日常监管、运行风险监测等规则模型和管理功能，实现对机构的现场监管，非现场监管和宏观、中观、微观多层面风险识别。二是依托金融科技服务应用群，向市场主体提供金融科技服务，为地方金融创新试点提供可控的安全空间。三是依托金融风险监测预警应用群，提供企业风险画像、企业关系图谱，实现成都都市圈全局风险监测、舆情监测，帮助监管部门、金融机构及时发现和应对潜在的风险。此外，依托综合监管协同应用

① 本案例由金融发展和风险防控专项合作组组长单位中共成都市委金融委员会办公室供稿，《创新同城化：成都都市圈探索实践》编委会组织编写。

群，建立上下联动、多部门协同的风险分析和风险预警机制，为多部门联动的综合监管提供高效手段。

图 1 天府金融风险监测大脑平台

（三）建设德眉资专版

成都市就天府金融风险监测大脑平台分别为德阳、眉山、资阳三市建立专版，开通各自风险监测系统账号，提供企业风险监测查询服务。专版包括企业风险评分、企业画像、企业风险变化趋势、舆情监测分析、企业详情、企业网络平台分析、企业风险基因图谱、企业关联方等众多内容。系统具备强大的风险监测能力，能有效支撑三地实现企业全天候数据化、智能化监管，助力构建成德眉资数字金融生态，实现四市金融行业数据的高效处理及应用，推动金融服务全面覆盖中小微企业。

二、创新

（一）架构统一，数据分析全面

天府金融风险监测大脑平台在系统开发架构上实行一体化开发、一体化成形。在数据融合层面，系统归集了成都市 20 多个单位的公共数据、200 万家工商企业基础数据、近 300 家地方金融组织业务数据以及全网公开信息、网络舆情数据、第三方专业机构内部数据，实现了地方金融组织“7+4”类行业的监管全覆盖，实现了对成都市 300 家地方金融组织监管的数字化、数据化、证据化。天府金融风险监测大脑平台通过对全国工商数据、司法文书、蚂蚁数据和成都市本地政务数据进行大数据分析和深度数据挖掘，在企业关联关系、风险基因快速提取及深度画像上具有较强优势。

嘉宾点评

冯奎　中国区域科学协会副理事长、研究员

党的二十届三中全会决定要求，完善金融监管体系，依法将所有金融活动纳入监管，强化监管责任和问责制度，加强中央和地方监管协同。

成都都市圈依托成都金融云平台，定制德眉资风险监测专版，是完善金融监管体系的一个重要创新。一方面，都市圈是一类“新型主体”，对其范围内的金融活动进行监管，这是一种创新。另一方面，都市圈需要更加活跃的金融活动予以支持，通过监管进而提升金融服务，有利于都市圈行稳致远。成都都市圈的天府金融风险监测大脑平台涵盖地方金融监管、金融风险防控、金融科技服务，对都市圈发展具有长远意义。

金融监管的目的并不是将金融活动的手足紧紧捆住，而是要支持、促进更多依法合规的金融创新业务。都市圈是具有强大生命力的经济空间，如何搭建金融监管服务平台，通过纳入更多金融机构，平衡好监管与服务两者关系，以支持金融血液畅通，还需要进一步探索。

（二）充分沟通调研，落实需求和推进难点

为全面推动成德眉资金融基础设施同城化工作落地，成都市与德眉资三市进行了十余次需求调研和落地方式探讨，启动天府金融风险监测大脑平台一期改造工作，从德眉资三市接入数据需求、功能需求出发，克服网络接通、需求对接等部署难点，深入探讨合作模式，成功改造系统相应模块。

（三）系统科学实施，分步推进

一是就天府金融风险监测大脑平台分别为德阳、眉山、资阳三市建立了专版，提供企业风险监测等系列功能，实现各自地方金融风险监测预警和分析。二是2023年5月，成德眉资四市金融主管部门就系统账号进行了交接，标志着天府金融风险监测大脑平台在德阳、眉山、资阳正式落地（见图2）。三是为实现德眉资三市政务外网与成都市政务外网联通，成都市委金融办（原成都市金融监管局）积极与四川省大数据中心、成都市大数据中心等部门进行多次沟通协调，协助德眉资三市金融主管部门与成都市政务外网完成联通。

图2　成都市向德阳市、眉山市、资阳市交接天府金融风险监测大脑平台账号

（四）强化持续服务，确保德眉资专版有效运行

成都市为保障天府金融风险监测大脑平台德眉资专版有效运行，专门配备4名运营保障人员，提供2项专人服务，签订合作备忘录、建立跨区域查询登记台账，保

证数据安全及深入合作。一是企业风险报告服务。在招商引资、关联风险排查等场景对非德眉资范围内的企业进行信息查询时，提供专人查询分析并提供企业风险报告，协助进行风险分析和关联关系梳理。二是系统答疑服务。对系统使用过程中出现的操作难点、系统问题和业务知识提供专人答疑，解决系统使用过程中的问题。三是组织专门技术人员分别赴德眉资三市进行全面系统培训并深入沟通交流，确保三地熟悉系统操作和业务流程，增强三地的金融风险研判能力。

三、成效

全面纳入成都市小额贷款、融资担保、融资租赁、商业保理等领域地方金融组织 300 余家。天府金融风险监测大脑平台自运行以来，向成都市区（市）县和小贷、担保等领域地方金融组织累计派发账号 530 余个，累计使用、查询次数超过 16.3 万次。系统在市级和区（市）县地方金融组织监管、招商引资风险排查、全市违法违规融资中介专项整治、非法 P2P 借贷平台清退、打击非法虚拟货币等地方金融风险防控工作中取得了较好效果。天府金融风险监测大脑德眉资平台投入使用以来，在招商引资工作中，对目标企业及实际控制人关联关系进行深度扫描，帮助招商部门提前预防、发现问题，提早预警挡住风险。

如何用好“顾问团”助推金融服务实体经济？①

加快现代金融业集聚发展，协同实施“交子之星”上市企业培育计划，提升金融服务便利化程度。

——《成都都市圈发展规划》第六章第二节

一、探索

（一）线上直播活动影响力不断攀升

成都市委金融办（原成都市金融监管局）自 2021 年 1 月起联合成都电视台搭建“成德眉资金融顾问服务团”网络直播平台，组织金融顾问服务团成员单位定期派出专家，以服务成德眉资四市企业金融需求为主线，开展内容多样化的线上直播及咨询活动。截至 2024 年底，已开展了 100 场不同系列的线上专题直播活动（见图 1），覆盖成都都市圈各区（市）县及各产业园区重点产业领域企业。

（二）产融对接专项活动质效不断提升

成德眉资同城化发展起步期三年以来，成德眉资金融顾问服务团坚持走出去、深下来，常态化提供线上金融服务，持续开展信贷投放、供应链融资、上市辅导等各类产融对接活动 780 场，为企业提供专业辅导，为产业部门解决对应领域的融资需求，为政府服务企业作金融后盾，优化政府服务效率。

① 本案例由金融发展和风险防控专项合作组组长单位中共成都市委金融委员会办公室供稿，《创新同城化：成都都市圈探索实践》编委会组织编写。

图 1　成德眉资金融顾问服务团直播间

（三）树立成德眉资“优秀金融顾问”标杆

为激励服务团成员单位工作积极性，成都市委金融办（原成都市金融监管局）于 2022 年 2 月组织召开了成德眉资金融顾问服务团 2021 年度“优秀金融顾问”评审会，会同四川省地方金融管理局，省同城化办公室和德阳市、眉山市、资阳市金融主管部门等 10 位专家，通过线上、线下同步的方式对 2021 年度金融顾问服务团成员单位工作情况进行评审，成德眉资金融顾问服务团共计 43 家成员机构获评为 2021 年度“优秀金融顾问”。

> **嘉宾点评**
>
> **赵威**　北京大学成德眉资都市圈研究课题组成员
>
> 成德眉资金融顾问服务团是金融供给侧结构性改革的创新实践，是在国家战略的引领下，针对金融服务实体经济的一次创新尝试。它不仅响应了国家关于发展生产性服务业、推动普惠金融、实现区域均衡发展的战略要求，而且直击中小企业融资难题这一社会痛点，体现了金融服务创新的重要性。成德眉资金融顾问服务团通过跨区域合作，整合了银行、保险、券商等多方金融资源，形成了强大的金融服务网络，实现了区域资源的互补，并提供了多样化的金融服务，有助于解决企业融资难题，优化金融生态。同时，服务团结合线上直播与线下指导等多种方式，有效提升了金融服务实体经济的效率。此外，“城市服务行动”“产业服务行动”“企业服务行动”的分层服务模式清晰展示了不同服务的定位，还能精准满足客户需求，特别是“一企一策”“一园一策”的定制化政策，进一步增强了服务的针对性和有效性，体现了金融服务在解决发展不平衡不充分矛盾中的关键作用。这种服务模式具有显著的推广价值，尤其适合在区域协同发展和产业集群建设的地区推广。推广的成功依托于良好的市场需求和政府支持，以及相应的金融生态系统的建立。

二、创新

（一）开展“城市服务行动”

以城市层面为出发点，覆盖成都都市圈，辐射成渝地区双城经济圈，与各城市政府部门和当地金融机构共同谋划“政金对接”与“金金对接”，根据当地企业需求制定综合金融解决方案。

（二）实施“产业服务行动”

以共建现代高端产业集聚区为契机，利用服务团综合金融服务全品类优势，深入区（市）县和产业园区，有针对性地开展专项活动，助力电子信息、生物医药等先进制造业发展壮大，数字产业加速成长，文体旅游等现代服务业集聚发展。

（三）推进“企业服务行动”

成德眉资金融顾问服务团针对企业现实情况与具体需求，定向组织金融机构及专家顾问，开展股债服务一体化的企业投融资敲门服务。通过及时、精准走进企业深度对接，实现金融服务直达企业、解决问题，打通金融服务实体经济的“最后一公里”。服务专班先后走进数智碳合科技、图迅科技等高成长性企业近 20 家，协助会员单位对接超 240 次。

三、成效

成德眉资金融顾问服务团先后上百次深入企业实地指导，携资本与产业开展“产业行”“资本行”活动，深入企业与细分行业场景，在电子信息、智能制造、节能降碳、绿色食品、文创等细分领域场景中了解企业经营现状、融资需求和转型难题并提供相应服务，通过与各类型金融机构的分类联动，提供综合融资解决方案，发挥成德眉资金融顾问服务团桥梁作用。服务团自组建以来，持续开展信贷投放、供应链融资、上市辅导等各类产融对接活动 780 场。

陆

提升开放合作水平

国家提出，到 2035 年，现代化都市圈格局更加成熟，形成若干具有全球影响力的都市圈。这对已在西部称雄但开放水平相对来说仍为短板的成都都市圈来说，是巨大的挑战，也是重大历史机遇。

本章的 5 个案例，展示了成都都市圈在推进“亚蓉欧国际大通道”“总部经济”“三园联动”等多个方面握指成拳、系统发力的创新实践。王晓红、姚歆、彭波等专家在肯定成都都市圈提升开放合作水平的同时，也提出成都都市圈需要更加全面分析优势、劣势、机遇、风险，在全球都市圈体系中向上一跃的重大问题。

如何共建亚蓉欧国际大通道提升都市圈对外开放水平？[①]

构建全方位立体开放合作新格局，协同搭建开放合作平台，增强改革系统集成和内陆开放门户功能，纵深推进成德眉资同城化发展，加快打造服务四川、面向西部、辐射全国、联通全球的“亚蓉欧陆海联运战略大通道”。

——《成都都市圈发展规划》第七章第一节

一、探索

（一）加强区域协同联动，合力保障企业运输需求

一是深化班列集结中心体系建设。联合省内地市州实施“一地一策”合作服务模式，完善面向全川重点生产制造和国际贸易企业的多式联运服务体系，挂牌“中欧班列＋西部陆海新通道”成都集结中心乐山、德阳、眉山、资阳、达州基地，联合德阳开展西部陆海新通道干支集结，促进通道与全省外向型产业深度融合。二是深化成渝合作。持续深化中欧班列（成渝）“三协同”和“五统一”，实现中欧班列（成渝）开行规模和运输质效保持全国领先。共建共享马拉运控中心、杜伊斯堡海外仓，共同选聘境外供应商。三是深化“枢纽对枢纽”运行模式。与盐田港合作推进“蓉深港”铁海联运通道建设，共同打造铁海联运班列，进一步畅通粤港澳大湾区与成渝地区双城经济圈的物流通道。

（二）共建共享功能平台，合力推动开放格局构建

充分发挥自贸区、综保区、国家级经开区等开放平台优势，共同参与川渝自贸试验区协同开放示范区建设，加快打造国际供应链经济核心承载区，共同探索保税加工、供应链金融、市场采购贸易等新业态新模式，探索形成147项制度创新案例（其

① 本案例由成都市口岸与物流办公室、成都国际铁路港经开区管委会供稿，《创新同城化：成都都市圈探索实践》编委会组织编写。

中，52 项获得国家部委或省级层面认可和推广）。

（三）共同克服外部冲击，合力提升供应链稳定性

面对复杂严峻的国际形势和前所未有的外部风险挑战，布局多元化战略通道，开通跨里海、黑海分别至阿塞拜疆、土耳其等国家的中欧南线班列，打通中吉乌公铁联运等通道；同时，强化适铁货源组织，共同加强市场调查研究和班列客户需求跟踪，为市场主体提供多路径的柔性供应链解决方案，多措并举有力保障产业链、供应链安全稳定。

二、创新

（一）协同提升枢纽服务能级

一是加快区港一体化实施。形成区港一体化实施方案和信息化建设方案并完成相关软硬件设施升级改造，为落地“一场两园”统筹运营业务奠定基础；开展“1+N”综保区综合服务平台搭建，叠加“一单多报”功能，便利企业实现“一键式”预约、“一窗式”申报，增强通关服务“软”实力。二是深化“智慧陆港”建设。加快班列系统优化升级，上线智慧青关、智能关务等子系统，数据归集交换内容扩大到 200 余项，落地“卡口云分流”等模式，4 个关键环节实现企业“0 跑动”，场站整体作业效率提升 40%。三是推动调度指挥中心建设。加快亚蓉欧调度指挥中心建设，推动中心站、口岸、班列、综保区等铁路枢纽核心环境智能可视化、运营调度管理集约化。

图 1　成都国际班列十周年纪念专列暨首列“法国邮政 DPD 号”发车仪式

（二）共推多向通道有机衔接

首发“中老泰马”全铁快速直达货运班列，以全程铁路运输方式实现 8 天直达马来西亚。开行“蓉欧非”铁海联运川货班列，稳固中非贸易铁海联运新路径。开行全国首趟经阿拉山口出境的中欧北线“蓉欧速达”快线班列，成都至莫斯科在途时间有效控制在 10 天。开发中亚混编班列，实现比什凯克、塔什干等中亚重要节点城市全覆盖。全国首发“越滇蓉欧”全铁货运班列，打通“越南—云南河口口岸—成都—莫斯科”的铁路直达线路，开辟洲际铁路运输新路径。与川航物流合作首发孟加拉包机到成都再通过中欧班列运抵欧洲的亚蓉欧“空铁联运”国际班列，加快推进中欧班列与“空中丝绸之路”衔接（见图 1）。

（三）共促外向型产业发展

发挥通道优势，支持先进材料、智能装备制造、出口加工等适铁产业集聚，签约引进 TCL 雷鸟、中国供销冷链等总投资近 200 亿元的产业化项目 30 个。聚焦加工贸易，推动 TCL 保税加工量产拓产，依托分类监管业务新增落地电子元器件物料齐套包装及汽车雷达芯片委内加工业务，实现“同线同标同质发展”；聚焦整车贸易，推动品德品质、吉捷顺等多家企业新拓展整车贸易业务，带动近 25 亿元外贸新增量。落地四川省首单跨境电商“1210”出口海外仓业务，开展全省综保区首个跨境电商“保税 + 直播”业务和西南综保区首个跨境电商无人机配送直达业务，以新业态助推跨境电商爆发式增长。

嘉宾点评

王晓红 中国国际经济交流中心研究员

建设亚蓉欧国际大通道，对于高质量共建“一带一路”，提升成都作为西部中心城市的辐射带动能力，推动中西部地区从开放洼地走向开放高地具有重要战略意义。该案例体现出区域协同、系统集成、开放创新的特点，具有较强的创新性和可复制推广的价值。其特点是，充分发挥成都中欧班列集结中心的作用，构建区域协同联动的国际货运枢纽和多式联运体系，大幅降低货物到欧洲、东南亚的物流成本，提升物流效率，尤其推动中欧班列与西部陆海新通道、中老班列及东向海铁联运有机衔接，保障了供应链安全稳定。亚蓉欧国际大通道的高效运行有力推动了区域开放型经济快速发展，带动了机电产品、特色农产品向欧洲和东盟出口；推动了加工贸易发展，加速形成先进材料、智能装备制造等产业集群；形成了保税加工、供应链金融、市场采购贸易等新业态新模式。该案例在全国首创多式联运“一单制”系统集成改革，中欧班列集拼集运模式在全国复制推广，运费分段结算估价改革获评全国自贸区最佳实践案例，并创造了智慧陆港、高效通关、数据共享等体制改革创新的生动实践，为全国自贸试验区高水平开放提供了借鉴。

三、成效

（一）构建连接全球的开放新体系

聚焦“亚蓉欧”集结中心打造，成都国际班列已构建起以成都为主枢纽，西进欧洲、北上蒙俄、东联日韩、南拓东盟的成都国际班列线路网络和全球陆海货运配送体系，创新开发“蓉欧速达”“澜湄蓉欧”“越桂蓉欧”“越滇蓉欧”快线品牌，实现中老铁路、中越铁路与中欧班列联线贯通。截至 2024 年底，成都国际班列累计开行量超 3.1 万列，其中中欧班列累计开行量突破 1.7 万列，实现连接境外 118 个城市，境内 30 个城市，成为四川连接欧洲、联通世界的重要供应链物流通道。成都国际班列西向依托中欧班列创新“欧洲通”运营模式，基本实现欧洲全覆盖，打通中欧南线，实施西向通道“双线”运行；北向以莫斯科、明斯克两大站点为主，实现中俄双向稳定运行；南向实施“一主两辅”运行模式，加快形成以西部陆海新通道为主，中越、中老铁路通道为辅的国际多式联运网络；东向深化与长三角、环渤海地区港口合作，建立“枢纽对枢纽”海铁联运组织模式，形成联通欧洲及日韩地区的全程多式联运解决方案。

（二）深度服务产业布局发展

围绕重点产业发展需求，不断完善班列运输产品，搭建班列与本地制造型、外贸型企业合作平台，多次组织国际班列需求对接会，为客户提供稳定的国际物流解决方案，全面保障德阳、眉山、资阳等地重点产业跨境运输需求，支持“四川造”出川出海。

如何开展市场采购贸易方式试点发展都市圈外贸新业态？①

要主动服务新发展格局，深化开放合作，共建连接全球的内陆改革开放新高地。

——《成都都市区发展规划》第七章第二节

成都市金牛区坚持共建共享、开放协同的发展理念，构建起“市场采购+成德眉资”协同发展新机制、“成德眉资+离岸口岸”通关一体化新通道、“信用融资+自助结汇”金融服务新模式，为成都都市圈外贸新业态发展提供了新路径。

一、探索

（一）产贸共同体建设出彩出效

以市场采购贸易为纽带，深入落实四川省委“四化同步、城乡融合、五区共兴”发展战略，带动成都都市圈创新发展外贸新业态，聚力推进“1+1+N”产贸共同体建设，实现预包装食品出口试点，建成南充、资阳、甘孜等市（州）精品馆，吸引成都都市圈8000多家市场主体参与试点，带动眉山熊猫工艺品、德阳塑料制品、资阳女鞋、高新电子产品、都江堰光伏配件等特色产品更好“走出去”拓展市场，已累计通过试点实现出口超过520亿元（见图1）。

① 本案例由成都市金牛区市场采购贸易服务中心供稿，《创新同城化：成都都市圈探索实践》编委会组织编写。

图 1 第十九届西博会成都国际商贸城分会场

（二）外贸新通道拓展走深走实

初步构建起“铁、海、公、空”立体化物流通道，“成德眉资 + 离岸口岸”联动拓展物流通道，构建起成都都市圈与深圳、上海、厦门、新疆等地离岸口岸联动机制，为“四川造”产品走出国门提供了新的便捷通道。例如，2022 年 7 月 26 日，四川首次实现中欧跨境货物公路运输（TIR），价值 47 万元的小商品经新疆巴克图口岸抵达德国；2024 年 12 月 5 日，从安岳采购、金牛组货的 21 吨柠檬鲜果，通过试点出口到俄罗斯，是四川通过试点出口的首单水果。

（三）国内外市场拓展稳扎稳打

搭建“试点企业 + 市场采购 + 采购商或分销商”“市场采购 + 跨境电商或海外仓 + 采购商”内外贸一体化交流合作平台，支持试点企业搭建一站式跨境电商平台（N.Y.BIZZ），召开各类宣传推介活动数十场，走进国际国内展会招引采购商，将金府机电产品、成都女鞋等“四川造”产品销往中亚，将法国红酒引入金牛区，累计实现主体备案 8090 家，助力成都都市圈名优特新产品走向 200 个国家和地区。

（四）外综服平台建设见质见量

聚力打造集报关、物流、集货、结汇等于一体的外综服平台，搭建中国银行、农业银行、成都农商银行等金融机构与试点企业的信息交流平台，创新构建“单据增信”纯信用金融服务 2.0 融资贷款模式，已累计向试点企业提供贷款超过 2000 万元。联动中国银行建成“中银跨境 E 采通 · 川采通”全新的外汇结算系统，彻底解决原有收汇模式单据多、审批慢、效率低等问题，2023年7月10日，顺利落地四川省首笔市场采购贸易线上收汇业务。

二、创新

（一）构建“市场采购+成德眉资”协同发展新机制

聚力构建“1+1+N”产贸共同体，走进川药、川味等特色产业带，实现预包装食品出口试点，已吸引成都都市圈360余家企业参与试点，区域合作累计实现试点出口额超520亿元。

（二）构建“成德眉资+离岸口岸”通关一体化新通道

在成都海关指导支持下，主动融入西部陆海新通道建设，建立了成德眉资与离岸口岸一体化通关机制，初步构建起“铁、海、空、公”立体化物流通道，出口目标国家或地区达到200个。

（三）构建“单据增信+自助结汇”金融服务新模式

推动外贸新业态“建圈强链”，打造“一站式”外综服平台，建成“中银跨境E采通·川采通”外汇结算系统，构建纯信用融资2.0模式向试点企业提供专项贷款2000余万元，实现试点市场主体备案8090家。

嘉宾点评

姚歆 国际标准化组织管理咨询技术委员会主席、商务部管理咨询行业标准化技术委员会主任委员、中国国际贸易促进委员会商业行业委员会秘书长

作为西部首个“国家市场采购贸易方式试点”，成都市金牛区创新性地打造“1+1+N”产贸共同体，创新合作模式，探索融合路径，通过多方举措促进外贸保稳提质，具有创新性、实践性和可推广性，为推动外贸新业态“建圈强链”提供了可借鉴的经验模式，有利于加快构建国内国际双循环相协调的内外贸一体化发展新格局，提升开放能力和贸易投资水平。后续可进一步搭建新圈子、新通道、新平台，依托贸促会的专业和资源优势，将原产地贸易便利化措施、商事调解与仲裁、知识产权、合规促进等涉外商事法律服务融合到项目的深化推动中；同时总结提炼良好实践，发挥标准化引领作用，推动制定有关团体标准、行业标准，适时提案国际标准，向国际社会分享外贸新业态、新模式的中国方案。

三、成效

（一）出口规模实现跨越式增长

2019—2023年分别实现出口额14.13亿元、50.12亿元、269.07亿元、318.7亿元、365亿元，年均复合增长率达到125%，带动德阳、资阳、眉山等市累计通过市采实现出口额超过67亿元。

> **媒体点评**
>
> **人民网**
>
> 成都市金牛区抢抓成渝地区双城经济圈建设、成都都市圈建设等重大战略机遇，深入推进市场采购贸易方式试点高质量发展，加快构建国内国际双循环相协调的内外贸一体化发展格局，为打造开放层次更高、制度环境更优、辐射作用更强、经济活力更加充沛的内陆改革开放新高地贡献力量。
>
> 资料来源：《创新推进市场采购贸易方式试点 助力“小商品”闯出“三大市场”》，人民网，2023 年 4 月 6 日。

（二）试点主体实现跨越式增长

吸引成都都市圈 8000 余家市场主体参与试点，2019—2023 年，累计备案市场主体分别为 6374 家、6884 家、7235 家、7438 家、8043 家，2024 年至今新增备案市场主体 47 家，累计备案市场主体 8090 家。

（三）出口市场实现跨越式增长

2019—2023 年，成都都市圈出口目标国家和地区分别为 22 个、45 个、175 个、187 个、194 个，2024 年至今，新增出口目标国家和地区 6 个，已与 200 个国家和地区开展经贸往来活动。

如何创新联合招引机制深化产业协作？①

联合实施产业集群配套型和关联企业集聚型招引，促进产业链整体转移和关联产业协同转移。

——《成都都市圈发展规划》第六章第一节

一、探索

（一）联合举办大型投资促进活动

聚焦同城化发展，通过联合招引共塑都市圈投资促进品牌，扩大都市圈对外招引影响力。2022 年 12 月 16 日，成德眉资四市相关方共赴深圳，在前海深港基金小镇，面向粤港澳大湾区重点企业，联合开展“成都都市圈（深圳）联合招商投资推介会”（见图 1）。活动以“投资成都都市圈 共享发展新机遇”为主题，共邀请到粤港澳大湾区 120 家重点企业参与，达成意向性投资超 700 亿元。2023 年 2 月 14 日，“投资四川 · 成都都市圈全球投资推介会”在沪举办（见图 2）。本次活动以“同城化协同发展 · 都市圈成就未来”为主题，吸引 180 余家境内外知名企业、商协会参会。活动共签约项目 25 个，其中有 9 个代表项目现场集中签约，平均投资额超 25 亿元，制造业项目占比超过 60%。此次活动聚焦成都都市圈这一核心区域，是省级层面首度与成德眉资联袂开展协同招商，助力建设动能更加强劲的现代化成都都市圈，助推构建全省产业链、价值链、供应链、创新链，为四川其他四个经济片区城市联动招商开了好头。

① 本案例由成都市投资促进局供稿，《创新同城化：成都都市圈探索实践》编委会组织编写。

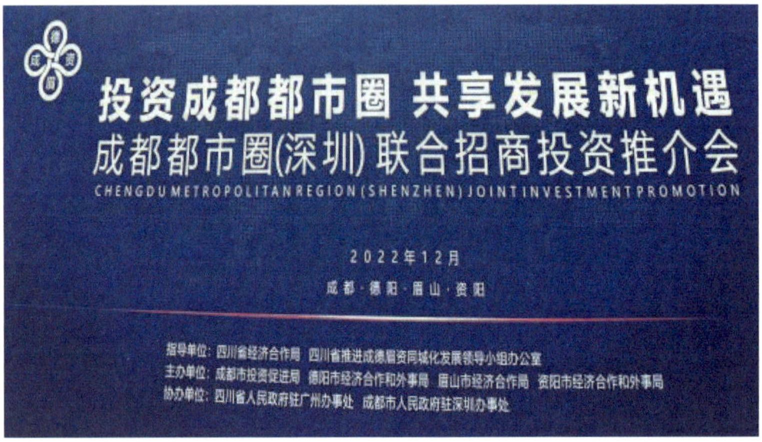

图 1　成都都市圈（深圳）联合招商投资推介会

图 2　投资四川·成都都市圈全球投资项目签约仪式

（二）联合重大平台开展招引

依托高能级展会平台，拓展“展会 +”功能，联合四市开展投资促进活动。2022 年 4 月 13 日，四市投资促进部门联合成都大运会执委会开发活动部，在成都举行“聚力大运，共兴蓉城”成都大运会赋能城市经济企业交流座谈会。来自绿色低碳、人工智能、大数据、新型显示等领域的 30 余家优秀企业的代表参会，共同探讨成都大运会背景下的赛事服务和企业合作新机遇，借助“大运新机遇”助推成都产业建圈强链。

2022 年 9 月 8—11 日，第二十二届中国国际投资贸易洽谈会采取线上线下融合方式在中国厦门举办。四市投资促进部门联合在成都馆设置“成德眉资同城化发展”专区，专题宣传成德眉资同城化发展暨成都都市圈建设投资机遇，并在“投资热点城市推介会”上进行专题推介。2022 年 11 月 1 日，作为第二十届中国国际玩具及教育设备展览会配套活动——成都都市圈玩具和婴童用品产业交流对接活动在成都天府国际会议中心举行，活动以“投资四川 悦享天府——分享成都都市圈发展机遇”为主题，邀请了48家国内外知名玩具和婴童用品企业的嘉宾代表参与，四川天府国际会展集团有限公司与成德眉资四市玩具产业承载地国有公司签署《成都都市圈招商促产战略合作框架协议》，发挥成德眉资产业协作比较优势，强化成都都市圈玩具产业协同发展，促进成都都市圈与京津冀、大湾区等地的产业联动，推动成都都市圈玩具和婴童用品产业建圈强链，带动区域经济协同发展。

2024年5月18日，2024投资成都招商大会在世园会主展馆举行，来自包括中国能建、法国邮政集团、空中客车、特斯拉、科大讯飞、通用电气等行业龙头在内的部分世界500强企业、链主企业，驻（涉）蓉领事机构、金融机构、投资机构、顶尖人才团队等400余人共聚成都、共谋合作。成都围绕世园会借势赋能，充分发挥都市圈“主引擎”作用，邀请了德阳市、眉山市、资阳市参会并现场推介投资环境，四市共享活动平台，联合发布成都都市圈投资机会清单，共同推出232个项目，拟投资金额超过8400亿元。成德眉资四市场内场外签约重大产业化项目共44个，投资总额1329.3亿元，进一步填补成都都市圈重点产业链空白，补齐上下游短板，促进创新链、产业链、资金链、人才链深度融合，助力成都都市圈加快打造良好产业生态。

2024年12月27日，第四届成都都市圈建设论坛在成都天府国际会议中心举行。本次论坛以“深化同城化发展体制机制 汇聚都市圈建设磅礴动力”为主题，设置开幕式、主论坛和三项平行分论坛活动。全国兄弟都市圈城市群代表，国内高端智库、高校、同城化研究机构的知名专家学者带来分享。西门子（中国）有限公司、新希望控股集团有限公司等130多家企业参与论坛并开展投资对接。同步举行了“建强合作功能平台，夯实产业协作支撑”——成都都市圈“三带”投资推介暨政府企业对接交流活动，成德临港经济产业带、成眉高新技术产业带、成资临空经济产业带现场签约9个项目、总投资近40亿元。在对接交流活动后，聚焦成都都市圈9条重点产业链，30余家投资意向企业进一步走进成德眉资四市具有代表性的特色化园区或项目点位进行了投资调研考察。

（三）联合开展区域合作专题推介

聚焦成都都市圈9条重点产业链，四市投资促进部门联合开展都市圈区域合作专题投资促进活动，举办“天府中央法务区法务机构服务成德眉资工贸企业对接会”“成都熊猫国际旅游度假区全球投资发布会”“成都市文旅产业建圈强链（深圳）

招商引智推介活动”“首届‘天府之星’创新创业大赛启动仪式”“国家成都农业科技中心农科集市开市活动”等多场成都都市圈区域合作专题投资促进活动。

加强与链主企业合作，共同策划举办“圈链融合”活动，合力打造都市圈现代化产业体系。举办白酒成都产区高质量发展大会、京东方全球供应伙伴大会等多场相关活动，并邀请德眉资三市投促（经合）部门参加，共享成都开放机遇，共促都市圈产业高质量发展。

二、创新

> **嘉宾点评**
>
> **冯奎**　中国区域科学协会副理事长、研究员
>
> 近年来，成都都市圈频频亮相国内外诸多招商引资活动，成效显著，可谓名利兼收。
>
> 都市圈联合招商，最直接的是将产生规模轰动效应。比如成都都市圈坚持联合招商，在引资引智引技方面，正在促进形成响当当的成都都市圈板块。毫无疑问，这对于扩大成都都市圈影响，特别是扩大都市圈实力相对较弱的市（区、县）的影响，都大有裨益。
>
> 都市圈联合招商，最显著的效果是促进构建产业链、价值链、供应链、创新链。这是比“规模效应”更重要的“补链效应”。因为通过集体亮相，潜在投资者在看到都市圈强项之外，能发现其薄弱之处和短板领域，更能找准投资方向。在这方面，建议成都都市圈通过深入的前期研究，在每次联合招商时发布更加细致的招商投资细分领域信息。当然，这样的工作已深入广泛的投资研究领域，需要招商部门牵头并发挥多个部门的联合力量。

（一）建机制强保障

四市投资促进部门每半年召开一次联席会议，沟通协调成都都市圈联合招商有关事宜，研究推进联合招引中的难点、堵点等问题，促进四市协同产业招商。会议由成德眉资四市投资促进部门轮流主办。深化跨区域项目联合招引机制，强化招引项目落地履约考核机制，为项目、人才提供最优保障，实现“集众智汇众力、引链主聚链属、稳存量拓增量、优服务强保障”。

（二）搭平台强推介

四市投资促进部门联合赴先发地区共同举办投资推介活动，推介四市投资机遇，发布城市机会清单。充分利用投洽会、西博会、全球创新创业交易会、中国—欧盟投资贸易科技合作洽谈会（欧洽会）、中外知名企业四川行等重大活动平台，通过设置成都都市圈专区、举办专（分）场活动等方式，相互支持邀请客商和组织企业考察。

（三）多形式强合作

坚持“尊重规律，同城融合；生态优先，绿色发展；开放合作，创新驱动；市场主导，政府引导；安全发展，系统建设”的原则，充分发挥成都市带头作用，会商

德眉资三市共同签署《成都都市圈联合招商战略合作协议》，在共建投资推介活动平台、协同推进产业招商、推动多层级合作、开展驻外机构交流培训等方面开展合作。

先后出台《成德同城化“协同产业招商、推动共享发展”工作方案（试行）》《成都都市圈招商引资项目跨市域流转协作工作规则（试行）》等投资项目信息流转机制，引导成德眉资四市共享相关投资项目信息，并在项目投产后共享财税利益。

三、成效

成都都市圈联合招引自 2022 年 11 月首次开展以来，得到了国内外诸多主流媒体的宣传报道，成都都市圈对外影响力深远，重点产业链目标企业的投资吸引力不断提升。

如何利用区域协作平台助力总部经济聚势跃升？①

探索经济区与行政区适度分离有效路径。

——《成都都市圈发展规划》第十章第四节

一、探索

（一）突破行政“边界”

突破传统的合作发展区域，创新实施市（州）入驻建设“反向飞地”模式，在成都市统筹布局下，由四川天府新区提供5年免租金载体空间（见图1），德阳、眉山、资阳等根据项目招引、企业孵化、宣传推介等实际需求，落地相关服务机构、国有平台和社会企业，初步构建起以总部基地为核心、多主体共同参与的“1+1＞2”的协同发展格局。

图1　四川区域协同发展总部基地实景图

① 本案例由四川天府新区发展和经济运行局（原战略研究局）供稿，《创新同城化：成都都市圈探索实践》编委会组织编写。

（二）突破利益“边界”

聚焦构建“蓄能、育能、释能、赋能”的跨区域产业生态圈，成都与德阳、眉山、资阳探索构建政策互通、产业协作、招商共享等分成共担、利益共享机制，天府新区与德阳、眉山、资阳合作招引的企业入驻总部基地后，可自主选择注册地，产生的税收和经济数据按 3∶7 的比例分享；德阳、眉山、资阳等市（州）存量企业若将技术研发、营销推广、企业孵化等功能板块迁入总部基地，注册地及税收解缴关系仍保留在本市（州）。

（三）突破权责“边界”

突破单一的权责管辖地域，以“责任制 + 清单制”形式共同发布合作重点、任务分工、完成时限，联合实行奖励与惩罚、年终与日常相结合的动态考核。同时，在成都市及省级相关部门支持下，成功争取将总部基地纳入四川全省系统集成授权改革、重点项目动态调度、重点任务目标考核，构建“省—市—新区”上下贯通的三级联动机制，形成横向到边、纵向到底的区域合作权责体系。

二、创新

（一）推动协同创新向融合创新转变

聚焦发挥总部基地科技创新“引爆点”作用，联动德阳、眉山、资阳、绵阳及重庆共建西部科学城，围绕共享科技设施、联合技术攻关等 10 个重点领域，加快构建全链条创新体系，集聚 216 个国家级创新平台开展技术联合攻关，引育国家高新技术企业 4511 家。四川天府新区“双创”示范基地连续 3 年荣获国务院通报表扬，校院地协同创新改革经验和成果被中央改革办宣传推广。

嘉宾点评

彭波 商务部国际贸易经济合作研究院研究员

成都都市圈在“协同提升创新驱动发展水平”方面大胆创新，实现了有力有益的突破，对此，《创新同城化：成都都市圈探索实践》一书予以非常有价值的发掘和总结。

在传统观念中，不同行政区之间管辖范围分明、权责利益清楚，这有利于不同行政区、部门各尽其责，各守其职，各享其利，但是也限制了能力的发挥、资源互动，及工作当中的高效有益合作。对此，《创新同城化》一书总结发现：成都都市圈高度重视“协同提升”，在工作中探索经济区与行政区适度分离有效路径，突破了行政、利益和权责三大过去被认为是天经地义的“边界”，在创新驱动发展方面取得了良好的效果。

尤其是四川天府新区“双创”示范基地，聚焦发挥总部基地科技创新“引爆点”作用，联动多个不同城市，共建西部科学城，开展技术联合攻关，加快构建全链条创新体系，效果显著。此外，成都都市圈还聚焦打造成渝地区双城经济圈，建设产业协作战略平台，推动圈内外地区间重点合作，加强战略共识、创新并进、经济联动，有效推动了当地社会经济高质量发展。

目前，四川区域协同发展总部基地已被纳入全省系统集成授权改革重点内容。

囿于西方经济学的偏见及固化逻辑，人们通常把中国经济发展的根本动力归为劳动力红利及市场发展。这两者固然重要，但是从本书中能够清楚地看到，有为政府在这方面同样功不可没。

（二）推动从同质发展向同链发展转变

聚焦发挥总部经济、研发经济引领作用，突出总部基地极核引擎“向心突破”，创新探索“总部 + 基地”“研发 + 生产”等园区共建飞地经济模式，联动天邛产业园打造新能源、新材料科技成果转化基地，联动中德（蒲江）产业新城打造轨道交通成果转化基地，联动新津天府智能制造产业园打造先进制造业基地，联动淮州新城打造西部（成都）科学城成果转化园区，联动眉山围绕“牵头园区 + 主导产业 + 重大平台 + 链主企业”开展产业适配共建，创新探索“前店后厂”“总部 + 基地”“研发 + 生产”等产业互动模式，共同探索数字经济产业园与孵化基地联动联建路径。

（三）推动省内联动向成渝互动转变

聚焦打造成渝地区双城经济圈建设产业协作战略平台，延伸链接功能和价值内涵，推动都市圈内区（市）县持续增强与重庆两江新区、高新区、巴南区等重点合作区域的战略共识、创新并进、经济联动。联合开展对上争取事项 101 项、争取资金 110.19 亿元；推动战略科技力量协同集聚，联合布局国家、省级重大科技基础设施 13 个；两江天府“八大产业旗舰联盟”汇集头部企业 85 家、会员企业 510 余家；稳定开行 11 条跨境公路班车，发运货值超 67 亿元。

三、成效

通过 3 年多的不懈努力，四川区域协同发展总部基地进入“实质建设、全面落地”新阶段。四川天府新区与德阳、资阳、眉山签订共建四川区域协同发展总部基地战略合作协议，德阳、资阳已入驻运行，眉山完成了入驻装修前期工作；都市圈外有 12 个市州完成载体装修，其中达州、广安、雅安、宜宾、遂宁、南充、攀枝花、巴中等 10 个市州入驻运行。各市州依托区域协同发展总部基地，以“总部 + 基地”模式开展重大项目联合招商，以“产品 + 市场”模式开展宣传推介，以“头部 + 生态”模式相互推介项目，共同搭建项目洽谈、资金搭桥、技术创新等公共服务平台 20 余个，举办产业对接、资本对接、人才对接等政务商务活动 80 余场次，累计引育科技企业 103 家，发布重大科技转化成果清单 327 项。四川区域协同发展总部基地被纳入全省系统集成授权改革重点内容。

如何“三园联动”推动海峡两岸产业合作区发展？①

建设重大开放合作平台，高质量建设海峡两岸产业合作区，为助推成德眉资产业发展，加快构建成都、眉山、德阳三地产业园高效分工、特色鲜明、优势互补、良性互动的发展格局。

——《成都都市圈发展规划》第七章第二节

一、探索

（一）打通联动工作机制，搭建区域合作运行轨道

召开“三园联动”工作专题会议，打通联动发展工作机制，创新推动海峡两岸融合发展。压实两岸产业合作区发展联盟第二届理事长单位职责，组织召开两岸产业合作区发展联盟理事会会议，创新研提、推广对台工作系列先进做法经验，协调推动昆山、海沧等地向中西部地区梯度转移电子信息、精密制造等领域台资项目 20 余个。

（二）链通优势资源禀赋，举办发展机遇推介活动

围绕先进材料、智能制造、集成电路等三地重点产业领域，突出三地差异化、个性化优质投资环境资源，聚焦长三角、珠三角、粤港澳大湾区、京津等台商聚集区域，举办主题合作论坛和重大招商活动。成都产业园（中山）台商座谈会、眉山产业园优势产业（昆山）推介会暨台企恳谈会等 3 场投资推介活动成功召开，吸引台商 100 余人次参会，积极参加四川省、成都市台办组织的各类两岸交流活动。其间，举办了海峡两岸产业合作区四川“一区二园”2023 年首届“台商台企成都都市圈行”投资环境恳谈会（见图 1），并进行了台资台企产业化项目合作、东部与西部地区台协合作、在蓉台资金融机构与“一区三园”战略合作签约仪式，与德阳、眉山等周边

① 本案例由成都市青白江区人民政府侨务和台湾事务办公室供稿，《创新同城化：成都都市圈探索实践》编委会组织编写。

城市积极联动开展产业交流推介。2023 年 4 月，举办成都市第五届新型材料产业创新成果应用交易峰会活动，德阳市科力特硬质合金等 5 家企业参加本次峰会，引导蓉欧工业商会与德阳市装备制造商会签订《友好商会合作协议》。

图 1　海峡两岸产业合作区四川"一区三园"2023 年首届"台商台企成都都市圈行"投资环境恳谈会

（三）畅通资源共享渠道，发布投资机会清单

深度梳理项目、楼宇、土地等载体资源以及三地各类产业、人才等优惠政策，广泛收集台资台商投资需求意向等，多频次、多维度释放合作机遇，2021 成都新经济"双千"发布会首场活动在成都产业园成功举行，发布新产品 22 个、新场景 29 个。依托三地媒体、活动等线上线下集中发布《成德眉资同城化城市机会清单》《德阳产业园重大项目投资机会清单》等投资清单 600 余条，单个园区宣传渠道单一、覆盖范围狭窄、受众维度较少等难题得到有效解决。

（四）疏通赴台参访路径，收集意向投资信息

加强与昆山、厦门等台资聚集地区的台商协会的对接交流，探索形成"牵头联络共同参访"模式，划分长三角、珠三角等区域牵头联络"责任田"，适时抱团赴台集体参访，主动参访深圳信利康、南京百脑汇、中山纬创等台资企业 20 余家，积极对接中山台协、台州台协、昆山台协等台资台商协会 6 个。着力提升赴台参访频率和范围，有效破解招商力量缺乏等困境。

二、创新

（一）聚焦先行先试，开拓了体制机制创新“试验田”

“三园联动”打破了行政区划的桎梏，将行政区划与经济区域适度分离，依托成德眉资同城化发展、成渝地区双城经济圈建设、金青新“一带一路”大港区建设等重大战略部署，聚焦机制共建、产业共兴、台资共引、资源共享、两岸交流等重点领域，围绕资源禀赋和产业基础，构建了行之有效的跨区域联动机制，践行了多项卓有成效的协作举措，创新了三园分工协作的合作模式，增强了四川海峡两岸产业合作区核心竞争力，推动改革举措系统化、制度化，为跨区域创新协同高质量发展提供了良好示范。

（二）聚焦集成集约，打造了要素整合的“强磁场”

“三园联动”遵循了市场规律和地方实际，全面贯彻了《成渝地区双城经济圈建设规划纲要》《成德眉资同城化暨成都都市圈交通基础设施互联互通三年实施方案（2020—2022 年）》等文件精神，系统集成、集中落实了国家、四川省、成都市支持成德眉资同城化发展的改革措施，整合了大港区台资台企优势资源，加快实现了四川三个海峡两岸产业合作园区政策协同一体、要素高效配置、产业集群协作的发展格局（见图 2）。

嘉宾点评

刘悦 国家发展和改革委员会宏观经济研究院外经所副所长

在促进区域协调发展和培育发展现代化都市圈过程中，如何完善城市功能体系，凸显不同城市的竞争优势，提升区域的整体竞争力，服务国家全局，一直是值得研究的问题。成都、眉山、德阳“三园联动”打破了行政区划的限制，将行政区划与经济区域适度分离，依托成德眉资同城化发展、成渝地区双城经济圈建设，根据各自要素禀赋突出三地差异化，聚焦先进材料、智能制造、集成电路等重点产业领域，面向长三角、珠三角、粤港澳大湾区、京津冀等台商聚集区域，实行机制共建、产业共兴、台资共引、资源共享的跨区域联动机制，有效提升了四川整体的核心竞争力，具有创新价值和推广性。在区域统筹发展中，要以“国家所需、城市所长”为导向，明确城市核心功能定位；要以“激发活力、协同发展”为导向，提升核心功能能级；要以“尊重规律，差异化发展”为导向，加强各地协同发力。同时也要借鉴三园经验，机制共建、资源共享，实现跨区联动，实现资源聚集的规模效应。

图2　2023年两岸产业合作区发展联盟理事会会议以线上形式召开

（三）聚焦交流交融，拓宽了两岸融合发展“新空间”

“三园联动”有效将三地文化品牌衔接，将“走出去”与“引进来”相结合，通过共同吸引台胞台商来区考察、共同开展两岸交流活动等多种方式推动两岸文化交流，有效促进两岸人民互通、共融，同时为广大台商分享大陆经济发展机遇、体验中华历史文化、见证大陆发展成就搭建了重要平台。充分发挥三地联动效应，共同讲好优秀台商台企在成、德、眉的创业故事、发展事迹，向四川全省乃至西南地区社会各界大力宣传台胞台商对经济社会发展的积极贡献，进一步坚定了台商台企扎根发展的信心，为促进三地台企的持续健康发展营造了良好的氛围环境。

三、成效

“台商川渝行”等活动中收集台湾巨皇集团、中国能建集团共同投资的分布式光伏开发等项目信息20余条，涉及投资200亿元以上，签约落地包括台丽集团、分布式光伏、舶来车/平行进口车等台资项目。四川省、重庆市的有关单位、企业与永丰银行、富邦华一银行、第一商业银行、中国民生银行等签订战略合作协议，在资信授予、金融咨询、资金管理等方面为台商台企向都市圈转移提供了更为丰富的配置和服务。

柒

促进公共服务便利共享

成都、德阳、眉山、资阳共推同城化，共建都市圈，几年过去，当地的市民、入驻的投资者、圈内外的旅游者等满意不满意？这可谓衡量都市圈成败得失的灵魂之问。

本章内容丰富多彩。16 个案例展现了成都都市圈在医保同城、文旅融合、异地养老、协同救灾、共同申遗、检验互认等方面的具体做法；马晓利（Massimo Bagnasco）、刘戈、张炜、王宗凡等专家则概括总结了成都都市圈促进公共服务便民共享的机制创新。我们在此章中专门约请了普通市民参加访谈，他们原汁原味地提出了一个逻辑起点上的问题：都市圈如何让生活更美好？

如何实施同城便捷行动，推进都市圈无界生活？[①]

从群众急难愁盼问题入手，突出均衡化、便捷化、人文化、品质化导向，推动基本公共服务覆盖全部常住人口，整体提升优质公共服务水平，共同打造城乡融合的优质生活圈。

——《成都都市圈发展规划》第八章

一、探索

（一）筑牢顶层设计，强化平台技术支撑

同城便捷生活行动的实施充分发挥了“体制机制”顶层设计作用，同城化“专项合作组”架构、明晰的责任分工机制为有序推进事项提供了有力的制度保障，同时，行动的实施也充分利用了“信息技术”的工具支撑作用，以互联网“数据共享”、大数据为支撑的“一网通办”“异地通办”等为实现跨区域业务协同及惠民惠企政策落地提供了有力的工具支撑。

（二）夯实交通基础，拉近四城时空距离

成德眉资四市先后联合印发实施了《成德眉资打通城际“断头路”行动计划（2020—2021年）》《打通同城化城际“断头路”第二批行动计划》《打通成德眉资同城化城际“断头路”第三批行动计划》，推动“断头路”与高速路网、国省干线路网、农村公路网的衔接，持续提升成都与德眉资三市间主要交通廊道的交通供给水平，截至目前，已打通26条“断头路”。同时，瞄准提升公共交通出行效率，不断优化跨区域客运公交运营，让交通基础更加稳固，出行更加“无缝衔接”，四市群众出行成本更低、更加便利，进一步拉近了四市的时空距离，增进了都市圈群众的交往

① 本案例由四川省同城化办公室供稿，《创新同城化：成都都市圈探索实践》编委会组织编写。

情谊。

（三）聚焦群众关切，化解群众“急难愁盼”问题

三批次的便捷生活行动（事项）多次提到“一”，譬如居民就医“一码（卡）通”、职工医保关系转移接续“一站式”办理、“档案转接服务一站受理”、人事考试“一网通办”以及毗邻地区“群众一次报警、两地一体处置”等多个“一”次性办成事项，聚焦群众急难愁盼问题，“线上办”“马上办”“异地办”等功能加快完善，极大地减少了程序，让办事群众少费周折更省心。譬如推进检查检验结果互认，对患者来说，不仅省去了不少就医时间，更重要的是避免了不必要的重复检查检验，实实在在地节约了“真金白银”，一定程度上降低了就医成本，减轻了经济负担。

二、创新

（一）整体谋划分批次实施，由浅及深循序渐进

在《成都都市圈发展规划》以及成德眉资同城化发展暨成都都市圈建设起步期、成长期三年行动计划的指引下，省同城化办公室坚持系统思维，注重牵住牛鼻子，注重“当前”与“长远”的统一，充分结合调研成果，在整体持续实施三批次都市圈便捷生活行动的框架下，统筹考虑项目资金、用地等要素保障和实施的难易程度，联合印发实施成德眉资同城化打通城际“断头路”三批次行动计划，分四批次发布成德眉资政务服务“同城化无差别”受理事项清单，不断扩大检查检验结果互认医疗机构范围及互认项目，不断优化公交客运开行班次和文化旅游观光体验等，循序渐进地推动“同城待遇”逐步实现。

（二）推进标准统一、促进政策协同、建立长效机制

在全国首创出台住房公积金同城化贷款异地使用政策，首创建立长期护理保险异地待遇保障机制，首先提出“公众碳减排积分奖励、项目碳减排量开发运营”的双路径碳普惠机制。在权益保护方面，通过联合制定《成德眉资线下实体店无理由退货规定》，极大地提升了消费者的线下体验感，让消费者敢买敢试，充分发挥了市场监管下的消费者权益保护对提振消费的促进作用。

（三）强化服务意识，更好回应企业所需

实施企业开办“一窗通办”。统一开通成德眉资一体化企业登记服务专窗，联合制定专窗办事指南，开辟企业跨区域迁移绿色通道，实现成德眉资异地自助打照。推进企业登记注册容缺受理、企业集群注册异地同标，按照“一件事”标准，四市将企

业开办环节从 5 个整合为 1 个，所需提交材料精简至 5 件以内，时间压缩至 0.5 天；采取政府购买服务的方式提供首套印章免费刻章和寄递服务等措施，实现企业开办“零成本”。推进“高精尖缺”外籍人才跨区域兼职创业，推出共享职业技能培训平台，联合举办同城化招聘活动等举措，使得人才在同城化区域内流动更加顺畅自由，带动资金、信息、技术等各类要素跨区域自由流动。助企惠企举措的落实，为企业健康发展、降本增效创造了更为便捷有利的条件和环境。

三、成效

“成德眉资同城便捷生活行动实施效果评估研究”课题成果显示，打通城际“断头路”等行动群众满意度高，教育、医疗、社会保障发展共同体建设以及政务服务通办、应急救援协作成效明显。“便捷生活行动”让同城生活“速度更快、成本更低，质量更优、服务更佳”（见图 1）。

（一）交通线路跨区衔接更加畅通

行动实施以来，累计打通断头路 26 条，稳定开行 17 条跨市域公交线路，日均客流量约 2.6 万人次，成都都市圈 38 个区（市）县已有 28 个（成都 21 个、德阳 2 个、眉山 3 个、

嘉宾点评

马晓利（Massimo Bagnasco） 仲欧脱碳科技（成都）有限公司首席执行官

It is essential for Chengdu and surrounding cities to collaborate to boost its international competitiveness. This process is fully aligned with the ongoing national strategy (Dual Carbon Goal, Chengdu Chongqing Economic Circle, Rural Rejuvenation).

Europe and Sichuan, Greater Chengdu area, have several similarities then joint researches, best practice learning and shared implementation can be developed.

Greater Chengdu should implement policies that encourage greater cooperation across municipal borders, focusing on infrastructure development, coordinated urban planning, and fostering innovation clusters.Meanwhile it is fundamental to continue and strengthen the process of internationalization through cultural, sports and commercial activities. People to people exchange should be brought on the top of the priorities, in particular attracting and retaining in the area senior experts and talents who could support the young local talents growth and contribute to leverage the awareness of this region abroad, because they are the best “Ambassadors” for promotion on a broad scale.

成都及周边城市有必要加强协作，以提升其国际竞争力。这一进程完全契合当前的国家战略（“双碳”目标、成渝地区双城经济圈建设、乡村振兴）。

欧洲与四川及成都都市圈地区存在诸多相似之处，因此双方可以共同开展研究、交流最佳实践并分享实施经验。

成都都市圈应鼓励跨市域协作，重点关注基础设施建设、协调城市规划以及促进创新集群发展。与此同时，通过文化、体育和商业活动持续推进并深化国际化进程。应将人文交流置于优先事项之首，特别是吸引并留住能够支持本地青年人才成长，并助力提升该地区国际知名度的资深专家与人才，因为他们是进行全球推广的最佳“宣传大使”。

图1　成德眉资同城便捷生活行动相关文件

资阳2个）实现天府通“一卡通刷、一码通乘、优惠共享”。同城化区域内公交客运便利化水平、交通网络互联互通水平进一步提升。

（二）教育与医疗卫生服务更加优质

分类组建智慧教育、职业教育等多个教育联盟，推动四市学校结对共建达336对，全域共享名校名师等优质教育资源。实现职工医保关系转移接续“一站式”办理，缴费年限实现互认，定点医疗机构异地就医直接结算应开尽开，2024年异地就医结算744.39万人次、医保支付29.34亿余元；在蓉三甲医院与德眉资医疗机构共建27个医联体、65个专科联盟；519家公立医疗机构电子健康卡（码）互认互用，实现154家二级以上公立医疗机构、138项检查检验结果互认。2024年1—7月，成德眉资四市实现检查检验结果互认69.4万余人次，减少群众检查检验费用支出7400万余元。

（三）就业与住房保障更加有力

截至2024年12月，成德眉资四市联合举办线上线下同城化招聘活动171场，为7752家用人单位发布就业岗位29.66万个次。搭建“银政通＋不动产抵押登记”“银政通＋公积金信息业务”平台，截至2024年12月，累计办理不动产相关业务2323万余笔、公积金信息业务3468万余笔，减少群众“跑腿”超855万人次。在全国都市圈中率先出台住房公积金同城化贷款异地使用政策，2024年四市共办理同城区域住房公积金异地购房贷款“两地通办”1500余笔、超7亿元，灵活就业人员参加住房公积金制度试点落地。

（四）政务服务跨区通办更加高效

目前都市圈已实现214项高频事项“无差别受理、同标准办理”。成都“天府市民云”开通德阳、眉山、资阳频道，“12345”政务热线实现四市全域一键咨询、服务联动。

（五）应急救援协作更加深入

四市联合印发《成德眉资应急联动体系建设实施方案》，明确4大类12项28分项重点任务，建立起灾害联防联控、灾情联合会商、灾难互帮互助等应急联动机制。建立救灾物资同城保障联席会议机制，启动编制成德眉资救灾物资储备规划、同城保障应急预案。毗邻地区110接处警协作机制纳入四川省公安机关110接处警工作规则，2024年1—12月成都与德眉资累计转出20492件，转入1319件。

如何让我眼中的都市圈成为大家爱的“显眼包”？①

完善规划实施的公众参与机制，广泛听取社会各界的意见建议，营造全社会共同推动成都都市圈建设的良好氛围。

——《成都都市圈发展规划》第十一章第三节

一、探索

（一）聚焦广大青少年主体，播撒“同城化发展”种子

《论党的青年工作》一文指出，中小学生是青少年的主体，是国家的未来和希望。任何一个思想观念，要在全社会树立起来并长期发挥作用，就要从少年儿童抓起。“我眼中的都市圈”系列活动面向成德眉资四市广大中小学生群体征集摄影、文章、演讲类主题作品，通过汇聚广大青少年视角下的同城生活场景，展现“同城生活”面貌，传播榜样力量，让“同城化发展”的种子在这支生力军的心中生根发芽，引导广大青少年成为有思想、有情怀、有责任、有担当的都市圈建设者和接班人（见图 1）。

图 1　2021 年摄影绘画获奖作品巡展活动现场

① 本案例由四川省同城化办公室供稿，《创新同城化：成都都市圈探索实践》编委会组织编写。

（二）聚合各方组织力量，共同保障活动顺利实施

成德眉资是一个“大家庭”，满足家庭成员的参与感、获得感、成就感是提升家庭队伍凝聚力、执行力和战斗力的重要方法。在多段式的活动框架下，“我眼中的都市圈”系列主题活动坚持成德眉资四市共同参与策划、共同组织实施、共同评选作品；组织教育部门、中小学校、专业领域专家等充分参与活动的策划、推荐、选拔、评审等环节，融入同城化发展的活动氛围中，参与感进一步提升，执行力进一步增强。在评选过程中，充分利用互联网的快速传播和广泛覆盖优势，组织都市圈群众参与线上投票，有效扩大了活动参与范围。

在策划活动过程中，省同城化办公室通盘考虑活动各个阶段，全面预估参与人员的规模、身体状况、饮食安全、交通保障等影响因素，结合现场安全、场地设备保障、物资保障以及应急预案等，明确责任、细化措施，科学制定出相应的活动方案（见图 2）。在 2023 年的演讲比赛决赛中，组织者精准把握赛程时间，在现场配备应急医护人员，比赛与成都大运会错峰而行，以此预防和应对各种意外情况，最大限度地保障活动的安全和顺利进行。

图 2　第三届“我眼中的都市圈”——“共襄大运会 共建都市圈”中小学生演讲比赛抽签环节

二、创新

（一）持续强化年度安排部署，统筹开展主题赛事活动

将“我眼中的都市圈”中小学生主题活动作为重要活动载体纳入成德眉资同城化发展暨成都都市圈建设年度重要活动清单，充分依托教育协同专项合作组及同城化工作牵头部门等相关单位，以“清单制 + 责任制”的方式切实保障活动落地落实。

（二）坚持活动形式多样化、多段式，注重激发兴趣保持新鲜

活动形式的多样化、多段式有利于激发新鲜、惊喜、亲近等情感，使活动产生进一

步的吸引力，吸引广大师生主动去关注和参与。三年来，“我眼中的都市圈”主题活动不仅策划了摄影、绘画、征文和演讲的活动形式，还在成德眉资四地多个场所举办了摄影绘画作品巡展，广泛分送了2000册征文大赛获奖作品集（见图3）。同时，通过开展“推荐、选拔、评审”等阶段性的组织工作，层层增进成德眉资四市广大组织者的参与感和获得感，让同城化发展理念在教育教学、人文艺术等社会各界逐步传播开来。

图3 2022年“我眼中的都市圈”中小学生征文大赛获奖作品集

嘉宾点评

刘戈 央视评论员

更多的时候，我们把打造都市圈只是看作政府打通基础设施的一项任务，或者进一步延展到相邻城市生产要素的自由流通。但当我们把都市圈的建立回归到相关城市市民日常生活层面的时候，对都市圈构建的目标和路径都会产生新的思路。成德眉资都市圈让青少年通过摄影、作文、演讲、绘画等活动参与同城化进程，激发年轻一代带着探索的目光审视和发现都市圈同城化带来的生活便利和自身的发展机会。这个思路既契合同城化以人为本的终极目标，也自然会成为同城化进程的推动力量。

（三）紧扣“同城化发展”主题，精心策划活动内容

活动主题和内容是活动的灵魂所在，好的内容能够吸引更多的人来参与，“我眼中的都市圈”主题活动始终紧扣“成德眉资同城化”主题，围绕同城化进程中成都、德阳、眉山、资阳的崛起与蜕变，让活动组织者、参与者讲述在成都都市圈建设中自身的经历与身边故事，抒发自身的情感与体会，表达自身的憧憬与期待以及对成都都市圈区域内世界盛会的迎接热情，以此生动反映成都都市圈经济社会发展给群众生产生活生态带来的可喜变化，充分展现成德眉资同城化发展中的大事要事、风光、历史、人文等，达到深入宣传都市圈建设具体成效的目的。

三、成效

2021 年，“见证 · 我眼中的都市圈”摄影展征稿活动收到成德眉资四市的摄影爱好者投稿各类摄影作品 400 余幅，“我为都市圈画蓝图”图片征集活动收到成德眉资四市摄影作品 595 幅。2022 年，“我眼中的都市圈”中小学生征文大赛共收到中学组、小学组两个组别共 1214 篇征文作品。2023 年，第三届“我眼中的都市圈”——“共襄大运会 共建都市圈”中小学生演讲比赛网络票选阶段吸引了 20 万人次参与。2024 年，“花漾四地 · 云上同城”——第四届“我眼中的都市圈”短视频大赛共征集作品 500 余个，吸引 60 万人次参与网络投票，全网浏览量达 800 万人次。

如何实现七城联盟、职教同城？①

组建区域型、行业型及复合型职业教育集团，促进产业链、岗位链、教学链深度融合。

——《成都都市圈发展规划》第八章第一节

一、探索

（一）资源整合，提升职教同城化“温度”

不断强化理论学习，探索高质量组织工作体系的建设，为辐射超200所职业院校、近百万名职教学生绘制协同发展蓝图；深化调查研究，以七城市职业院校教师队伍建设调研为契机，分析七城职教发展的挑战与机遇；提升组织引领力，打造协同发展引擎，常态化开展七城市职业教育联盟教科研专委会工作会议（见图1），持续整合优质职业教育教科研资源，共谋七城市职业教育深度融合发展。

（二）多维推进，提升职教同城化“效度”

聚焦任务落实，多维多点开展七城联合活动，以实践举措促进七城职教教研、教学质量的提升。基于联盟平台，组织了七城市职业院校教育教学课题研究及“课堂革命”优秀案例评选，以课题研究、案例交流等具体形式，推动职教同城化建设从蓝图走向落地，并在实践中发现问题、汲取经验，不断优化职教同城化的顶层设计，提升“效度”。

（三）创新发展，提升职教同城化“广度”

积极探索推动职教同城化的创新路径，探讨技术赋能下的职教融合发展新方向。以信息技术为媒介，搭建职教领域的在线知识分享平台。以科技平台为支撑，2024年共开展线下线上相结合的培训20场，拓宽了都市圈内职业教育领域交流的广度，

① 本案例由教育协同专项合作组组长单位成都市教育局供稿，《创新同城化：成都都市圈探索实践》编委会组织编写。

有效促进了都市圈内职教领域的优势互补、资源共享，加快了都市圈职教科研协同发展进度。

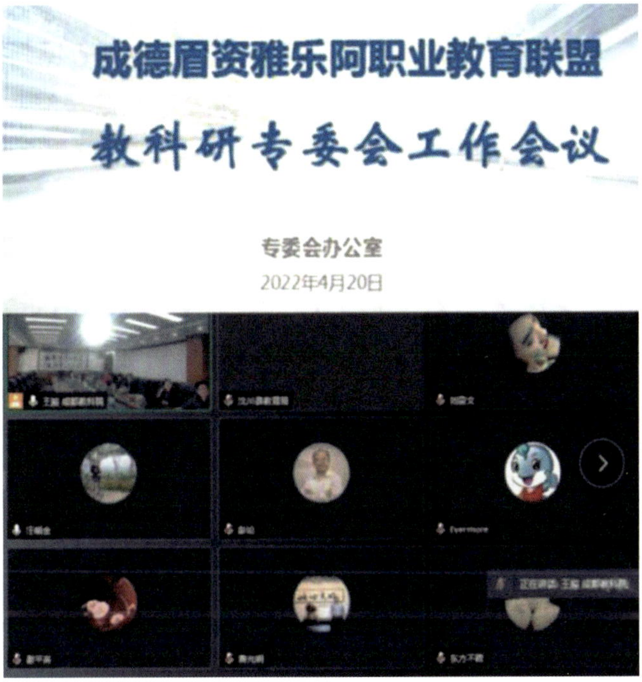

图 1　2022 年成德眉资雅乐阿职业教育联盟教科研专委会工作会议

二、创新

（一）完善组织架构，形成工作合力

2021 年，七城市职教联盟成立内设机构“职业教育教科研专委会”，确定了专委会组织架构、工作机制及年度工作要点。专委会采取主任单位“轮值制”，任期 1 年，成都教科院副院长为首届轮值主任；设专委会办公室，办公室为常设机构，设在成都教科院。专委会充分调动了各方面力量参与教育同城化建设，为建设高质量教育都市圈提供了持续的力量保障，稳步构建了共建共治共享的教育同城化建设新格局。

（二）深入开展调研，找准工作定位

为摸清各城市职教教科研机构及教师专业发展情况，专委会开展了专题调研，调研联盟内各城市职业教育教科研部门设置，人员构成，服务对象以及教师职业发展情况、职业倦怠情况和专业培训需求情况，形成了调研报告，为联盟下一步工作开展，尤其是师资队伍培养培训工作奠定了坚实的基础。

嘉宾点评

张炜 浙江大学中国科教战略研究院副院长

该案例系统阐述了成都都市圈运用“七城市职教联盟”在构建共建共享的职教融合发展新格局、增强职业教育教科研一体化的向心力、推动都市圈职业教育教学高质量发展等方面取得的显著成效。案例中的创新举措亮点纷呈，重点包括完善组织架构，成立“职业教育教科研专委会”，采取主任单位“轮值制”，充分调动了各方面力量积极参与职业教育同城化建设。该案例展示了区域职业教育协同发展的巨大潜力，是一次成功的职业教育同城化实践，值得深入推广。应进一步引导和发挥产业界的力量，推动产教融合模式创新，强化职业教育水平持续提升。

（三）深化课题研究，提升育人智慧

为引领区域职业教育深化改革创新，提升育人能级，2024 年，专委会组织七城市职教联盟开展年度教育科研课题申报，立项课题 80 项。研究内容涵盖了党建、课程思政、校企合作、专业建设、师资队伍建设、课堂教学、学生实训、心理健康教育等多个领域。

（四）深耕教育教学，推动课堂革命

专委会启动了中等职业学校“课堂革命”优秀案例评选，倡导课堂要变革教学形态、教学内容、教学模式、教学环境、教学手段与方法，遴选出一批直击教育教学中的难点和痛点、教学改革效益突出、创新与示范作用较强的典型优秀案例，助力职教人才培养质量的提升。

三、成效

一是共建共享的职教融合发展新格局持续构建。完善了职教同城化建设的组织工作，优化了职教融合发展的蓝图，为职教同城化高质量建设“保驾护航”。

二是职业教育教科研一体化的向心力切实增强。以联盟化为基点，以联盟开展的课题研究、案例评选、线上教研等联合活动为生长点，有效促进了都市圈内职业教育教学的交流、合作，增强了同城化的向心力。

三是都市圈职业教育教学高质量发展得到有效推动。以提高教学品质为旨归，全面推进职教领域各级各部门的经验共享及深度交流，如成都市的监测评估体系构建、德阳市的学校视导机制、眉山市的师资队伍培训、资阳市的教学质量综合评估等先行经验的共享，促进七城职教在裒多益寡、兼收并蓄中实现了职业教育教学的协同发展。

如何深化院地合作?
——以资阳为例探索都市圈医卫协同发展[①]

优化区域医疗卫生资源配置，创新医疗服务共享模式，促进医疗服务均质化发展。

——《成都都市圈发展规划》第八章第二节

一、探索

（一）政府搭台子，创新机制构建紧密型“医联体”

由资阳市委、市政府牵头从战略全局出发，开创院地合作的全新医院管理机制。四川大学华西医院通过“管理 + 技术输出”，以“在位 + 在线”结合的形式构建紧密型“医联体”，围绕管理、业务、信息“三统一”目标协同发展。

（二）医院唱主角，推动医疗服务水平上台阶

华西医院管理团队常驻资阳，全面执掌市中心医院的运营发展。引入华西党建业务融合、诊疗组长负责制及运营管理等先进管理模式，促进医院精细化管理。聘任10名学科主任和39名特聘专家“在线 + 在位”带领学科发展，促进市中心医院服务能力提质上档（见图1）。

（三）科室结对子，促进专科共建树品牌

将协同范围由诊疗服务扩展到学科建设、课题研究、人才培养、运营管理等方面，通过建立专科联盟、科室结对子，在特色专科建设上重点突破，大力拓展新技术新项目，提高科研能力，着力提升疑难危重症病人救治水平，打造学科“硬核”技术品牌（见图2）。

---

① 本案例由资阳市中心医院供稿，《创新同城化：成都都市圈探索实践》编委会组织编写。

图 1 资阳市中心医院正式增挂牌为四川大学华西医院资阳医院

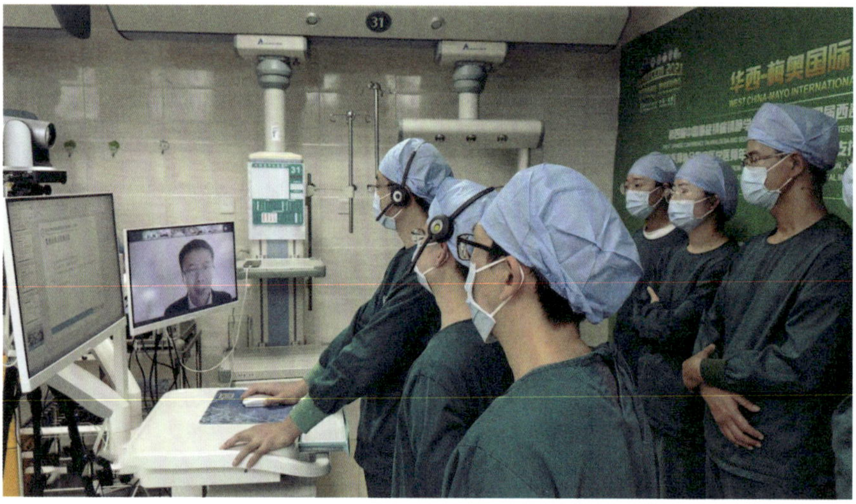

图 2 在第六届华西—梅奥国际重症医学大会中，华西医院重症医学科连线资阳市中心医院开展 5G 远程教学查房线上直播

（四）医生交朋友，人才共育共用强队伍

搭建人才横向流动、柔性集聚、协同发展的多元化平台，形成人才“共引共育共用”新格局。通过华西专家手把手的“传帮带”，选派医务人员到华西医院学习，促进专业人才业务相长、情感相融，学习专科领域最新医学知识及管理前沿理念方法，实现高层次人才队伍稳步发展壮大。

二、创新

（一）创新机制

资阳市人民政府与华西医院签订协议，全力支持华西医院领办市中心医院，提供良好的改革和发展环境，在医院管理改革、专科建设、人才引育、技术创新等方面给予强力保障与财政支持，为领办取得实效奠定了坚实的基础。

（二）人才协同

“引、育、用、管”同向发力，充分发挥人才的引领和支撑作用，形成人才工作合力，推动医院高质量发展，撬动区域之间的互动合作，共享优质医疗资源，最终实现整个辐射区域的同频发展。

（三）技术协同

依托华西医院的管理和技术输出，建立健全现代医院管理体系，构建了“华西医院—市级医院—县级医院—乡镇卫生院（社区服务中心）”畅通的分级诊疗体系，让能力提上去，把病人留下来，增强了人民群众看病就医的安全感、获得感。

嘉宾点评

冯奎 中国区域科学协会副理事长、研究员

在都市圈构建“生活圈”，一项重要要求就是优质医疗资源的共享。资阳市与华西医院开展“府院合作”，解决这方面的问题。此类探索完全可以在其他都市圈复制推广 。

“共建”方面的改革，不仅提高了中小城市的生活品质，还有成本节约的意义。资阳与华西医院通过合作，将管理与技术注入市中心医院，资阳市民获得了更好的医疗服务，华西医院有了更多服务收入，这有一举多得之效。今后一个时期，尽管都市圈人口保持稳定甚至增加，但是医疗、教育等机构未必都要另起炉灶、重新建设。

这类合作对于都市圈之外的“府院合作”也有借鉴意义。通过类似“共建”，使人口较少或流出地区的医疗服务质量有明显提升，能提升这类地区的吸引力；同时避免硬件投入带来的财政压力。

（四）优化流程

通过远程影像诊断系统，实现患者在基层医院接受影像检查、市中心医院给出影像诊断、华西医院提供影像质控服务，推动了区域影像诊断的同质化。通过重症管理系统，市中心医院疑难危重症病人可及时提请华西专家会诊、查房，对不能诊治的疑难危重症病人及时转诊协同治疗。建成互联网医院，开启智慧就医模式，让病人就诊更加方便快捷。

三、成效

自2016年7月华西医院正式领办市中心医院以来，市中心医院的综合实力全面提升，辐射带动作用凸显，实现了“依靠输血到自身造血”“资源下沉到辐射带动”“看病担心到就医舒心”三个转变，成功创建三级甲等综合医院，建成四川省骨科区域医疗中心，现有省临床重点专科建设项目7个（含川渝共建重点专科3个）、省医学重点专科8个、市级医学重点专科24个、市临床重点专科建设项目3个、市重点实验室5个，省市重点专科增长数量居全市第一。牵头区域内专科联盟建设，建成消化内科联盟等24个专科联盟、肺结节联盟等11个专病联盟，带动区域内各级医疗机构专科能力提升。依托华西医院“高峰”建“高地”，市中心医院品牌效应和辐射效应已然显现。院地合作，创新医疗卫生区域协同发展新路径，推动优质医疗资源扩容下沉，带动市、县医疗卫生机构高质量发展，是有效支撑成资同城化、医疗卫生资源同城化、患者看病就医同城化，改善患者就医体验的重要举措。

如何稳步推进都市圈检查检验结果互认？①

推动二级及以上公立医疗机构检查检验结果共享互认，建立疑难重症会诊和转诊绿色通道，完善急救医疗网络联动协作机制。

——《成都都市圈发展规划》第八章第二节

一、探索

（一）分类分步有序推进

为促进成都都市圈医疗卫生健康同城化发展，2021 年，成德眉资四市签订《成德眉资区域医疗检查检验结果互认合作协议》（见图 1），明确 25 家机构互认、74 个项目互认和 400 余名区域医疗专家共享；2023 年，进一步将互认机构扩展至 154 家，互认项目扩展至 138 项。

（二）制定实施“三个统一”

结果互认的前提和核心是检查检验的规范化、同质化、标准化。从统一技术标准、互认标识、结果模板着手，为检查检验结果互认创造条件和基础。一是统一互认项目技术标准，开展互认的医疗机构要建立标准操作流程和相应质量管理体系，规范开展室内质量控制。二是统一互认标识，在报告单右上角标注检验结果互认标识（四川省 HR、成都市 HR、川渝 HR、成德眉资 HR 等），方便医患双方辨认。三是统一互认检查检验报告单模板，报告单应包括患者基本信息、符合条件的影像资料、互认标识等。

（三）建立豁免清单制度

分类明确可不列入互认范围或不受互认限制的情形，实施豁免清单制度。针对检查检验结果与患者临床表现不符、患者或亲属要求作进一步检查检验、检查检验结果

① 本案例由医疗健康保障专项合作组组长单位成都市卫生健康委员会供稿，《创新同城化：成都都市圈探索实践》编委会组织编写。

在疾病发展演变过程中变化较快、手术等重大医疗措施前、急诊急救紧急状态下等情形，其以往检查检验结果可不予以互认，在减轻患者负担的前提下，保障了群众看病就医的个性化需求，解除了医生的后顾之忧。

图 1　成德眉资四市卫生健康委负责人签署互认协议

二、创新

（一）开展区域联合质控

依托成德眉资四市临床检验质控中心和医学影像质控中心加强对相关专业的质量控制，适时对实施检查检验结果互认医疗机构进行指导和交叉质控检查，指导开展人员培训、现场检查、室内质控、室间质评等有关工作（见图 2）。

图 2　成德眉资检查互认第一次培训及推进会

（二）加强信息化建设

依托四市市级全民健康信息平台，加快信息化建设，推动检查检验结果在市域内实现信息化互认。按照医院信息化建设标准与规范，加强医疗机构以电子病历为核心的医院信息平台建设，同时鼓励医疗机构提供检查检验报告线上查询调阅服务（见图 3）。

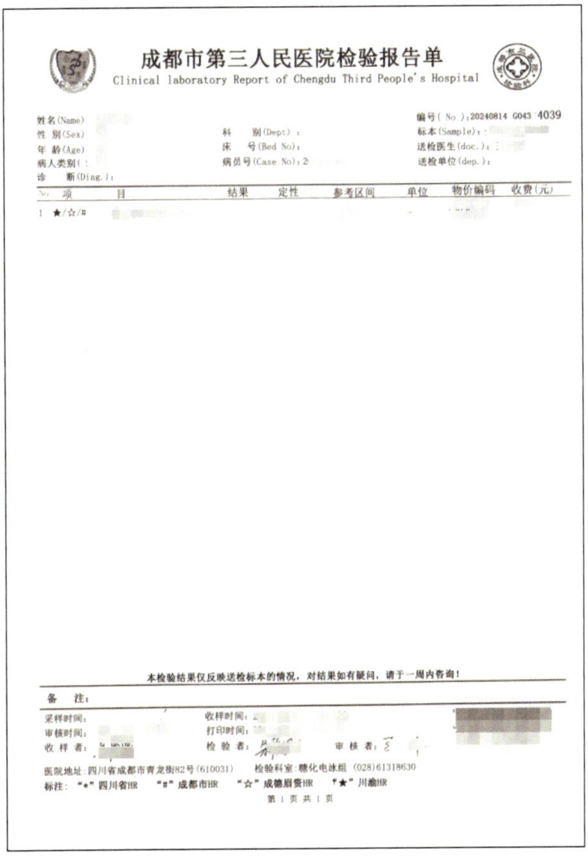
成都市第三人民医院检验报告单
Clinical laboratory Report of Chengdu Third People's Hospital

姓名(Name)
性 别(Sex)　　科 别(Dept)：　　编号(No):20240814 G043 4039
年 龄(Age)　　床 号(Bed No)：　　标本(Sample)：
病人类别(：　　病员号(Case No)：2　　送检医生(doc.)：
诊 断(Diag.)：　　送检单位(dep.)：

No	项目	结果	定性	参考区间	单位	物价编码	收费(元)
1	★/☆/#				-		

本检验结果仅反映送检标本的情况，对结果如有疑问，请于一周内咨询！

备 注：
采样时间：　　收样时间：2
审核时间：　　打印时间：
收 样 者：　　检 验 者：　　审 核 者：
医院地址：四川省成都市青龙街82号(610031)　　检验科室：糖化电泳组 (028)61318630
标注："*"四川省HR　"#"成都市HR　"☆"成德眉资HR　"★"川渝HR
第 1 页 共 1 页

图 3　成德眉资互认医疗检查检验报告单

嘉宾点评

冯奎　中国区域科学协会副理事长、研究员

成德眉资四市签订《成德眉资区域医疗检查检验结果互认合作协议》，为看病群众减免了检查费用，同时提高了看病效率。这个效果实实在在，值得称道和推广。

检验互认这类事越多越好，在条件不具备的情况下，就可以从都市圈起步做起，然后逐步扩大区域空间、扩大事项范围。随着互认改革向前推进，未来前期检验工作一定能在最大可能性上实现规范化、同质化、标准化。

这类改革，从技术角度看并没有太多难度，问题是它总会使一些部门改变原有流程。成都都市圈改革的“大齿轮”已经转动，一些领域改革的“小齿轮”也开始转动，值得我们推荐，更值得向外推广。

三、成效

截至目前，成德眉资四市已将互认机构扩展至 154 家，互认项目扩展至 138 项。2024 年 1—7 月，四市检查检验结果互认 69.4 万人次，累计为群众减免费用 7404.85 万元。

如何实现都市圈医保同城？①

加快社保医保服务同城化，推动医疗保险、失业保险关系跨地区无障碍转移和缴费年限互认，实现工伤保险互通互认和异地就医直接结算，促进医保基金监管流程和标准统一，依托省级医药集中采购平台，探索药品、医用耗材跨地区联合采购。

——《成都都市圈发展规划》第八章第四节

一、探索

（一）压紧压实责任，建立一套有序有力的工作协作推进机制

成立四川省医保局主要领导为组长，省医保局分管领导和成德眉资四市医保局主要领导为副组长的推进成德眉资医疗保障同城化发展暨成都都市圈建设工作领导小组，建立“重要节点、合作清单、难点共享”的协作形式，“定期会商、按期落实”的协作机制，共同推进四市医保服务互联互通。制定《关于推进成德眉资医疗保障同城化发展暨成都都市圈建设三年行动计划（2020—2022）》。目前，四市已实现3项政策趋同、8项经办事项全域通办、3个协议文本和签订流程统一、1个医保信息平台通用，参保人和服务对象医保同城体验有效提升，同城化医疗保障体系基本建立。

（二）提升服务能级，建立一套高质高效的异地就医服务机制

成都对德阳、眉山、资阳三市参保群众予以异地就医免备案，建立起四市医保统一的异地就医备案模块，实现四市异地就医备案全域通办。目前，四市参保人员可在成德眉资42个医保部门和成都市200余个医保服务工作站（点）享受一窗受理、实时办结异地就医备案服务。2022年，四市开通“国家医保App”异地就医自助备案，真正实现四市异地就医服务“就近办”“门口办”的零距离服务。长期护理保险

① 本案例由医疗健康保障专项合作组组长单位成都市医疗保障局供稿，《创新同城化：成都都市圈探索实践》编委会组织编写。

试点方面，已实现成都市长期护理保险参保人员在德阳、眉山、资阳三市异地评估失能等级的工作目标。

（三）创新协作模式，建立一套共治共管的医保基金监管机制

形成成德眉资四市统一的《定点医药机构服务协议（医院类）》《定点医疗机构服务协议（诊所类）》《定点零售药店服务协议》，对各类定点机构的准入标准、医疗服务、经办流程、违约责任等内容予以全面规范。2021 年，四市协同开展推进针对“假病人”“假病情”“假票据”的“三假”专项整治工作，持续推进日常检查和医保基金专项治理。截至 2024 年 12 月，共稽查定点医药机构 2.3 万余家，追回（或拒付）医保基金、按协议收缴违约金或予以行政罚款共计 7.2 亿元，解除服务协议 900 余家，区域“大监管”格局初具雏形，监管模式从“一元单向”向“多元交互”转变。

二、创新

（一）打破传统区域限制，建立四市通行的跨统筹区年限互认机制

2021 年 10 月，成德眉资四市医保局针对社会舆论反映强烈、参保群众普遍关注的职工医保参保关系跨统筹区转移接续及缴费年限互认等问题，联合印发《成德眉资职工基本医疗保险关系转移接续办法（暂行）》，推动成都都市圈成为继长三角后，全国第二个实现职工基本医疗保险关系跨统筹区转移接续的地区。同步制定配套经办规程，建立业务专用通道，实现职工医保关系转

嘉宾点评

王宗凡 中国劳动和社会保障科学研究院医疗保障研究室主任、研究员

医疗保障关乎每个人切身利益，高效便捷的医保公共管理服务是人民群众获得感、幸福感的重要来源之一。当前，我国医疗保障实行地市级统筹管理，居民流动就业、居住、就医等需跨统筹区办理相关医保服务尚有不少堵点，并不顺畅，建立跨统筹区的区域性医保协同管理机制是优化医保管理的改革方向。

四川成德眉资都市圈医保公共服务同城化就是一个跨区域医保管理服务改革的典型案例。四市建立了医保部门之间的工作协作机制，实现了异地就医备案的全域通办、协议管理规范的区域统一、跨区域基金监管的协同合作、医保关系转移接续的跨区域直接办理以及医保政策宣传咨询的跨区域协作，为四市人民群众跨统筹区的就医、医保关系转移等提供了方便快捷的公共服务，也提高了跨统筹区的基金协同监管、医保协议管理的效率。成德眉资四市在医保管理上的协同和合作，打破了现有的地市级统筹区管理的局限，破解了跨统筹区的医保体制机制障碍，并借助信息化和数字化赋能，为都市圈的居民提供一体化的便民服务，取得了丰硕成果。德眉资都市圈医保公共服务同城化，是一项符合医保区域管理服务协同发展大趋势、富有成效的积极探索，可以为其他都市圈提供有益的借鉴，也能为超越城市群的更大范围的医保管理服务的协同发展和一体化提供必要的基础条件和经验积累，希望此项探索还可以进一步拓展范围和领域，扩展到更多的公共管理服务领域乃至筹资待遇等医保政策领域的协同统一，为四川省推进医保省级统筹、建立和完善全省医保管理服务协同乃至一体化提供有益借鉴和参考。

移接续转入地线上直接办理，并将办理时限由 20 个工作日缩短至 15 个工作日，真正做到“一地申请，一次办结”。自 2021 年 4 月开通以来，已有 21696 人次享受职工医保关系转移“一站式”通办。

（二）强化惠民为企意识，建立互联互通的医保信息共享机制

2021 年 11 月，成德眉资四市医保部门顺利完成国家医保信息平台上线启动工作，原本独立分割的医保信息系统实现统一，39 项医保经办事项在名称、申办材料、经办方式、办理流程等方面趋于一致。2023 年，四市从“小切口”合作入手，创新制定“医宣帮企”（医保为企政策服务直通）、“一电通询”（医保热线电话四市联处）、“专厅通办”（打造医保宣传咨询通办专厅）（见图 1）、“异地通申”（异地就医认定结算扩围）四项医保经办合作事项，进一步提升医保为民惠企服务质量水平，已人工接通应答四市关系转移、异地就医等问题 2600 余通，应答率 100%。

图 1　成德眉资医保宣传咨询通办专厅揭牌现场

三、成效

2020 年以来，成德眉资四市医保部门做优做细医保公共服务，增强医保管理效能，推动医保服务水平提升，惠及民生福祉。四市区域内异地就医定点医药机构直接结算数量持续增加，截至 2024 年 12 月，成德眉资异地就医直接结算定点医药机构开通 2.2 万余家，稳居全国 14 个都市圈前列。2024 年成德眉资参保人员异地就医结算 744.39 万人次，医保基金支付达 29.34 亿元。四市医保合作从“夯基垒台”进入“整体成势”阶段。4 年以来，成都、德阳、眉山、资阳四市在异地就医备案全域通办、参保年限互认、信息系统共享等领域成果丰硕。医保服务水平提升、管理效能增强，惠民红利加速释放。

如何促进都市圈文旅融合发展？①

共促文化教育体育事业发展，推进公共文化资源共建共享，鼓励联合创作和演出优秀文艺作品。

——《成都都市圈发展规划》

一、探索

成都都市圈文旅资源丰富，四市城市经济活跃，文旅资源各有特色，包括古蜀文明、东坡文化、三国文化、红色文化等。成德眉资四市文旅部门联动文旅资源，打造都市圈精品旅游线路，积极开展文旅活动，推进公共服务共享，推动成都都市圈文旅融合发展，使环成都文旅经济带更具竞争力，加快成德眉资文旅同城化发展进程，共同促进成都都市圈文旅消费。

一是深化都市圈文旅联动。以经典旅游场景、精彩特色文旅活动、精品旅游线路等形式进一步丰富优质文旅产品供给，不断增强成都作为重要旅游目的地和集散地的吸引力，推动成都都市圈文化旅游联动发展。二是打造都市圈文旅精品线路。四地围绕年度重要节日或重点活动，进一步联手推广大熊猫、三星堆、三苏祠、陈毅故里等知名文旅品牌，联动推出包括文化传承、研学旅游、自驾游等的精品线路，推出400 个生活美学新场景，引导行业企业、机构参与，共同向市民游客提供优惠政策，打造都市圈暑期游、黄金周旅游、小长假旅游等品牌。三是加强资源整合，深化非遗领域合作。依托四地各具特色的非遗资源，以及非遗手作等重要品牌项目，探索都市圈非遗精品产品入驻成都手作品牌，强化四市非遗合作，共促特色非遗产品推广。四是推动文化遗产保护工作。做好蜀道文化遗存保护利用，开展三国文化遗存调查，建立三国文化遗存地资料信息库，推进东华门遗址内场保护展示利用。出台《成都市大

① 本案例由成都市文化广电旅游局、成都市青羊区少城国际文创谷管理委员会、成都市青羊区发展和改革局提供素材，中国区域科学协会组织编写。

遗址保护条例》，邛窑国家考古遗址公园正式挂牌，宝墩古城考古遗址公园纳入第四批国家考古遗址公园立项名单。完成郫县古城遗址保护规划、鱼凫村遗址保护规划、邛窑遗址博物馆建设、明蜀王陵大遗址保护工程（环境整治）等 30 余个大遗址保护利用项目。完成《川渝石窟寺国家遗址公园（成都片区）建设保护总体规划》、大邑县药师岩乡村石窟文化景点建设项目、蒲江石窟—飞仙阁摩崖造像危岩体加固工程、北周文王碑保护维修工程、邛崃石窟花置寺磐陀寺修缮项目、邛崃石窟数字化留存及保护应用建设项目。正在推进四川长征国家文化公园四川段成都片区邛崃市四川红军长征数字展示馆建设。五是强化共建共享促进公共文化服务良性互动。四地在进一步深化文化馆、图书馆、博物馆、美术馆等多领域合作的基础上，抓好图书馆一卡通，实现通借通还，办好“成渝地·巴蜀情”——“成渝德眉资”文旅交流联动等系列品牌活动，促进各地优质公共文化服务资源实现共享。六是鼓励市场参与，联动发展文旅产业。四地国有文旅企业通过协作，聚合完善文旅扫码享优惠内容，探索打造便捷的都市圈一码畅游平台。同时逐步遴选培育一批重点文化旅游协会、重点文旅企业等，探索孵化一批都市圈文旅产业合作项目，共推文旅产业协同发展。

嘉宾点评

冯奎 中国区域科学协会副理事长、研究员

成都好玩。这几年，成都好玩变成了“大成都”好玩，并且越来越多人认为“成都都市圈”好玩。成都都市圈一个个精彩的旅游点变成了纵横交织的旅游线路，变成了旅游者的天堂，说明成都都市圈文旅事业发展得好，也说明成都都市圈同城化水平稳步提升。总之，成都都市圈文旅融合发展对都市圈发展路径有重要启示。

对成都都市圈文旅融合发展，有三点更高的期待。一是成都都市圈文旅资源极其丰富，要抓住其中具有世界性影响的几个资源，集都市圈之力，每隔一段时间就推出一两个在国内外有影响力的“大 IP”。二是文旅融合发展的最直接的推动力是市场的力量。目前政府力量发挥得较为充分，未来还需要借重国内外头部企业以形成更强大的文旅产业集群。三是注重文旅与科创、农创、工创等相结合，从整体上提升成都都市圈“大文旅”的价值。

二、创新

（一）深化都市圈文旅联动机制

积极开展都市圈文旅融合发展模式领域专项课题研究，形成系列调研成果；联合签订成德眉资同城化发展文化广电旅游合作备忘录，制定成德眉资同城化文旅产业融合发展专项合作组《工作规则》《实施细则》及《联席会议轮值制度》等。成立都市圈文化旅游合作联盟、四川诗人纪念地联盟等合作组织 8 个，建立成德眉资研学旅游专家库（首批专家共 31 名），达成《推进成都都市圈文化旅游合作框架协议》等合作协议 8 个，联合编制出台《成都都市圈龙门山龙泉山旅游业协同发展规划

（2023—2030 年）》，四市人大常委会联合发布《关于协同推进成德眉资区域旅游业高质量发展的决定》，共同发布区域旅游发展机会清单等。

（二）促进都市圈公共文化服务互动

建立“川渝阅读一卡通”四川省副中心平台，整合成德眉资图书管理系统，形成成都都市圈图书通借通还系统，2020—2024 年，川渝两地及成都都市圈通借通还量已达 519.05 万余册。成德眉资四地实现共享“喜阅到家”图书网借服务，成都都市圈读者可以在家中一键下单借阅图书，并享受送还书上门服务，截至 2024 年底，“喜阅到家”图书网借服务共计发出邮寄包裹 3501 件，借阅图书近两万册次。成都都市圈 26 个公共图书馆点位联合开启“童书漂流”，让都市圈闲置童书真正“漂”起来，助推全民阅读。该项目已实现童书捐赠近 10 万册、童书漂流 4 万册，超 1 万余家庭参与其中。

（三）推出都市圈文化旅游年卡

各地文旅集团联动协作，推出包含都市圈城市 60 余家优质旅游资源在内的旅游年卡，提供一年多次等都市圈城市旅游优惠。

三、成效

一是同城公共文化服务共享进一步深化。互动开展“唐音铿锵——永陵‘二十四伎乐’音乐文化展”“三星堆 · 金沙古蜀文明展”“共饮一江水——三星堆 · 长江流域青铜文明特展”“锦城丝管：和合共鸣的音乐成都”等 20 余场精品文艺展览，组织成都市川剧研究院、成都市民族乐团等赴德眉资展演 32 场舞台剧目，推出“艺润双城”和“舞韵蓉城”舞台精品系列演出。每年举办“成渝地 · 巴蜀情”成都都市圈群众文化品牌活动，启动以来吸引 5 万余人次少儿文艺爱好者参与。举办公共文化服务超市活动，推动优质文化资源直达基层，新春期间以线下民俗特色展演、非遗互动教学、乡村好物集市等，结合线上直播形式为群众带来集展演、展示、交流、体验于一体的文化盛宴，近 400 种区（市）县优质商品“线上 + 线下”集中展示，200 余名自媒体达人在网络发布文旅相关视频，吸引 18.9 万人次群众直接参与，累计曝光量超 235 万次。推进“文旅蓉光”志愿服务项目，2022—2024 年，选派文艺专家、骨干作为志愿者前往成都、重庆、德阳、眉山、资阳等地开展“大讲堂”和绘画、音乐主题讲座以及艺术共创交流活动 20 余场，以“大展台”系列活动为载体，先后开展 10 余场主题展览活动，直接受益群众 20000 余人。该项目在 2024 年成都市“金沙”志愿服务项目大赛中荣获铜奖。四川大学博物馆、眉山三苏祠博物馆成功创建第五批国家一级博物馆，资阳濛溪河遗址获评 2023 年度“中国六大考古新发现”。二是联动举办都市圈冬季文旅营销、中秋国庆文旅产品发布、露营季等系列重点推广活动；开行“大运号”——成都都市圈旅游主题列车，覆盖客流量 20 万余人次；开通涵盖成都大熊猫繁育研究基地、三星堆博物馆的都市圈景区直通车 10 条，累计输送游客 30 万余人次；结合重要时间节点和节假日，推出大熊猫、大三国等旅游产品，共赴广州、武汉等 20 余个国内重要客源地城市开展旅游营销推介，在重庆都市文化旅游节、北京国际旅游博览会等重点展会上联合展推成都都市圈文旅产品；依托“文旅成都”等新媒体平台，共同推广成都都市圈文旅资源，四市文旅互动营销推广的影响力不断扩大。成都都市圈国家 A 级旅游景区达 172 家，省级以上旅游度假区达 23 家，入选天府旅游名县 13 个、天府旅游特色县 11 个。三是协力打造“大熊猫”“大都市”“大三国”主题等 80 余条精品旅游线路，推出涵盖成都大熊猫繁育研究基地、三星堆、三苏祠等核心景区的“成都都市圈精品旅游环线”。

三星堆和金沙双遗址如何共同申遗？[1]

推动古蜀文明遗址（三星堆—金沙遗址）、丝绸之路南亚廊道申报世界文化遗产。

——《四川省“十四五”文化和旅游发展规划》

一、探索

作为成德眉资同城化发展的重要一环和优质天府文化资源的代表之一，三星堆自2019年新祭祀坑发掘后，已成为国内外知名文旅目的地。三星堆遗址、金沙遗址二者作为古蜀文明的代表，一脉相承、紧密联系并作为“古蜀文明遗址”项目，入列《中国世界文化遗产预备名单》。三星堆遗址和金沙遗址申报世界文化遗产项目被写入《四川省“十四五”文化和旅游发展规划》。三星堆遗址和金沙遗址申报世界文化遗产是四川省建成文化旅游强省、建设世界重要旅游目的地的战略考量，也是展示中华文明多元一体的重要窗口。

申遗工作是一项全面、长期的工作，省、市、县各级要细化任务、落实责任、明确节点，制定工作方案和任务清单并指导开展各项工作。广汉市围绕“保护第一、加强管理、挖掘价值、有效利用、让文物活起来”新时代文物工作方针，锚定申遗目标制定本级任务清单39项，包含相关规划编制、遗产保护展示、遗产地环境整治、遗产监测、遗产管理、宣传推广、遗产保护与居民发展等各项内容，是贯彻落实新时代文物保护工作方针、探索新时代遗产保护和社会协同发展道路的生动实践。

二、创新

（一）高位统筹建立保障机制

成立四川省申遗保护工作领导小组统筹协调成都和德阳两市申遗工作，成都市、

① 本案例由三星堆博物馆景区管委会、德阳市广汉市发展和改革局供稿，《创新同城化：成都都市圈探索实践》编委会组织编写。

德阳市成立本级申遗保护工作领导小组，从涉及申遗工作各相关单位抽调工作人员组成申遗工作专班集中攻坚申遗工作。两地遗产保护管理机构签订《三星堆遗址与金沙遗址联合申遗合作协议》，在申报工作、学术研究、陈列展览、宣传推广等方面开展全面合作。

（二）全面保护形成保护合力

形成以制防为指导、人防为基础、技防为保障的遗产保护体系。颁布实施《四川省三星堆遗址保护条例》、修编《三星堆遗址保护规划》从制度层面予以保护；指导镇村建立群众巡防队伍，同公安合作建立文物中队，推动建设景区消防站补齐文物保护短板；推动建设遗产监测中心，在重要点位安装监测设施，同专业队伍合作持续开展监测维护工作，为遗产保护提供技术保障。

（三）创新研究构建科研平台

联合 22 家重要科研院所，开展国家重点研发技术课题“出土饱水象牙现场保护技术研发”等近 10 项重大项目和课题研究。挂牌成立三星堆研究院，建立考古发掘现场文物保护国家文物局重点科研基地四川工作站、中国—希腊文物保护技术“一带一路”联合实验室三星堆工作站等。建设“古蜀文明保护传承基地”，成立三星堆文化与青铜文明研究中心，建设四川大学考古文博实践基地。

（四）深度推广形成宣传矩阵

用好微信、抖音、官网、微博、海外自媒体等方式，探索全民国际传播手段。结合国际博物馆日等重要节点，利用 AR 等数字手段，同各大博物馆合作推出线上线下专题展览。借助文化创意、文化赋能等方式开发“五大系列”文创产品，推出文创产品 1000 余种。同主流媒体合作制作专题纪录片、开发影视精品，出版科普读物，开展古蜀文化进校园等活动深度推广。

三、成效

嘉宾点评

冯奎　中国区域科学协会副理事长、研究员

成都、德阳、眉山、资阳共推同城化，共建都市圈，几年过去，当地的市民、入驻的投资者、圈内外的旅游者，等等，他们满意不满意？这可谓衡量都市圈成败得失的灵魂之问。

建成三星堆博物馆新馆，该馆总投资达 14.33 亿元，建筑面积 5.44 万平方米，展陈文物达 1500 余件（套），是西南地区遗址类博物馆中最大的单体建筑。形成旅游

热潮，截至 2024 年 12 月 31 日，三星堆博物馆累计接待游客 510 万余人次，实现门票收入 2.82 亿元、文创收入 1.6 亿元，较 2023 年分别增长 104%、105%、106%。

2024 年 1 月，国家文物局命名授牌第一批通过评估认定的国家文物保护利用示范区，四川广汉三星堆正式荣获“国家文物保护利用示范区”称号。三星堆国家考古遗址公园入选国家考古遗址公园联盟 2023 年度专题推介项目社会效益推介单位。三星堆博物馆基本陈列入围第二十一届（2023 年度）全国博物馆十大精品展终评项目。

如何实现都市圈人力资源协同发展？①

要打造人力资源协同发展示范区，联通人力资源服务平台，推行人才资质互认共享，促进劳动力和人才跨区域合理流动。大力发展高端人力资源服务业，提供人才寻访、项目对接和投融资等综合服务。要共建统一开放人力资源市场，共享人力资源和就业岗位信息，成德眉资四市人社部门要聚焦整合四地公共人力资源服务机构和经营性人力资源服务机构优质资源，提升四地人力资源与产业的协同度、人力资源要素获取的便利度，树立“资源共享、服务协同、赋能产业、促进就业”的工作思路。

——《成都都市圈发展规划》

一、探索

（一）共建技能培训数字化平台，促进人力资源同城化发展

一是服务功能集成化。劳动者在一个平台，就可享受了解最新培训政策和资讯、在线学习、在线考试、测评服务、就业推荐、机构查询等一体化的公共服务。二是课件资源多元化。结合四地产业人才需求开发了 219 个专业 1.2 万余个课程资源，涵盖就业创业、文化旅游、装备制造、现代物流业、乡村振兴、通用素质等 20 余个产业和领域。三是就业体系系统化。整合劳动者培训记录、技能评价证书、考试记录、企业内训记录，形成劳动者多维度的职业档案，系统根据档案信息智能匹配，就近推荐四市 1 万余家规模企业用工需求信息，实现了“线上培训—技能评价—岗位推荐”的全生命周期贯通服务（见图 1）。

① 本案例由就业和社会保障专项合作组指导单位四川省人力资源和社会保障厅，就业和社会保障专项合作组组长单位成都市人力资源和社会保障局，成都市青羊区人力资源和社会保障局、成都市青羊区发展和改革局供稿，《创新同城化：成都都市圈探索实践》编委会组织编写。

图 1　成都职业培训网络学院首页

（二）打造协同招聘平台，实现人力资源高效对接

一是服务内容多元。作为由政府主导、各类人力资源服务机构多方参与的网络招聘权威平台，平台涵盖政策发布、网络招聘、招聘会讯、人事公招等板块，实时发布相关信息，为求职者提供多元高效便捷的求职服务。二是渠道使用免费。平台作为成德眉资四市人力资源服务机构对外发布招聘信息的重要载体，使四市人力资源服务机构可以免费入驻平台、发布岗位信息，帮助人力资源服务机构拓宽信息发布渠道，促进人力资源供需精准对接。三是信息安全可靠。"天府招聘云"对入驻平台的人力资源服务机构所发布的招聘信息进行严格收集审核，保证了招聘信息的真实有效；求职者投递的简历信息直接到达人力资源服务机构，平台不做留存，确保了求职者个人的信息安全（见图 2）。

图 2 “天府招聘云”平台首页

（三）建强成都人才园，助推人力资源协同发展

一是共建线下人才飞地。通过规划利用中国成都人力资源服务产业园（成都人才园）9 层、10 层约 6000 平方米载体作为合作示范区，并联动青羊区内其他 5 个产业园区载体资源，合理布局四川全省 21 个市（州）“人才飞地”“研发飞地”，承载“双招双引”与创新孵化两大功能，吸引高层次人才创办企业转化科研成果，协同开展科技攻关。同时吸引各市（州）和成都人才园共建“双招双引”人才工作站，建设高层次人才研发设计创新孵化平台，形成研发设计在青羊、转化生产在市（州），居家在青羊、工作在市（州）的人才和创新资源共享新模式。

二是共建线上协同平台。成都人才园率先和资阳发展集团共建产才协同统一市场平台，打造样板节点，同时和德阳、眉山积极对接，形成线上协同平台合作意向。在平台搭建搜猎人才、盘点人才、激活人才、开发人才、服务人才五大核心场景，实时汇集产业、人才、项目、需求、政策等信息，充分利用成都人才园国家级资源优势，积累猎头公司 140 余家、猎头顾问 2000 余名，储备全国中高端人才 4245.7 万人，盘点全省各市州人才资源 160 万人，加快打造全省统一的人才流量入口、服务枢纽和数据中心（见图 3）。

图 3　四川省创新共同体产才协同统一市场平台

三是共建区域合作机制。按照“人才共引、项目共建、资源共享、活动共办、生态共筑”模式，建立成德眉资区域合作机制。成都人才园先后主办、协办四川省第二届人力资源协同发展大会——国有人力资源公司专场活动、第三届成渝地区双城经济圈人力资源服务产业园联盟大会，参加德阳市委、市政府主办的德阳市十万英才集聚行动启动仪式暨人才政策发布会，并与德阳人才发展集团签订《战略合作框架协议》。成都人才园依托运营公司四川省创新共同体人才服务公司，积极布局和德阳、眉山、资阳等地国有人才集团或公司的股权合作。

二、创新

（一）建成便捷培训载体，整合多层次教学资源，满足自主学习需求

相较传统培训机构需要集中时间、地点学习和培训资源多样性不足的问题，“互联网 + 技能人才培养模式”具有天然优势，通过微服务、前后端分离、分布式部署，开发 PC 端和移动端应用，构建了灵活便捷的参训渠道。劳动者通过电脑、手机和平板等各类智能终端登录免费学习，有效打破传统学习方式的时间空间限制，满足了“随时随地学习”需求，以数字化手段实现职业技能培训普惠性、均等化，可及性和便利度大幅提升。

注重针对性，整合企业、职业院校、高技能人才基地、技能大师工作室的优质培训课程资源，针对企业职工、高校毕业生、农村转移就业劳动者等群体分别开发了就

业创业培训、技能提升直播课堂、精品微课等多个类别的课程资源。注重适用性，围绕四市产业发展需求，上线了219个专业1.2万余个课程资源。注重时效性，围绕新政策、新经济、新业态以及社会热点问题，开设了“技能成都大讲堂”专栏，定期邀请行业专家、技能大师和知名培训讲师在线互动授课，涵盖行业技术前瞻、先进技能技术等内容。

（二）创新打造网络对接平台，充分发挥政企优势，促进人力资源高效配置

四市大力发展人力资源服务业，积极搭建供需对接平台，下大力气优化产业发展生态。成都市人社局牵头搭建“天府招聘云”人力资源协同网络平台，邀请成德眉资四市经营性人力资源服务机构免费入驻，帮助解决部分公共人才服务机构和经营性人力资源服务机构无独立有效信息发布平台问题，既共享各服务机构已有岗位信息资源，又不影响其原有技术模式，助力机构拓宽信息发布渠道。通过整合成德眉资四市人力资源服务机构岗位信息资源，积极发挥市场配置资源作用，提升人力资源配置效率，形成紧密的产业链、供应链、服务链和信息链，在相互结合、分工互补、协作共赢中推进人力资源服务业发展（见图4）。

图4　成德眉资四市协同开展线下联合招聘

作为由政府主导、各类人力资源服务机构多方参与的网络招聘权威平台，“天府招聘云”对入驻平台的人力资源服务机构所发布的招聘信息进行严格收集审核，并通过“天府市民云”、市人社局官网和微信公众号等网络媒体向公众展示，实时向重点行业、重点项目以及其他涉及重要国计民生的相关企业提供紧急人力资源服务，旨在

实现政府人才服务机构的公信力与民办人力资源机构专业性的有机融合，在保证满足用人单位生产经营招聘需求的同时，为求职者提供安全便捷的求职服务（见图 5）。

建强都市圈 深化同城化

发放公积金同城化贷款、图书馆实现通借通还……

成德眉资这样打造优质生活圈

走进都市圈 媒眼看公服

6月上旬，成都都市圈的一位公积金贷款申请人提交材料后，在10个工作日内如愿获得成都公积金中心发放的一笔同城化公积金贷款；如今，德阳、眉山、资阳市部分社会化养老机构正在吸引成都市中心城区户籍的老年人前往安度晚年，这背后来自成都服务性床位补贴政策的驱动……

近年来，成德眉资四市在同城化进程中找准利民惠民"发力点"，打通公共服务"最后一公里"，在成都都市圈内，住房公积金贷款、养老服务、招聘求职等领域服务便利共享成为触手可及的现实。

德阳市图书馆。成德眉资四市图书通借通还系统已打通

同城化公积金贷款发放946.5万元

宽敞明亮的办事大厅内，看不到排队的场景，前来办事的市民取号之后便在等候区等待大厅的语音提醒，然后再去相应的办事窗口办理所需的事项；大厅还开辟了自助办理区，几台自助服务终端可方便市民查询和打印材料；出门办事，若手机没电了，大厅还有专门的充电区域。这是6月22日上午9点30分，成都商报-红星新闻记者在位于成都市人民中路一段的成都住房公积金管理中心看到的一幕。

就在近日，成都住房公积金管理中心印发《成都住房公积金管理中心同城化公积金贷款实施细则（试行）》。细则规定，将购买首套住房申请同城化公积金贷款的，最低首付款比例从30%调整为20%。将时间线拉长看，这是成德眉资同城化贷款政策红利的延续。

两年前，成德眉资四市形成一个共识，通过打通成德眉资住房抵押互认，将原来职工异地贷款只能向购房地申请"一地办"，增加可向缴存地申请，实现"两地通办"。去年8月，这项政策正式实施，当年11月，成都公积金中心发放第一笔同城化贷款。

数据显示，截至目前，成都公积金中心已与德眉资三地66个房地产项目签署了公积金贷款合作协议，发放28笔公积金同城化贷款共946.5万元，其中眉山20笔共682.5万元，德阳7笔共244万元，资阳1笔20万元。

同城化便民服务不止于此。在成德眉资四市，市民可凭借社保卡在四市相关公共图书馆实现图书借阅和归还。"借助社保卡高持卡率，大幅提升图书馆注册人数和服务人口比例，去年社保卡读者占当年新注册读者数占比18%，今年社保卡读者已经占到持证总数近1/4。"德阳市图书馆馆长卿欢介绍。

政策利好重塑区域养老服务体系

距离成都中心城区200多里的乐至县桑都老年公寓，每天，这里的工作人员都会安排好老人的生活起居。随着良好的服务口碑逐渐传开，前来这里养老的人群中不乏成都籍老人。就在市场化养老模式运转同时，相关政策利好的释放正在改变成德眉资四市的养老服务市场格局。

政策规定，在成德眉资四市推动同城化过程中，来自德阳、眉山、资阳市社会化养老机构收住成都市中心城区户籍老年人可享受成都服务性床位补贴政策。乐至县桑都老年公寓享受到了成都的这一政策红利，对运营方而言，谋事创业的信心更足了。

"2021年度，我们这里收住了来自成都中心城区的8位老年人，每一个床位补贴150元，2021年度我们一共申请到了一万余元的补贴，这个补贴申请流程非常便捷，每个月乐至县核实数据，年末资阳市汇总年度补贴总额并申请资金，每年4月成都市相关部门就会将补贴打到我们的对公账上。"乐至县桑都老年公寓相关负责人介绍。

"天府招聘云"发布需求岗位超22万个

"'天府招聘云'是由成都市人社部门牵头组建的一个政府主导、人力资源服务机构参与的一个网络平台，包含多个功能板块，比如，'招聘求职'板块，上面的招聘信息主要由成都市的人力资源服务机构提供，包括我市市县两级人才政府所属人才服务中心和一些社会化的人力资源服务机构提供的岗位，求职者可以进行在线搜索，浏览不同机构发布的职位信息，根据自己的求职意愿找到契合自己的岗位，然后直接进行在线投递。"成都市人才服务中心人才信息部副部长张荣昕介绍。

通过"天府招聘云"平台，成德眉资四市人力资源服务协同发展局面正在形成。数据显示，截至目前，"天府招聘云"平台已汇聚各类人力资源服务机构128家，上线招聘单位5818家，累计发布需求岗位224454个。

成都商报-红星新闻记者 叶燕 宋嘉问

图 5　协同打造招聘平台被主流媒体宣传

“天府招聘云”协同网络平台开设“天天招聘会”“‘府’助你成才”“招四海英杰”“聘请你留步”“云风采展示”五大专区，汇聚政策咨询、招聘求职、见习基地、就业培训等人力资源服务产品信息，求职者可以按照职位类别、学历要求、薪酬待遇等条件在线筛选岗位，线上投递简历。平台还汇聚了成德眉资四市近期现场招聘会和各类公招考试信息，让求职者可结合自身实际线下前往参与，在实现“一网求职、多职选择、服务无限”的同时，推动供需双方线上线下高效对接。

（三）立足优势打造共同体，锚定枢纽建立云平台，筑牢产才协同数智支撑

立足青羊区产业基础深厚、创新资源富集、重点企业集聚、教育医疗资源汇聚四大优势，以成都人才园为核心载体之一，打造四川省创新共同体，链接航空新城国创中心产业园、航空智能制造产业园、飞行器设计产业园、工业软件创新园、智能传感器创新园等产业载体资源，开放国家高端航空装备技术创新中心、611 · 青羊飞行器设计创新协同中心、成飞 · 青羊创新中心、工业软件创新中心、四川传感器创新中心等重大科技创新资源。

注重数智化发展，着眼“线下飞地 + 线上平台”联动运行，秉承“集聚、协同、

> 嘉宾点评
>
> **孙欣彤** 北京大学成德眉资都市圈研究课题组成员
>
> 党中央、国务院高度重视发展人力资源服务业，人力资源作为推动社会经济发展的第一资源，创新的第一动力，强化人才一体化布局、协同发展具有重要战略意义。在理论上，空间经济学强调人才集聚和知识溢出的重要性，指出人力资本积累对区域经济长期增长的关键性。成德眉资四市在人力资源协同发展中，利用数字化手段，依托人力资源协同招聘平台、数字化技能培训以及成都人才园的运营模式，实现了跨区域资源整合和人才精准对接，提升了劳动力技能水平、突破了人才知识溢出的行政壁垒。成德眉资人力资源协同发展充分展现了多层次、多维度的制度创新与实践探索，从政策设计到实际操作，该模式不仅具有前瞻性，还呈现出成熟的区域合作架构，推动了人才的高效流动与区域经济的协同发展。区域一体化进程中对于人力资源协同的实践，不仅为地方经济发展注入了新的活力，也为全国其他地区的劳动力市场改革提供了可借鉴的模式与经验，展现出强大的适应性与推广价值。

开放”的建设理念，加强与市（州）战略合作，以成都青羊为核心枢纽，以成德眉资协同共建为突破口，逐步覆盖成都平原、川南、川东北、攀西、川西北等地，推动各地人才劳动力平台“串珠成链”“汇链成网”，构建全省人才劳动力协同服务“一张网”、人才劳动力大数据应用“一个平台”。

按照“政府主导、市场运营、多方联合”的原则，建立省、市、区三级共管机制，由四川省创新共同体人才服务有限公司专业化运营，打造创新资源联接体、创新人才交付地、创新成果转化池。积极推动各市（州）人才集团与创新共同体公司开展股权合作，深化双方在产业优势、人才资源等方面合作共建，形成利益共同体，促进优势互补、发展共赢。省、市、区联动研究出台《关于支持建设四川省创新共同体的若干措施》。入驻机构可享受租金减免、活动资助、人力资源服务费补贴等支持，入驻高层次人才可不受户籍、社保缴纳等限制购买创新共同体区域商品房，符合条件的可享受就医、子女入学等 24 项礼遇。

三、成效

网络学院注册个人用户 131 万人、企业用户 10505 家；上线 219 个专业 12250 门课件资源、60 个专业的 63259 道测试考题、110 张职业测评量表，在线组班 8121 个，累计培训技能人才超 2713 万人次，累计提供就业推荐服务 749 万人次。其中，德眉资三市共 169 家规模企业在该平台开展了岗前培训、在岗技能提升培训，培训员工 28.1 万人次，帮助 135 家企业在成都市招用了紧缺人才，有力促进了区域内人力资源有序流动。新冠疫情期间，网络学院全面替代了线下培训，帮助四地劳动者“停工不停学，在家学技能”，为避免职业技能培训服务断档提供了有力支持。网络学院2020年入选中国就业促进会评选的“中国就业十件大事及地方就业创新事件”，2021年被四川省人社厅评为“四川省就业政策落实服务落地优秀项目”。2023年2月成都市职业能力建设指导中心以网络学院为基础进行申报，被中央网信办、教育部、人力资源和社会保障部等13个部委联合评选为“国家级全民数字素养与技能培训基地”。2023年6月央视二套《经济半小时》栏目《数字化“连心桥”助力招贤纳才》节目中，网络学院作为数字化平台促就业典型应用案例播出。

“天府招聘云”平台共聚集成德眉资各类人力资源服务机构193家，服务企事业单位2.7万家，发布需求岗位36万余个，让求职者实现“一网求职、多职选择、服务无限”的同时，促进人力资源有效对接、合理流动、高效配置，赋能产业发展，促进就业大局稳定。

成都人才园已经和德阳、眉山、资阳等8个市（州）签订了《四川省创新共同体合作框架协议》。其中，成都人才园和资阳、眉山、宜宾、广安、凉山等市（州）落地了线上协同平台项目，和资阳市、康定市落地人才飞地（工作站）等共建项目，通过线上平台与资阳、眉山等市（州）共享500多家优质人力资源服务机构以及4000多万份中高端人才信息，数字化盘点地方人才和劳动力超140万人，推动企业线上入驻4000余家，发布岗位需求60000多个，服务35000余人次，促成就业13000余人，通过人才飞地协助资阳、康定等地政府、企事业单位引进20余名急需紧缺人才，培训人才1500余人次。同时，通过线上平台共建提供资阳在蓉转移就业人员数据地图，与成都人才园国家人力资源服务出口基地共享在蓉劳动力信息36万条。2023年7—11月，成都和资阳共同推荐人力资源服务产业“线上园”，并联合组队参加全国人力资源服务创新创业大赛，荣获初创组三等奖、四川选拔赛一等奖（见图6）。

图6 联合组队参加全国人力资源服务创新创业大赛四川选拔赛

如何打造“1+6”就业超市推进就业同城化？①

联通人力资源服务平台，推行人才资质互认共享，促进劳动力和人才跨区域合理流动。

——《成都都市圈发展规划》第十章第一节

一、探索

成都市锦江区坚持就业工作“发展”导向与“民生”导向并重，聚焦重点群体为其提供精准公共就业服务，创新打造“1+6”线上线下全覆盖“锦江就业超市”，构建全域全时、分层分类的就业服务新格局。同时，锦江区进一步完善区域劳务协作工作机制，持续将“锦江就业超市”智慧就业服务平台向德阳、眉山、资阳等地延伸拓展，大力开展德眉资分店的建设工作，引导人力资源跨区域有序流动，持续推动成德眉资人力资源事业协同发展。

锦江区创新“47211”工作思路，聚焦高校毕业生、农民工、退役军人、困难群众4类重点群体，建设“1个线上总店+6类线下店”7类就业超市，解决群众就业难、企业用工难2个难题，通过信息交互、智能感知、识别管理，实现重点群体就业精准匹配、定向推送、跟踪监测，提升智慧就业服务，构建全域全时、线上线下、就近就便的“1+6”就业服务新体系；依托“锦江就业超市”进一步完善成德眉资区域劳务协作工作机制，陆续完成“锦江就业超市”德阳旌阳店、资阳雁江店、眉山东坡店建设，积极构建同城化就业服务格局。

（一）做实就业集成服务

整合大学生就业报到、档案托管、职称评审等服务，集聚人才综合服务、企业人

① 本案例由成都市锦江区人民政府供稿，《创新同城化：成都都市圈探索实践》编委会组织编写。

力资源服务等功能，在白鹭湾新经济产业园集成打造2000平方米的“人才就业超市”，提供直播带岗、产才对接等15类84项“一站式”全周期人才服务。设立“三室三窗口”便利德眉资等地来蓉务工人员，构建职业指导、帮扶救助等全链条就业服务体系，对连续10日、5日、3日未就业人员推行“红、黄、蓝”三级就业预警机制，根据服务对象的实际和需求开展分类帮扶。

（二）做优就业智慧服务

链接省市就业资源，开发“锦江就业超市”线上小程序，截至2024年12月已入驻企业5577家，集聚个人求职、企业招工、职业培训、创业服务“四功能”，实现政策查询、事项办理、数据分析“三服务”，免费提供121个专业6700门职业培训课程。针对登记就业服务的重点群体，利用大数据处理、信息过滤等智能化识别技术，建立智能匹配岗位机制，根据求职者需求个性化推荐岗位，每周1次3个岗位信息自动推送，实现足不出户就近线上选岗。

（三）搭建供需信息平台

构建党建联盟、人才发展联盟、人力资源服务联盟、重点企业HR联盟、职业培训联盟及联席会议“五联一会”工作机制，指定35名人力资源服务专员联动部门、协会、街道分类挖掘锦江企业用工需求，同时定期对接联系德眉资等地就业部门，深入了解当地劳动者就业需求及企业招工情况。依托“锦江就业超市”开辟区域合作招聘专区，搭建跨区域供需信息平台，整合成德眉资四地就业用工信息，推动求职者、企业共享四地信息，促进就业服务线上可及、便民共享。

二、创新

（一）都市圈全域对接设店

在“锦江就业超市”7类就业超市的基础上，锦江区指派对接联系专员对接联系德阳、眉山、资阳等地就业部门，详细介绍就业超市的建设理念、平台作用、服务功能、操作流程，同时由就业部门领导带队赴各地市州人力资源服务机构举行开店授牌仪式，将“锦江就业超市”店铺有序向德阳、资阳、眉山等劳务输出地延伸（见图1和图2）。

图 1 “锦江就业超市”德阳旌阳店在德阳市旌阳区人力资源市场授牌

图 2 “锦江就业超市”资阳雁江店在资阳市雁江区人力资源市场授牌

（二）成德眉资同城化招聘

依托“锦江就业超市”等资源载体，锦江区联合德阳、眉山、资阳等地有关部门定期举办同城人才招聘活动（见图 3）。近年来，四地就业部门联合举办了“成德眉资幸福行”技能人才同城用工招引直播带岗等多场成德眉资区域协作人力资源专场招引活动，为求职者提供现场答疑、在线选岗、线上简历投递等服务。

图 3 “眉山 · 锦江”专场人力资源同城招引活动现场

（三）跨区域信息互通共享

依托“锦江就业超市”搭建跨区域信息平台，建立就业信息互通共享机制，定期向德眉资发布成都市及锦江区本地企业用工岗位需求，同步通过区域合作招聘专区及锦江区人力资源市场向成都地区发布德眉资当地企业用工岗位需求，促进成德眉资四地就业信息互通共享。

三、成效

（一）推动成德眉资全域覆盖

为进一步完善区域劳务协作工作机制，引导劳动力跨区域有序流动，为企业用工引入活水，锦江区将“锦江就业超市”智慧就业服务平台不断向市州延伸，大力开展德眉资等市州分店的拓展工作，截至 2023 年 6 月，已全面完成“锦江就业超市”德阳旌阳店、资阳雁江店、眉山东坡店的建设工作。

嘉宾点评

杨宜勇 国家发展和改革委员会市场与价格研究所原所长、二级研究员

成都市锦江区创新打造的“1+6 就业超市”，作为推进就业服务同城化的重要举措，展现了显著的示范作用。一是打破了就业的地域限制。锦江区通过与德阳市、眉山市、资阳市等周边地区的紧密合作，将“锦江就业超市”的服务模式推广至更广泛的区域。通过互通共享岗位信息、全域对接设立分店等方式，锦江区促进了区域人力资源的流动和高效配置，为成德眉资同城化高质量发展贡献了力量。二是创新了就业服务模式。锦江区创新构建的“品牌定制 + 职业标准 + 单项技能 + 考核评价”四位一体培训模式，以及“春熙达人”“锦城管家”“金牌店长”“濯锦天使”“创意潮搭”五大技能品牌，不仅提升了求职者的就业竞争力，还推动了产业高质量发展和职业技能培训深度融合。这种创新服务模式为其他地区提供了可借鉴的经验和做法。三是强化了公共就业服务。锦江区强化公共就业城市基本功能，提升公共服务水平，延伸就业服务触角。通过实现区域 100% 全覆盖的“锦江就业超市”网络体系，锦江区确保了各类群体都能享受到标准、优质、均等、便捷的就业服务。这种强化公共就业服务的做法对于提升地区整体就业水平具有重要意义。综上所述，成都市锦江区创新打造的“1+6 就业超市”模式在推进就业服务同城化方面发挥了显著的示范作用。通过线上线下全覆盖的服务体系、精准匹配与定向推送的技术手段以及创新的服务模式和强化公共就业服务的做法，锦江区不仅促进了本地的高质量就业，还为成德眉资同城化乃至更大范围内的人力资源流动和高效配置提供了有力支撑。未来，随着这一模式的不断完善和推广应用，相信将为中国更多地区带来积极的就业服务示范效应。

（二）人力对接机制优化健全

充分利用智慧平台供需精准对接优势，在“锦江就业超市”开辟区域合作招聘专区，确定联络专员开展对接工作。截至 2024 年 12 月，累计向德眉资发布 785 家企业 9 万余个岗位；同步通过区域合作招聘专区及锦江区人力资源市场向成都地区发布资阳、眉山等地 100 余家企业岗位 9000 余个。

（三）人才招引活动成效显著

“锦江就业超市”开设以来，锦江区分别赴德阳市旌阳区、资阳市雁江区丹山镇、眉山市东坡区等地开展多次同城区域协作专场人力资源同城招引活动。截至 2024 年 12 月，累计开展成德眉资区域协作线上线下专场人力资源招引活动 69 场次，组织企业 964 家提供岗位 62453 个，服务 184260 人次，达成就业意向 3994 人次。

“锦江就业超市”案例被中国就业促进会评为“2023 年度中国就业十件大事及地方就业创新事件”，被成都市网络理政办评为“用心用情为民办实事成都 12345 十大创新案例”，被成都市深化“放管服”改革优化营商环境工作领导小组办公室评为“成都市优化营商环境建设优秀案例”，被成都市发展和改革委员会评为“2023 年成都市要素市场化配置综合改革试点项目”。

如何推动实现都市圈异地养老享补贴？①

推进养老服务协同发展，优化养老产业布局。

——《成都都市圈发展规划》第八章第四节

一、探索

（一）老年人异地养老需求得到满足

随着成德眉资交通网络的升级，当成都市中心城区户籍的老人乘公交、坐地铁就可抵达德阳、眉山、资阳时，这些周边城市的养老机构将更加富有竞争力。优良的性价比和越来越便利的交通条件成为老人选择“走出成都养老”的关键因素。

（二）养老服务机构享受政策红利

中小城市的慢节奏生活、浓厚的人情氛围和接地气的环境也是让老人“心动”的点（见图1），而成都服务性床位补贴的政策红利也为老人和四市的养老机构注入了“强心剂”。

（三）为养老服务企业发展再添动力

根据《成德眉资养老服务协同发展实施方案》，德阳、眉山、资阳的社会化养老机构在享受所在地民政部门的补贴政策外，还可叠加享受成都市服务性床位补贴政策。这些有“含金量”的政策，对成都市养老服务企业的发展也具有推动作用。养老服务企业在德阳、眉山、资阳落地后，既可凭借成都积累的资源吸引成都老人入住，纾解大城市养老难题，还可享受成都的相关政策补贴，大大提升了养老服务企业同城化发展的底气。

① 本案例由民政服务专项合作组组长单位成都市民政局供稿，《创新同城化：成都都市圈探索实践》编委会组织编写。

图1 手工剪纸丰富老年人日常生活

嘉宾点评

赵威 北京大学成德眉资都市圈研究课题组成员

随着中国人口老龄化趋势日益加剧，养老服务领域的供需不平衡问题愈加突出，尤其是大城市养老资源紧张与周边地区服务能力不足的矛盾显著。作为应对这一痛点的探索，成都都市圈在推进同城化协同发展的过程中，开展异地养老补贴政策的创新实践。

第一，实现公共资源优化与配置公平性的提升。案例本质上是将成都的养老需求外溢到都市圈其他城市，实际上是在通过市场机制和政府政策干预的双重作用，优化区域资源的配置。养老服务作为典型的公共服务，往往在中心城市集中，供需失衡问题显著。该案例通过跨区域的资源互补，实现了供需均衡，不仅缓解了大城市的供给压力，还为周边城市创造了经济和就业机会，提升养老产业竞争力，促进了城乡公共资源的均衡化发展。

第二，养老产业链的跨区域联动与延伸。异地养老的模式不仅推动了资源和要素的跨区域流动，还推动了养老产业链在都市圈内形成上下游的延伸与拓展，这一异地养老模式带动了地方医疗、康养、生活服务等相关产业的发展。

第三，机制性改革与探索取得突破。在试行异地结算与财政跨区域支付的过程中，通过统一标准和结算流程，解决了地方之间的沟通协调成本、信息不对称和传统跨区域公共服务中的激励不一致问题。通过产权清晰和跨区域合作的集体行动，提升了养老服务的质量与公平性。

未来，当地正在探索异地养老的数字化治理模式，通过智能化平台可简化补贴发放流程，减少行政效率损失。整体而言，该案例不仅是针对养老问题和银发经济的创新探索，更是同城化发展、公共资源优化配置的重要实践。

二、创新

（一）坚定推进成德眉资同城化发展

全面落实四川省委成德眉资同城化发展推进会议部署，切实把成德眉资同城化发展作为服务成渝地区双城经济圈建设的支撑性工程和实施“一干多支”发展战略的牵引性工程，聚焦建设面向未来、面向世界、具有国际竞争力和区域带动力的成都都市圈，努力将成都及其周边地区打造为成渝地区经济发展最活跃的增长极和动力源。

（二）探索试行养老服务补贴异地结算

深化养老服务及社会救助协作。推动都市圈统筹规划养老服务设施，共享养老服务资源。联合对都市圈养老机构进行等级评定并统一标准、结果互认，鼓励国内外养老机构在都市圈布局设点，推动养老机构品牌化、规模化、连锁化发展。探索实行养老服务补贴异地结算，实现“养老扶持政策跟着老人走”。联合出台都市圈救助管理协同工作实施方案，实现“一站式”救助服务。共建老年人福利医疗康复基地。

（三）实现财政跨区域支付的突破

德阳、眉山、资阳的社会化养老机构收住成都市中心城区户籍老年人的服务性床位补贴一年结算一次，所需补贴经费由户籍老年人所在地列支。德阳、眉山、资阳三地的市级民政部门每年 12 月底前向成都市民政局提交上一年度专项补贴资金申请。次年 6 月底前，成都市民政局向三地的市级民政部门划转上一年度的床位运营补贴经费，再由三地的市级民政部门将资金拨付到所辖各区（市）县民政部门，各区（市）县民政部门收到床位补贴资金后，一个月内拨付至相应养老机构。

三、成效

2019 年以来，德眉资共收住成都中心城区老年人 3346 人，成都共发放床位补贴 50.19 万元。《人民政协报》、红星新闻等媒体评价成德眉资同城化异地养老的床位补贴政策是成德眉资四市逐步推进公共服务便民共享的成果之一。截至目前，成都都市圈探索推动成德眉资四市实现异地养老享补贴已取得阶段性成果，未来，成都都市圈将优化机构养老专业支撑作用，完善都市圈普惠支持型养老机构收费引导管理机制，让四市的老年人享受到更多普惠养老服务。

如何推进实施成都都市圈同城贷款？①

推进住房公积金政策协同，探索推动灵活就业人员住房公积金同城缴存和同城使用。

——《成都都市圈发展规划》第八章第四节

一、探索

（一）协同推动政策实施

随着成渝地区双城经济圈建设、成德眉资同城化发展等国家及省级区域重大战略的深入实施，人员跨区域流动并购房的情况极为普遍，异地购房职工大量向购房地公积金中心申请公积金贷款，让体量较小的公积金中心面临越来越严重的流动性压力，比如眉山，异地职工购房贷款占到其发放贷款的 1/3，导致个贷率高达 122.66%，影响到正常运行。为此，在 2020 年 4 月成眉两市对接同城化发展合作事项时，眉山市提出由眉山公积金中心向成都公积金中心拆借资金的诉求。针对上述情况，四市在深入研究的基础上，形成《成德眉资缴存职工在四市区域内非缴存地购房有关公积金贷款政策措施》（以下简称《贷款措施》），2021 年 8 月四市同步落地。

（二）联动开展政策评估

政策实施 1 年后，四市公积金中心采取自评、他评及相关部门审议相结合的方式，对照“政策评估指标体系”，从惠民效益、流动性风险、政策可推广性等多个维度全面评价政策实施成效，并形成评估报告。

（三）持续推进政策完善

结合评估结论、下一步工作建议，推动同城贷款持续优化。四市公积金管委会于 2023 年 8 月继续印发实施《贷款措施》。该工作由成都市先行到德眉资三市有序落地，实现同城同策、同向同行；由开始只发放公积金贷款和支持一手房，到实现组合

① 本案例由成都公积金中心供稿，《创新同城化：成都都市圈探索实践》编委会组织编写。

贷款并覆盖二手房。

二、创新

（一）全国首创公积金异地贷款模式

一直以来，公积金异地贷款只能在购房所在地（异地）“一地办理”，本次创新在全国首创缴存地（本地）办理模式，实现异地、本地“两地通办”。换言之，同城化区域内，异地购房职工公积金贷款在现行向购房地公积金中心申请和办理渠道之外，增加向缴存地公积金中心申请和办理的新渠道，有利于避免职工多次跑路，适应越来越多的人跨区域购房的需求和实际，体现了服务理念和机制的根本性创新（见图1）。

图1 公积金贷款业务受理点

（二）持续优化公积金管理的流动性机制

以公积金个贷率90%作为发放贷款的资金流动性控制标准，高于90%个贷率的公积金中心可停止该项政策。90%个贷率的“阀门”设置，使公积金中心可以从运行、服务等多个维度，考量确定“开或关”，做到进退有度，在服务异地贷款职工的同时，保证了贷款发放中心资金流动性平衡，确保自身业务运行不受影响。

（三）有效创新同城化发展的形式和内容

本创新政策由四市公积金中心共同制定，四市公积金管委会以同样方式决策，住建、人民银行、财政、司法、宣传等部门全面参与实施，真正实现“共建”。最重要的是，四市政策内容完全一样，实现“同城同策”（见图2）。

嘉宾点评

冯奎　中国区域科学协会副理事长、研究员

公积金贷款更快捷、更优惠，成为近年来一些地区吸引人才、促进房地产发展的重要举措。成都都市圈率先推动同城化公积金贷款模式，可谓区域竞争之下的一项区域创新。

这一类区域创新极易推开，比如最近几年，郑州、南京、沈阳、济南、昆明、兰州这些城市都不同程度地推动公积金异地贷款模式。其中，华中地区的武汉、长沙、南昌、合肥等地还组成了住房公积金贷款的“中三角联盟”。

这也启发我们：都市圈尽管是最适宜改革创新的空间，可以拥有较高的改革浓度，但是都市圈要想保持一直领先的改革，也会面临压力与竞争。在此前提下，期待成都都市圈公积金同城化贷款进入2.0版，更期待成都都市圈能以更好的此类模式服务更大范围的人口。

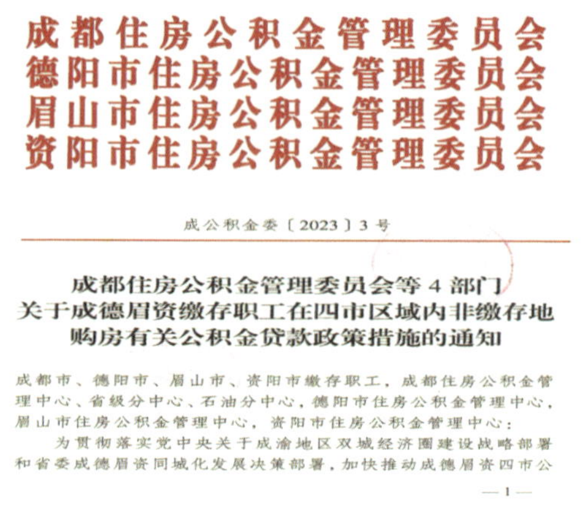
成都住房公积金管理委员会
德阳市住房公积金管理委员会
眉山市住房公积金管理委员会
资阳市住房公积金管理委员会

成公积金委〔2023〕3号

成都住房公积金管理委员会等4部门
关于成德眉资缴存职工在四市区域内非缴存地
购房有关公积金贷款政策措施的通知

成都市、德阳市、眉山市、资阳市缴存职工，成都住房公积金管理中心、省级分中心、石油分中心，德阳市住房公积金管理中心，眉山市住房公积金管理中心，资阳市住房公积金管理中心：

为贯彻落实党中央关于成渝地区双城经济圈建设战略部署和省委成德眉资同城化发展决策部署，加快推动成德眉资四市公

—1—

图2　同城化贷款政策措施通知

三、成效

同城化区域公积金异地购房贷款“两地通办”的落地落实，提升了便民惠民水平，促进了不同城市间资金互济，创新了公积金运行机制，这意味着成都都市圈内公共服务的便利共享正越走越深（见图3）。

图3　成德眉资住房公积金同城化贷款政策发布会

一是解民忧惠民生，支持群众安居宜居。业务办理由“多次跑”“往返跑”调整为“只跑一次”，节约群众办事成本；异地贷款实现多渠道、可选择，且不再长轮候、久等待，贷款时间缩短至4个工作日。二是增渠道优服务，助力房地产健康发展。增加了新渠道实现公积金支持，2024年四市共办理同城区域公积金异地购房贷款“两地通办”1500余笔、超7亿元。同时，实行项目共管，对同城化贷款合作开发企业的贷前审查等相关工作全面协作，避免重复申报等，有效减轻企业负担。三是建样板强示范，引领同城化走深走实。四市职工共享同样贷款政策支持、同样贷款政策服务。同时，四市公积金中心采取共同研究、共同拟制、协同决策、同步落地的方式举措，为同城化发展提供范例。并且在该创新的带动下，公积金五区共兴取得实效，本贷款措施已拓展到攀枝花市。

如何深化毗邻地区警务合作？①

加强机场、地铁站、学校、医院等重点场所治安防控，开展交界地带协同共管，构建圈层联防联控网络。

——《成都都市圈发展规划》第八章第五节

一、探索

根据推进成德眉资毗邻地区警务合作发展相关要求，成都市公安局结合辖区实际，与德阳市公安局、眉山市公安局、资阳市公安局共同签署了《2022 年成德眉资健全社会治安联防联控网络协作纲要》（以下简称《纲要》），推动了成都全市 11 个区、市、县（东部新区、天府新区、青白江、新都、双流、新津、金堂、简阳、蒲江、邛崃、彭州）公安局与毗邻单位（眉山天府新区、彭山区、仁寿县、丹棱县，德阳什邡市、广汉市，雅安名山区、芦山县等地公安局）的深度合作（包括三方通话、警情流转、110 警情互转等），签订了《彭州什邡广汉区域警务合作发展框架协议》《青白江—广汉警务一体化发展合作协议》《成都市蒲江县公安局—眉山市丹棱县公安局警务协作协议》等合作协议。

《纲要》提出刑侦工作同城化、禁毒工作同城化、反恐工作同城化、社区治防同城化、环蓉查控同城化五个同城化的发展方向。同时，在 110 接处警协作方面，确定了“无论谁先接报，都及时受理，再通过公安机关内部移交，实现跨区域异地报警受理、处置和反馈全闭环操作，确保群众的报警公安机关能及时到场处理”的中心思想，进一步加强毗邻地区公安机关整合警务资源，强化警务合作，共同打击违法犯罪，为推动成德眉资同城化发展保驾护航。

① 本案例由人口服务管理专项合作组组长单位成都市公安局情报指挥中心供稿，《创新同城化：成都都市圈探索实践》编委会组织编写。

二、创新

（一）不固守传统，积极寻求更佳解决方案

2021 年 11 月，眉山市公安局东坡区分局侦办一起特大网络犯罪案件的过程中，案件需要冻结大量银行卡导致异地被冻结银行卡的群众频繁拨打 110 咨询及投诉。由于成都、眉山及资阳三地共用 028 区号，因此外地群众以“区号 +110”的方式拨打 028-110 时报警电话会接入成都 110。成都市公安局迅速与眉山市公安局对接制定应对方案，成都接警后一方面安抚报案人情绪，另一方面引导其到眉山公安机关官方发布的有关渠道反映诉求，切实减轻眉山 110 接警压力，同时每日三次统计汇总接报情况后发送给眉山市公安局，以供眉山市公安局开展后续工作。

（二）重大警情同步联动

成都市邛崃市公安局与眉山市公安局彭山区分局、雅安市公安局名山区分局、雅安市芦山县公安局建立健全了“分类处置、先行出警、同步联动”的指挥调度机制，由情报指挥中心就近快速调度警力出警，坚决、及时、有效处置跨辖区突发案事件。推动建立高水平的“联判”“联控”“联打”“联防”机制，紧扣关键环节。

（三）矛盾纠纷合作联调化解

成都市公安局东部新区分局与眉山市仁寿县公安局展开合作，建立边界区域矛盾纠纷预警机制，以社区警务人员为依托，充分发挥“地熟、人熟、情况熟”的优势，深入邻界区域开展走访，厘清人口数据，梳理排查涉两地矛盾纠纷，积极采取合作联调机制，从源头化解、属地化解、联合化解等多方发力，切实避免群体性事件和影响稳定的重大问题发生。

（四）探索警务合作新模式

成都市公安局青白江区分局与德阳广汉市公安局围绕提升区域警务协同作战能力、优化警务资源配置、提升警务服务质量，共同签署《青白江—广汉警务一体化发展合作协议》，在青白江区分局与广汉市公安局警务合作专班牵头下，两地情报指挥中心以此为契机，

> **嘉宾点评**
>
> **冯奎** 中国区域科学协会副理事长、研究员
>
> 成德眉资四市公安加强警务合作，推动刑侦、禁毒、反恐、社区治安、查控等多方面的“同城化”，深化了原有的“守土有责”的内涵，实质是适应都市圈发展需要而进行的工作模式创新。这类合作与以往地区之间警务协同办案最大的不同是，它更加机制化、常态化，因此将具有更紧密的联结关系和更快的反馈效率。安全的都市圈是营商环境建设的重要内容。成都都市圈深化警务合作，将更好助力提升都市圈的营商环境。

建立区域 110 警务合作“新构架”“新机制”“新平台”，通过扁平化指挥调度模式使指挥更加高效，可以快速地作出决策和行动计划。创新建立区域内流入地、流出地“两头控、双向管”工作联查对接机制，强化协同管控。建立“跨区域安全生产协同治理”机制，强化协同治理。建立“交界区域协同共治”机制，强化协同共治。在强化警务协作上，两局商定交界区域 500 米范围内，对重大警情以及交叉紧急警情，实行就近先出警、同步通报两地情报指挥中心、两地协同处置的方式，实现从情报预警、前端接警到后端处警过程中的信息通报、资源共享、警力协作。2023 年 1—8 月协作处置警情 323 件，联合开展重大警情及时通报、危爆物品流向管控、卡点查缉协同防控、情报信息互通共享，共同护航第 31 届世界大学生夏季运动会。

三、成效

成德眉资四地公安建立信息通报、共享、处置、反馈机制，以“微信群、联席会、交流会”等载体，多维度加强互联互通，围绕“打、防、管、控”深化合作，强化人员精准管理，全方位、多层次协同联合清除跨区域风险隐患。2022—2024 年，成都与德阳、眉山、资阳协作处置警情共计 5.7 万余件。

如何推动资阳城市平台融合，助力公共服务同城化？①

共同搭建政务服务一体化平台，构建服务事项集成办理和联网通办的服务体系，精简行政审批事项和环节，联合推动“政务服务”“最多跑一次”改革，推动政务数据和信息资源互通共享。

——《成都都市圈发展规划》第十章第二节

一、探索

“资阳市民云”平台建设坚持以“四个一”为抓手，为广大人民群众提供方便快捷、公平普惠、优质高效的城市公共服务。

（一）一号通行：实现成资认证“同步访”

“资阳市民云”作为“天府市民云”App的资阳门户，充分利用云计算、大数据、人工智能等技术，打通成资统一实名认证系统，市民只需通过一次实名制身份认证，即可畅享成都、资阳两地城市公共服务，实名认证后一次登录即可自动关联用户身份证信息下的社会保障卡号、居民健康卡号及驾驶证号等各类凭证号，并根据用户所在地的变化，实时切换服务界面，真正让市民仅凭一个账号、一款App就能获得“掌上办、线上享”的智慧化服务。

（二）一库共享：实现成资数据“同屏享”

致力于打破两地行政区划壁垒和数据共享藩篱，利用“资阳市民云”平台，将不同职能部门中原本孤立的自然人数据和互联网服务窗口进行统一归集，涵盖教育就业、交通出行、医疗卫生、住房公积金、社会保障、劳动就业等多个领域。同时，接入省级、成都市等同城化服务共31项，有力推动成资两地数据互联互通、共建

① 本案例由资阳市政务服务管理局供稿，《创新同城化：成都都市圈探索实践》编委会组织编写。

共享。

（三）一键受理：支撑公共服务“同网办”

借助“资阳市民云”平台，根据人的生命周期，将市民的不同生活场景分成不同主题，整合线上线下办事资源，集成主题公共服务应用系统、市民公共服务门户，形成优质高效的数据要素流动闭环，打通便民服务“最后一公里”，实现统一的服务预约、结果查询、消息提醒等服务优化体验，为市民提供“纵向到底、横向到边”覆盖全生命周期的一站式服务，最大限度降低市民时间成本，减少政府服务开支，提升服务效能。

（四）一体探索：实现应用场景“同城拓”

着力打造“互联网 +”城市服务生态圈，按照公共服务同城化的建设模式，将“资阳市民云”平台公共服务升级融入“我的资阳”城市公共服务平台，为公共服务入驻提供统一的实名认证、地图服务、数据分析等运营服务，探索与成德眉公共服务平台体系打通、服务共享，促进四市之间的公共服务均等化、便捷化，提升人民群众的获得感和幸福感。

嘉宾点评

孙纪平　香港城市规划院院长

1. 城市功能服务功能是体现城市管理水平的重要标志，资阳借助“市民云”平台，将数字化手段应用于城市功能服务，有利于提升城市公共服务水平。同时资阳城市公共服务平台的数字化水平已与上海、杭州、苏州等长三角城市和深圳、广州等大湾区城市同步，提升了西部城市的影响力和竞争力，对更好推进西部城镇化发展、全力推进成都都市圈发展具有重要的创新和借鉴意义。

2. “一号通行”极大便利了市民服务，“一库共享”实现了成都和资阳的数据共享，在打破两地行政区划的壁垒和数据共享藩篱方面具有探索意义。数字化平台根据当地实践也进行了应用场景的拓展，进一步提升当地数字化发展水平，助力城市数字化发展能级提升。

3. 对下一步工作，有如下三点建议：①跟踪长三角、珠三角城市数字化服务平台建设方面的先进经验，将全国好的应用案例同步引入资阳；②在推进数字化的过程中，重视针对老年群体以及还不熟悉使用数字化工具的群体进行引导和定向服务，让数字化平台能服务更广大的人群；③在政府部门引导下，与更多市场化、社会化的服务平台和功能联动，共同形成面向全社会的服务界面。

二、创新

一是充分利用成都“天府市民云”运行成效，基于成都“天府市民云”已有服务架构体系，为“资阳市民云”提供平台支撑，共享共用成都及省级线上服务资源，实现成都“天府市民云”与“资阳市民云”平台共享、数据共享、服务共享。二是构建成资同城化，推动医保、社保、公积金、不动产等高频政务服务事项跨市无差别受理，实现两地市民信息查询、费用缴纳、证明打印等社会服务跨区域办理，加速推进成资同城化发展，让资阳市民享受与成都同品质的城市公共服务。三是整合现有信息资源，通过灵活可变、弹性伸缩的云构架技术，集成市级各相关部门原有业务系统，将原本已分散投资建设运营的数十个微信小程序、微信公众号、App 等统筹集约化建设在“资阳市民云”平台，作为资阳市民城市服务移动端总入口。四是支持接入政务服务事项，协助扩展资阳政务服务渠道，实现政务服务从办事大厅到门户网站，再到“指端”的跨越，助力政务服务满意度的提高，实现从“人找事”到“事找人”的转变。

三、成效

截至 2024 年底，“我的资阳”城市公共服务平台注册用户已突破 140 万人，服务用户超 5700 万人次，接入挂号就医、婚姻登记、金熊猫卡等同城化服务 31 项。同时，整合社保缴费、公积金服务、教育缴费等市级服务 239 项，实现 120 所学校线上教育缴费 12.3 万人次、社保公积金查询 450 万人次、信用查询 16.5 万人次、电子社保卡使用 15.7 万人次、水电气线上缴费 18.8 万人次。

如何提升都市圈协同应急救灾能力？[1]

统筹应急物资储备，完善城市间快速调用机制。

——《成都都市圈发展规划》第八章第五节

一、探索

成德眉资四市按照“共建共享、科学储备、协同应对、高效为民”的原则，创新四市救灾物资保障合作机制，建强救灾物资共享区域合作链，有力提升成都都市圈协同应急救灾能力。

（一）建立健全救灾物资保障机制

成德眉资四市此前各自制定本市救灾物资储备计划，缺乏对救灾物资保障的统筹谋划。为实现成德眉资四市救灾物资保障的资源共享、优势互补、共同发展，构建救灾物资同城保障体系，四市发展改革和应急部门跨市跨部门联动，共同编制救灾物资储备规划，从规划需求、计划安排上强化四市区域协同。

（二）打破现有数据信息共享壁垒

成德眉资四市此前各自管理本市的救灾物资数据信息，部分部门还依托纸质化信息管理，导致四市救灾物资信息共享不畅，并存在信息泄露的隐患。通过搭建成德眉资救灾物资储备保障综合管理信息平台，实时共享救灾物资数据资源，突破时间、空间限制，并有效保证救灾物资数据的安全性；同时，统筹实物储备、产能储备、物流资源等数据，力争实现成德眉资四市救灾物资的智慧化、动态化、保密化管理，切实提高四市协同救灾能力和物资保障水平。

（三）建立健全物资协同联动机制

成德眉资四市此前各自建立本市救灾物资管理机制，缺乏救灾物资保障的区域协同联动机制。成德眉资四市着手编制同城物资保障应急预案，建立应急调拨程序和补

① 本案例由成都市发展和改革委员会供稿，《创新同城化：成都都市圈探索实践》编委会组织编写。

偿机制，从机制建设、响应处置上强化四市跨区域协同，切实推进四市跨区域救灾物资保障协同联动机制的建设。

二、创新

（一）统筹制定储备规划

成德眉资四市围绕应急保障需求，聚焦物资储备战略发展需要，邀请物资储备领域专家，充分评估成德眉资四市可能应对的灾害类型，协商制定成德眉资救灾物资储备规划，统一规范物资储备技术标准。

（二）共建信息化平台

搭建成德眉资救灾物资储备保障综合管理信息平台，推动资源整合和信息共享，统筹物流资源调配使用。成德眉资四市协商确定物资信息共享方式、应用范围、数据安全、权限设置等，共同研究制定统一的物资数据交换标准和物资信息共享共用监管机制，实现成德眉资救灾物资储备的智慧化、动态化、保密化管理，构建救灾物资共享数字链。

（三）规范应急联动流程

一是编制同城物资保障应急预案。成德眉资四市发改和应急等部门确定各自的分工与职责，构建横向协同的物资保障格局，根据预案分工，定期开展成德眉资救灾物资应急调度演练并根据实际情况优化完善。二是建立应急调拨程序和补偿机制。明确物资跨区域调拨程序，当四市区域内遭受自然灾害和突发事件需要物资支援时，受灾市可根据灾情向其他三市提出物资支援请求，支援市启动相应程序对受灾市进行援助；明确补偿机制，原则上援助物资由需求方按采购价支付或按同品类物资参数归

嘉宾点评

陈洁华 清华大学国家战略研究院资深研究员、国盛战略智库副总裁

做好救灾工作，物资保障是重要基础，但在现实中，救灾物资在选定、采购、储存、使用、核算等环节并非很科学、顺畅。

本案例研究务实，针对性强，确定的“共建共享、科学储备、协同应对、高效为民”原则有普遍指导价值，找到了救灾工作的几个重点难点，并提出一系列解决方案，如：建立健全救灾物资保障机制，打破现有数据信息共享壁垒；建立健全物资协同联动机制，共建信息化平台；规范应急联动流程，加强救灾物资储备的智慧化、动态化、保密化管理，构建救灾物资共享数字链等。这些是科学、务实、可操作的，经过实践检验后，可推广。

同时建议以下四个转变。1. 从单纯和平意识到战备意识。2. 从单纯应对自然灾害到战备物资储备。3. 从百姓不参与到组织全城百姓积极参与：市民组织化，培训演习常态化、持久化。4. 现在的大都市市民之间没有交流，没有纽带，是散装、散沙状态；市民体质也普遍偏弱。一旦发生重大灾害，市民根本没有能力救灾，相互之间也不会协同救灾。诸如此类问题，应该重视。

建议构建新的市民组织体制，加强全城市民战备训练，加强培训交流，凝聚城市力量，掌握救灾本领，提高救灾战斗力，这比物资储备更重要。期待成都市能率先全盘解决。这样的新体制、新经验，具有全国指导价值。

还，援助物资应保质保量，运输责任由需求方承担、支援方予以配合，运输经费由需求方结算。

三、成效

（一）建立四市工作统筹推进机制

2023年3月，成德眉资四市发展改革、应急部门研究通过《成德眉资救灾物资同城保障合作联席会商制度》《成德眉资救灾物资同城保障合作联席联络制度》和《成德眉资救灾物资同城保障合作工作2023年工作要点》，建立健全了成德眉资救灾物资同城保障合作工作统筹推进机制（见图1），为加快构建成德眉资四市救灾物资同城保障体系明确了路线图和时间表。

图1　2023年3月13日，首届成德眉资救灾物资同城保障联席会议在成都市顺利召开

（二）建立救灾物资同城保障机制

成都市发展改革委牵头，会同四市发展改革、应急等部门在充分调研论证基础上，编制了《成德眉资救灾物资同城保障应急预案》，《预案》于2024年9月提交四川省推进成德眉资同城化发展领导小组第九次会议审议通过，并以成德眉资四市发展改革、应急等八部门名义联合印发实施。《预案》明确了四市救灾物资调度应急指挥的组织体系和部门工作职责，明确了应急响应流程、善后处置和保障措施，进一步规范应急救灾期间跨城市援助各项活动的执行标准，建立了同城救灾物资调拨程序和机制。

（三）建立救灾物资保障信息平台

成都市发展改革委牵头，会同德眉资三市发展改革部门共建成德眉资救灾物资储备保障综合管理信息平台。一是全面收集四市储备物资品类、仓库设施配置、地理位置等基础数据，为平台建设提供基础支撑。二是推动开展四市救灾物资数据归集，实现四市救灾物资库存数据、出入库数据的实时共享。三是联合印发《成德眉资救灾物资储备保障综合管理信息平台管理制度（试行）》，进一步明确平台管理职责、数据录入流程、数据更新要求、数据安全管理等内容，保障平台安全稳定运行。

如何创新应急联动体系建设，筑牢安全防线？[①]

建立区域联防联动机制，构建资源保障、信息沟通、风险预警、应急响应、疏散安置、恢复重建等一体化应急协同联动体系。

——《成都都市圈发展规划》第八章第五节

一、探索

成德眉资四市构建实施“154”体系，聚焦“防范化解区域内重大风险”这个总体目标，坚持“统筹发展和安全”的工作理念，在风险监测预警、应急救援联动、自然灾害救助、应急管理设施、化解重大风险等五大方面深度合作，实施区域协同应对、重点风险防控、预警处置、应急保障能力提升等应急联动体系建设“四大行动”，力争通过3年左右，推动构建形成成德眉资四市应急联动新格局、新机制。

（一）区域协同“联动”

建立四市事故灾难和自然灾害信息共享、会商研判和应急处置工作机制，强化毗邻区域灾害事故协同响应、分析研判和增援调度；深化沱江、岷江流域防汛抗旱协作，不断提高跨区域水旱灾害处置能力。

（二）风险灾害“联防”

整合运用第一次全国自然灾害综合风险普查四市成果，探索推进毗邻区域综合风险区划、灾害防治区划工作，建立四市安全生产执法联动机制，探索开展防范应对极端暴雨洪涝巨灾情景构建，深化模拟推演成果共享，实现区域风险灾害一体防范。

（三）预警处置“联战”

依托成都市国家城市安全风险综合监测预警试点平台、四川省森林草原火情监测

① 本案例由应急联动专项合作组组长单位成都市应急管理局供稿，《创新同城化：成都都市圈探索实践》编委会组织编写。

即报系统等智能服务系统，加强风险监测、信息共享、会商研判和预警响应；统筹区域救援力量建设和救灾物资协同保障，推动四市航空应急救援协作和社会救援队伍联训，提升应急应战救援能力。

二、创新

聚焦“防”、突出“联”、着眼“快”，有效实施应急联动体系建设“四大行动”，强化合作事项落地落实，助推成德眉资四市应急协同发展取得新成效。

（一）实施区域协同应对能力提升行动

推动建立政府联系、部门联动、行业联合、应急力量联战的区域应急联动机制，充分发挥应急管理部门“统”的综合优势、相关部门“分”的专业优势，完善跨区域交通保障、通信保障、救援力量保障、资源保障机制，有效保障全要素、全过程协同联动，切实减少事故灾害损失。

（二）实施重点风险防控能力提升行动

整合成德眉资第一次全国自然灾害综合风险普查成果，共享致灾因子、承灾体、孕灾环境、历史灾害、减灾能力、重点隐患调查等方面数据，建立完善普查数据库，探索推进毗邻区域综合风险区划、主要灾害（单灾种）防治区划、综合自然灾害（多灾种）防治区划工作，为精准开展自然灾害防治工作提供科学决策依据，有效应对区域危险品流动、地震地质灾害、水旱灾害、森林火险等突发事件。

（三）实施预警处置能力提升行动

针对成德眉资建立的智慧应急平台相互分散、各自独立，在数据资源等方面无法实现定时交互，导致应急资源数据共享和归集汇总存在困难等问题，四市共享成都市国家城市安全风险综合监测预警试点平台人员密集场所场景，依托四川省森林草原火情监测即报系统、成都市森林草原防灭火监测预警指挥云平台等系统，实现应急数据资源共享，加强成德眉资区域内监测预警能力建设。

（四）实施应急保障能力提升行动

归集共享和定时交互，统筹区域救援力量，国家西南区域应急救援中心建成投用，加强区域应急保障共享互助，形成以成都为中心、以德眉资为分中心的应急协同网络。建立健全四市救灾物资协同机制，构建跨区域分层分级的关键物资网格化保障体系，进一步提升区域内救灾物资储备效能和协同效率。

三、成效

（一）区域应急联动机制逐步构成

成立成德眉资应急联动专项合作组，健全完善协作共建、调度会商、联席会议等“六大”常态运行机制，印发《成德眉资应急联动体系建设实施方案》，搭建以“行动方案”“工作清单”“协作机制”为支撑的三位一体应急联动工作架构，构建四市跨区域应急联动协同体系，在风险监测预警、重大风险防控、应急救援联动、自然灾害救助、应急基础设施建设等重点领域深化合作。签署《成德眉资震情监视跟踪区域协作联席会工作章程》；签订森林防灭火联防联控联动协议书，共同筑牢森林防火“安全墙”。

（二）跨区域跨流域应急应对能力显著提升

协同开展自然灾害综合风险评估与区划，推进自然灾害综合风险普查数据成果常态化更新。深化沱江、岷江流域防汛抗旱协作，依托跨区域协同会商信息共享平台，协同开展自然灾害会商研判，加强预警预报和应急响应联动，共享互通雨情、水情、灾情预报预警信息。强化跨区域应急联合演练工作，开展应急救援、防汛应急演练共 10 次，组织举办基层应急救援队伍技能比赛，全面提升应急救援队伍的应急处置能力。

（三）救灾物资同城保障合作不断深入

建立成德眉资救灾物资同城保障合作联席会商机制和联络制度，会同四市发改部门编制印发《成德眉资救灾物资同城保障应急预案》，出台《成德眉资救灾物资储备规划（2024—2030 年）》，逐步建立起“统筹制定储备规划、共享物资数据信息、创新应急联动机制”的救灾物资保障体系，有力提升区域内救灾物资协同保障能力。

> **嘉宾点评**
>
> **童剑军** 科大讯飞股份有限公司正高级工程师
>
> 自然灾害对于人民群众的威胁是巨大的，火灾水灾地震等造成房倒屋塌、人口、死亡、失踪，大范围公共卫生事件造成疾病流行等，会使大量群众流离失所、财产损失、生活失据，如何妥善地预防和应急应对各类自然灾害，是保障人民群众生命财产安全的重要工作。美国山火频发却总是扑救不力，除了自然地理因素的原因外，各级政府、各责任部门之间缺少协同、互推责任，也是重要原因之一。在我国，在政府部门的主导下，统一组织协调，资源互补，共同应对自然灾害，减少人民群众损失，完善公共服务，是我国社会主义制度优越性的重要体现。
>
> 成都市是我国西南地区国家级区域应急救援中心。成德眉资四市构建、实施“154”体系，在跨市级行政区域的大范围内，坚持“统筹发展和安全”的工作理念，促进“联动、联防、联战”，突出一个“联”字。统一协同四市的应急响应资源和能力，从灾害预警、物资调动、行动配合、人员培训、日常演练、灾后重建等多方面进行全局性统筹规划，并从组织上、技术上、制度上、人力上、物资上考虑细化落地，产生“1+1 ＞ 2”的明显效果，最大化地提高四市应急联动响应能力和应急保障水平。该规划既有宏观高度性，又有微观可行性，是覆盖较大区域范围的城市群在防灾应急联动方面的有益创新和尝试，完全可以打造为城市群应急保障能力建设的一个样板，值得推广。

捌

推进生态环境共保共治

成都、德阳、眉山、资阳四市推进生态环境共保共治，深层次回答了当前一个重大问题，这就是为什么生态环境治理体系要与都市圈空间相结合，以及二者怎样相结合。

本章的 5 个案例展现了成都都市圈共建河长制、共建森林公园、实现大气环境联防联治、联合保护“熊猫家园”等做法。薛涛、殷培红、傅俏燕等专家对成都都市圈生态环境共保共治进行了精彩点评，诚如他们所说：就其实质而言，成都都市圈生态环境治理的路径为其他跨行政区的生态环境治理探出了新路。

如何共建河长制E平台，赋能都市圈河湖管护？[①]

加强环境污染联防联控联治，推进流域协同治理，系统开展水污染综合治理，深化排污口设置管理改革，加快建设沿江污水、垃圾处理等基础设施，全面消除城市黑臭水体。完善岷江、沱江、人民渠流域联防联控机制，推动跨界河流联防联控。

——《成都都市圈发展规划》第九章第二节

河湖管理与保护是一项复杂的系统性工程，跨区域协同治理是流域治理的必然要求。为解决河长制同城化工作中交界河湖治理执法难、管理责任厘清难等问题，成都市河长制办公室联合德阳、眉山、资阳三市河长制办公室共同建设成德眉资河长制E平台，规范各级河长履职流程，推动成德眉资流域间“系统共融、信息共享、问题共解决”，在推进成德眉资河湖管理保护一体化上取得了初步成果。

一、探索

2021年1月，成德眉资四市河长制办公室召开专题会议，商议建设成德眉资河长制同城化信息系统，构建河长制智慧大脑，实现流域、区域间河长制业务工作联动和数据共享，推动河长制管理体系一体化。按照会议确定的信息系统建设工作思路和方向，反复优化系统功能。2021年7月13日，成德眉资河长制E平台正式上线运行。

（一）健全“一套制度”

融合成德眉资各市河长制工作特点，健全四市统一的河长制工作制度，针对流域左右岸、上下游边界问题，开展在线评价、在线协同，实现跨区域业务处理无缝流转、交互、处置、反馈，达到河长制全域一体化管理目标，推动跨区域水环境问题闭环解决。

---

① 本案例由水资源保障专项合作组组长单位成都市水务局供稿，《创新同城化：成都都市圈探索实践》编委会组织编写。

（二）构建“一张底图”

在成德眉资四市已有“天地图”基础上，采用人工与智能相结合的方式，采集全量河流、渠道、湖泊、水库和相关水利工程设施的信息，形成水系矢量数据并录入平台，构建成都都市圈高精度水系“一张图”。

（三）建立“一个平台”

集成成德眉资四市静态、动态、管理和成效数据，建立河长制工作统一大数据平台，提供防汛减灾、水资源开发利用以及水质预警等功能，可视化、多维度分析展示四市河长制工作情况（见图 1）。

（四）形成“一套标准”

形成成德眉资河长履职尽责统一标准，对照成德眉资河长制 E 平台四市河长巡河记录，逐市、逐河梳理各级河长履职情况，实时掌握河长在线巡河动态、频次和问题解决率，实现智能考核及通报，督促各级河长履职尽责。

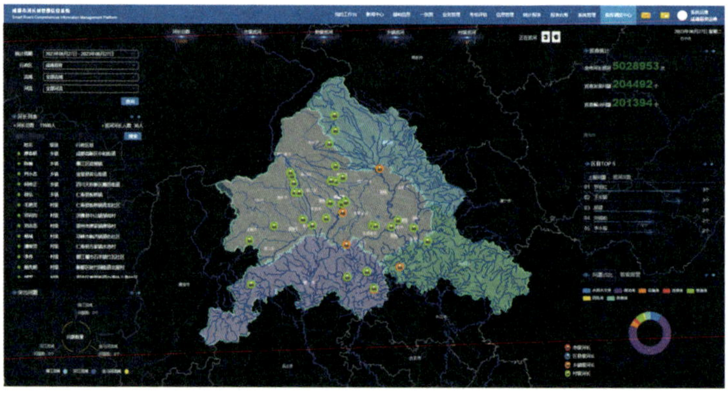

图 1　成德眉资河长制 E 平台指挥调度中心

二、创新

（一）强化数据共享

四市河长制办公室凝聚流域整体性治理管理共识，在“一张底图”的基础上，全面接入河湖数量位置、水质水位、河长信息等数据，为河长制 E 平台大数据分析、智能化识别，推动河湖问题解决，实现都市圈流域整体治理打牢了基础。

（二）强化联动协作

在省同城化办的统一协调下，成德眉资四市水务、生态环境、农业农村、公安等河长制成员单位，突破行业区域壁垒，全面深化联动协作，通过成德眉资河长制 E 平台流转、交办、整治水生态环境突出问题，线上线下协同，系统治理管理，为成都都市圈水生态环境质量整体提升做强了支撑。

（三）强化应用培训

在成德眉资四市河长制办公室的共同推动下，全面开展成德眉资河长制 E 平台的应用培训，引导各级河长和工作人员规范使用，实现了河长巡河履职在线自动化监测，为提高都市圈水环境问题处置的质量效率、满足人民群众美好水生态需求做实了保障。

嘉宾点评

薛涛 北京大学公共卫生学院研究员

成德眉资河长制 E 平台对于利用信息化手段，解决当下“九龙治水”的传统难题，给出了很好的探索，有相当大的创新价值，并具有一定的推广性。目前结合河长制和智慧城市多年的推进，在宁波、珠海等地也有一定的运用，但关注的重点各不相同。通过跨地域和跨部门的协调，在防洪排涝和水质保障上对沟通协调提供帮助，线上线下同步，是这个项目的突出特点。下一步可以整合更多的相关数据，在雨污控制与预防、厂网河一体化管理、排口智慧管理、溢流污染控制与天气预报的结合乃至运用 AI 更多提供预判和建议等方面，还可以继续作积极的探索。

三、成效

河长制 E 平台在原有成都市河长制系统基础上升级建设，缩短了平台建设周期，大大减少了投入资金。平台的建成投用实现了四市河长在线巡河、问题协办、指挥调度等功能，提升了“四地同城”河湖现代化治理管护能力，为全国都市圈首创（见图 2）。截至 2024 年底，平台注册河长共计 15267 名，汇聚四市河长制基础数据 8.6 万条、河长巡河业务数据 2.41 亿条，发现河湖水环境问题 156767 个，协调处置问题 155535 个。

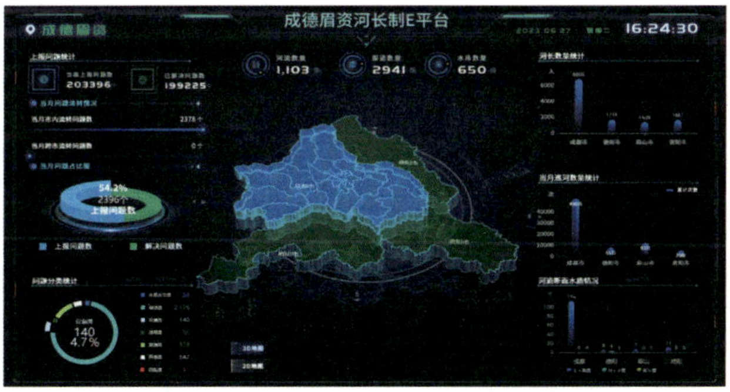

图 2　成德眉资河长制 E 平台数据大屏

成都市智慧水务项目荣获第二届中国新型智慧城市创新应用大赛智尊奖（特等奖），成德眉资河长制 E 平台作为成都市智慧水务的重要组成部分，在流域联防联治方面展示出了强大的工作效能和示范效应。

如何高标准共建龙泉山城市森林公园？①

共建龙泉山城市森林公园，联合实施“增绿增景”生态工程，加快建设世界级城市绿心。

——《成都都市圈发展规划》第九章第一节

为加快推动共建龙泉山城市森林公园，厚植城市永续发展的生态优势，成德眉资四市以“生态优先、绿色发展，统筹规划、分区实施，协同争取、共建共享”为原则，围绕规划编制、生态保育、基础设施、产业发展等方面开展合作，正逐步将龙泉山城市森林公园打造为成都都市圈的“中央绿心”和重大生态战略空间。

一、探索

（一）共享工作成果

成都主动向德阳、眉山分享《中共成都市委 成都市人民政府关于推进龙泉山城市森林公园建设的意见》《成都市龙泉山城市森林公园保护条例》《龙泉山城市森林公园总体规划》等研究成果，助推德阳、眉山相继出台《德阳市龙泉山城市森林公园总体规划（2021—2035 年）》《龙泉山城市森林公园（眉山区域）总体规划（2021—2035 年）》。率先规划建设总里程约 245 千米的成都龙泉山城市森林公园旅游环线，经中金快速路、黑大路分别与德阳、眉山连通，形成快进漫游旅游交通体系，为交通协同打好基础，增强旅游环线辐射力。

（二）共筑生态安全屏障

成德眉资四市坚持山水林田湖草系统治理，累计造林植绿 71 万亩（见图 1），其中成都片区 35 万亩、德阳片区 19 万亩、眉山片区 17 万亩。积极推动龙泉山城市森林公园整体进入全国重要生态系统保护和修复重大工程，成功落户投资 125 亿元

① 本案例由成都龙泉山城市森林公园管委会供稿，《创新同城化：成都都市圈探索实践》编委会组织编写。

的成都公园城市龙泉山国家储备林项目和德阳市龙泉山国家储备林及生态廊道建设项目。成都片区成功入选国家首批 20 个国土绿化试点示范项目，于 2022 年全面完成项目建设。

图 1　龙泉山城市森林公园造林植绿对比效果图

（三）共塑同城化文旅品牌

成都携手德眉资三市深度挖掘龙泉山三国文化、三苏文化、古驿文化、红色文化等资源，联合推出一批精品旅游线路，共同组织主题宣传教育、森林集市、红色旅游等数十场龙泉山特色文旅活动。积极引进天府绿道国际自行车赛、CHINA100 山地越野跑等高能级赛事落户龙泉山，大力培育“天府龙泉山”赛事活动品牌，引领打造龙泉山国际山地户外运动目的地。联合举办项目招商推介会，共同包装策划并推出一批优质重大生态文旅项目，招引社会各界参与保护建设龙泉山。

二、创新

（一）聚力高效推进，建立工作协调机制

成都龙泉山城市森林公园管委会会同德眉资三市龙泉山城市森林公园建设牵头部门，建立工作协商联动机制，定期召开工作对接会，开展学习考察、交流互动等活动。四市共同签订《共建龙泉山城市森林公园打造同城化绿色发展示范区合作备忘录》，着力推动四市在城市森林公园生态保育、基础设施建设、产业发展等方面开展实质性合作。

> **嘉宾点评**
>
> **殷培红**　生态环境部环境与经济政策研究中心研究员
>
> 成德眉资四市共建龙泉山城市森林公园的案例，在区域合作、共保共治的深度和广度方面走在了全国前列，有关区域共保共治机制值得推广借鉴。实践案例从龙泉山山地丘陵生态系统整体性保护切入，以相似的地域文化特色为共保共治的文化基础，建立协商联动工作机制，注重发挥各合作主体的能动性，通过区域规划协同、技术支援等方式，一体化谋划和推动绿色发展、完善公共基础设施，共筑了共保共治的区域行动基础。从区域协同角度，积极探索践行“两山”理念，“实现发展与保护协同共生的新路径”，生态环境效益提升，区域可持续发展水平初现成效。
>
> 建议进一步总结提炼培育区域共保共治内生动力，合作区域如何做到优势互补、美美与共等方面的经验，加强区域生态价值提升的动态监测评估，拓宽生态价值实现路径；借鉴其他地区地方协同立法方面的经验，深入探索生态保护优先区绿色协同发展、生态环境共保共治等方面的法律保障机制。

（二）聚力共建共享，务实开展区域合作

成都龙泉山城市森林公园管委会会同成都市规划设计研究院与德阳市、眉山市交流成都龙泉山城市森林公园规划编制经验，促成眉山市林业局与成都市规划设计研究院开展实质性合作。共享“成都公园城市龙泉山生态保护修复暨国家储备林”项目建设经验，助力成都龙泉山城市森林公园管委会与德阳市林业局同时入选四川全省首批林草碳汇开发“碳汇＋国家储备林”试点单位。从资阳市乐至县国家农村产业融合发展示范园引进2000余株特色乡土花卉苗木种苗，在眉山市洪雅县购买40.9万株幼苗，保障龙泉山储备林项目苗木需求。

（三）聚力多维宣传，推动影响能级提升

率先搭建龙泉山城市森林公园官方公众号、抖音号、微信小程序等新媒体信息平台，累计发布推文500余篇，常态化分享龙泉山城市森林公园建设情况。灵活运用新闻媒体、综艺节目、微博话题、慢直播等大众宣传方式，覆盖受众超8000万人次，精准化吸引成德眉资市民游客游览龙泉山。开展龙泉山城市森林公园导视系统项目，设立界桩600个，树立告示牌90个，设计标识标牌267个，规范化展示龙泉山基

本信息、交通线路和历史文化。

三、成效

（一）生态本底持续厚植

总投资 125 亿元，实施 56.6 万亩龙泉山生态保护修复暨国家储备林项目建设。有序实施生态移民，推动“生态上山、人房下山”，腾挪生态建设空间 3.61 万亩。创新开展“包山头”义务植树履责活动，累计营造林 2.86 万亩。“包山头”义务植树活动被四川省政府评为第三届“四川慈善奖”最具影响力项目。

（二）生态价值加快转化

建成“城市之眼”丹景台景区（见图 2）、油橄榄主题园等一批特色景点。举办全国登高健身大会分会场、自然观察节、市民体验官等赛事活动 300 余场，年吸引市民游客超 4700 万人次到龙泉山城市森林公园游览体验。引进 10 余个绿色低碳产业项目，培养出龙泉驿水蜜桃、金堂油橄榄等林下产业特色地标产品，培育林下经济、森林旅游、森林康养、生态休闲等绿色产业，实现产业提档升级。第三届公园城市论坛和第六届国际城市可持续发展高层论坛发布《成都龙泉山城市森林公园生态系统生产总值（GEP）核算报告》。中国科学院成都生物研究所核算出龙泉山城市森林公园全域生态价值为 641 亿元（2020 年），碳储量 590 万吨。

图 2　龙泉山城市森林公园丹景台

如何协同老鹰水库水源管护，共保资阳城区饮水安全？①

加强水资源保护和生态建设，建立跨行政区水源地保护联防联控机制，加强“四库一点两线”重要饮用水水源及高速水道的保护与建设。

——《成都都市圈发展规划》第四章第四节

为加强老鹰水库饮用水水源保护，保障老鹰水库水质安全和公众健康，成都市和资阳市坚持保护优先、绿色发展，以改善水环境质量为核心，强化制度引领，坚持污染减排与水资源调控并重，生活面源污染防控和农村环境综合整治齐抓，探索建立生态补偿机制同保护区勘界定标同步推进，为保障人民群众饮水安全奠定了坚实基础。

一、探索

老鹰水库位于沱江一级支流九曲河上游，地处成都市和资阳市交界处，集雨区范围包括成都市简阳雷家镇和东部新区芦葭镇，以及资阳市临空经济区临江镇、雁江区祥符镇，涉及 4 个乡镇 16 个行政村，成都市约占 2/3，资阳市约占 1/3。老鹰水库是资阳市城区唯一的集中式饮用水水源地，年供水规模约 4000 万立方米，服务人口 40 余万人。

（一）履职尽责，同抓共管老鹰水库

成都市认真落实《四川省老鹰水库饮用水水源保护条例》，高度重视老鹰水库饮用水水源保护工作，与资阳市共同起草编制《老鹰水库饮用水水源保护专项规划》，明确了老鹰水库饮用水水源保护目标、任务和具体措施，将老鹰水库饮用水水源保护作为关系群众切身利益的环境工程、民生工程、民心工程来抓。

① 本案例由生态环境专项合作组组长单位成都市生态环境局供稿，《创新同城化：成都都市圈探索实践》编委会组织编写。

（二）截污纳管，有效削减污染总量

老鹰水库主要污染源为农村生活污水、畜禽养殖和农业种植。为削减污染物入库总量，成都市在老鹰水库集雨区雷家镇和原望水乡场镇内建成 2 座污水处理厂，配备保洁人员 166 名、垃圾清运车 7 辆，将周围主要居民聚居点生活污水和垃圾全部收集处置并引至保护区外排放。同时，成都市联合资阳市共同实施望水河泄水工程，将枯水期（11 月至次年 4 月）和汛前过渡期（5 月）水质较差的河水引至水库下游生态湿地处理排放，有效削减了老鹰水库入库污染源总量（见图 1）。

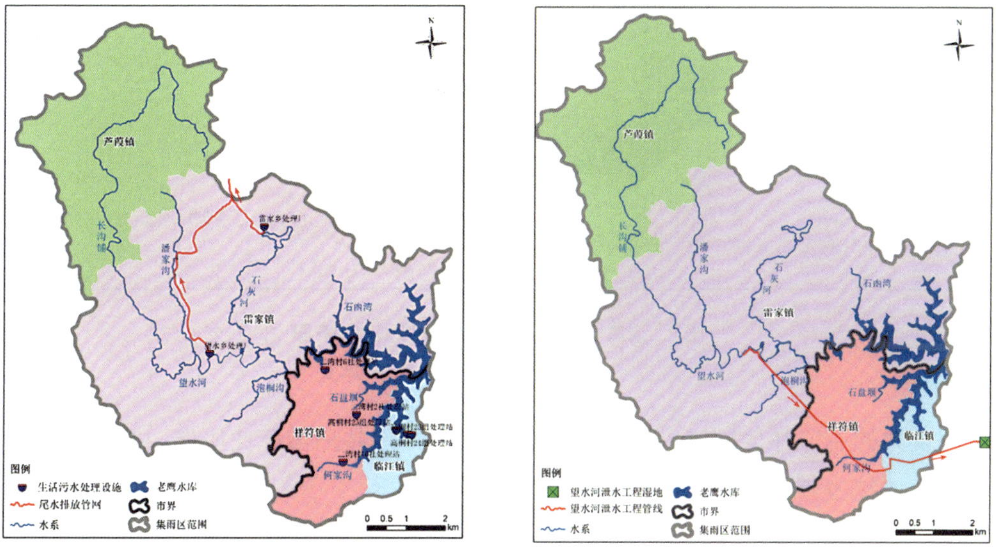

图 1　老鹰水库生活污水、垃圾处理设施及望水河泄水工程分布图

（三）科学严谨，依法开展勘界定标

2010 年，老鹰水库经《关于城镇集中式饮用水水源地保护区划定方案的通知》批复划定。成都市严格执行饮用水水源保护区制度，针对老鹰水库前期保护区边界矢量及拐点坐标精度低、边界不准确等情况，积极开展饮用水水源保护区勘界定标工作，绘制边界矢量数据，进一步明确了老鹰水库集中式饮用水水源保护区范围（见图 2）。

（四）积极探索，友好协商生态补偿

老鹰水库为资阳市城区饮用水水源地，但保护区涉及成都市简阳雷家镇和东部新区芦葭镇 2 个镇。为强化区域联防联控，共同做好老鹰水库饮用水水源保护工作，按照“保护者得偿、受益者补偿”原则，成都市与资阳市探索建立资金激励与硬化约

图 2　老鹰水库饮用水水源保护区划分示意图

束协同发力的生态补偿制度，力促上下游水资源共治共护与产业协作，共同推动老鹰水库水质持续改善。

（五）强化保障，实施张老引水工程

望水河实施泄水工程后，老鹰水库入库流量无法得到保障。为保障资阳市用水需求和输水供水安全，成都市和资阳市共同投资实施“张老引水”工程，建设密闭输水管道 49.74 千米，直接从张家岩水库引水至老鹰水库，最大限度减少污染物入库。同时，规划建设从三岔水库引水至老鹰水库的应急供水支管 12.8 千米，有效解决资阳市城区和临空经济区资源性和水质性缺水问题。

（六）科技赋能，做深做实水质分析

老鹰水库水质尚未稳定达标，针对老鹰水库库区及入库支流，成都市利用三维荧光、氮稳定同位素示踪技术等手段，开展水质变化成因、污染来源解析、底泥污染负荷贡献研究和富营养化规律分析等科技攻关，为改善和稳定老鹰水库水质提供了科技支撑。分析结果为：老鹰水库库区溶解性有机质存在少量外源输入，但大部分来自底泥释放；硝酸盐氮来源于土壤有机氮、化学氮肥和畜禽养殖（见图 3）。

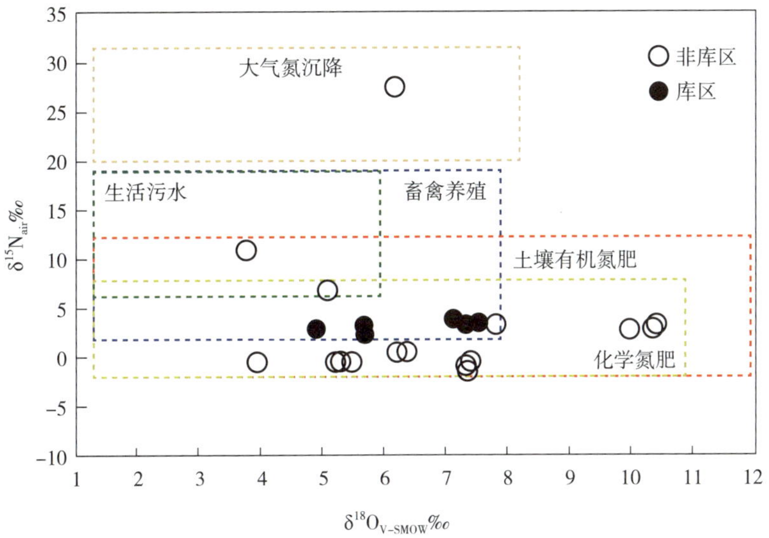

图 3 老鹰水库库区三维荧光及氮氧稳定同位素溯源结果

二、创新

（一）坚持污染减排与水资源调控并重

有效降低老鹰水库污染物浓度。实施“望水河泄水”工程和“张老引水”工程，工程建成后，都江堰的来水直接供给资阳市使用，每年可以增加 4026 万立方米供水量，资阳中心城区和临空经济区生产生活用水将得到有力保障，社会经济发展将得到充分的“水支援”。

（二）坚持法规先行，出台《四川省老鹰水库饮用水水源保护条例》

《四川省老鹰水库饮用水

嘉宾点评

傅俏燕 中国四维测绘技术有限公司研究员

本案例展现了成都市与资阳市在老鹰水库水源保护方面的同城化合作，具有显著的创新价值和推广性。首先，两市在水源保护方面的合作模式，体现了跨行政区划的协同治理，这对于其他地区在解决跨区域环境问题时具有借鉴意义。其次，通过建立生态补偿机制，实现了保护者与受益者之间的利益平衡，这种机制的创新对于推动区域间环境共治具有重要的示范作用。

在推广性方面，案例中提到的“张老引水”工程和望水河泄水工程，不仅解决了水源地的即时问题，还为长远的水资源管理和保护提供了可行的解决方案。这些工程的实施经验可以为其他地区在面对类似水资源保护问题时提供参考。

其他地区在水资源保护方面也有类似的做法，例如长三角地区的水环境综合治理，但老鹰水库案例中的跨区域合作和生态补偿机制更具特色，值得进一步推广。

未来，为了深化推进，建议进一步强化科技支撑，利用遥感卫星、无人机、大数据、人工智能等新技术手段，开展水源地的监测监管，排除水源保护区非法采砂、乱占、乱建等水资源风险隐患，提高水源保护的精准性和效率。同时，加强法律法规建设，确保水源保护工作有法可依，有章可循。此外，加大公众参与力度，提高公众环保意识，形成政府、企业和公众共同参与的水源保护格局。通过这些措施，可以进一步巩固和提升老鹰水库水源保护的成效，为成都都市圈乃至更广泛地区的生态环境共保共治提供更加坚实的支撑。

水源保护条例》旨在加强老鹰水库饮用水水源保护及保障饮用水水源安全和公众健康。为单一饮用水水源地制定印发保护条例，这在四川省尚属首次。

（三）坚持生活面源污染防控和农村环境综合整治齐抓共管

建设污水处理厂及垃圾收集转运设施，利用三维荧光和稳定同位素溯源技术，不仅可以定性分析水库污染物来源，还能定量解析不同类别污染物贡献量，从而精准制定防控方案。

三、成效

“张老引水”工程已经建设完工，引水管道全线贯通，老鹰水库水质得到有效改善。成都市和资阳市就老鹰水库饮用水水源保护生态补偿原则、范围、方式、标准及保障措施初步达成一致，协议正在加紧制定中。老鹰水库饮用水水源保护区勘界定标工作获得实质性进展，老鹰水库保护区矢量边界已经完成绘制。目前，老鹰水库水质已达到《地表水环境质量标准》Ⅲ类标准，饮用水水源保护取得明显成效。

成德眉资如何实现大气环境联防联治？[①]

联合实施成都都市圈大气污染联防联控工程，建立健全大气污染联合执法工作机制，推动大气污染跨界治理。

——《成都都市圈发展规划》

一、探索

（一）协同制定专项标准

成都市在制定《成都市大气污染防治条例》过程中，结合成德眉资同城化发展实际，率先设置区域协同专章，着力加强成德眉资区域协同，实现成德眉资区域大气污染防治工作基本同步和重点内容基本统一，保证大气污染防治工作有效进行。各兄弟城市同步吸收纳入本地大气污染防治条例内容，资阳市、德阳市已出台，眉山市进入立法程序。同时，在省级相关部门支持下，四市联合制定区域重污染天气应急工作方案、区域扬尘联防联控工作方案。

（二）共建空气质量预测预报中心

2022 年，四市生态环境部门共同签订《成德眉资环境质量预测预报及科研合作协议》，成立“成德眉资空气质量预测预报中心”，对未来天气形势和空气质量趋势进行分析研判，为都市圈提供区域和城市环境质量预测预报服务，为预警应急响应、污染管控、环境质量管理和重大活动保障提供技术支撑。开展都市圈内各城市间的技术交流、科研合作和人员培训。

（三）协同开展面源污染管控

协同开展工业高架源、燃放烟花爆竹、腊肉熏制等面源污染的联防联控，推动区域协同减排，共同改善成都都市圈及成都平原经济区大气环境质量。推动秸秆综合利

① 本案例由生态环境专项合作组组长单位成都市生态环境局供稿，《创新同城化：成都都市圈探索实践》编委会组织编写。

共建预测预报中心，推动都市圈空气质量持续改善

为提高成德眉资空气质量预测预报水平，成德眉资四市联合成立成德眉资空气质量预测预报中心，共同开展空气质量预报预警工作，共享空气质量预报等信息，为四市预警应急响应、大气污染管控和重大活动保障提供科学技术支撑，为城市间的技术交流、科研合作、人员培训等提供平台，助力区域大气污染联防联控工作，逐步实现空气质量持续改善（见图 1）。

一、科学谋划，打造监测平台

成德眉资空气质量预测预报中心充分依托成都市大气复合污染研究和防控院士（专家）工作站、国家大气联合攻关中心“一市一策”成都驻点跟踪研究，立足成都市数智大气系统，建立成德眉资环境质量预测预报科研分析平台。平台功能主要由空气质量预报、数值模拟预报、卫星遥感监测、污染特征分析、精准溯源、模拟评估六部分组成。其中，空气质量预报部分包含未来 7 天预测、月趋势预测等，数值模拟预报包含成都平原八市预报、沙尘预报、雪山指数预报等；卫星遥感监测、污染特征分析、精准溯源均根据监测数据进行分析展示；模拟评估包含预警启动后的减排量化报告等。

图 1 《成德眉资环境质量预测预报及科研合作协议》签约仪式

二、联合会商，实现智慧预报

中心联合都市圈各城市组织联合会商，共享预报产品，制作、报送、发布预报信息产品。按照预报业务类型，将中心预报业务分为例行预报、污染过程预报、中长期

预报、重要节假日及重大活动预报四大类。预报都市圈各城市未来7天空气质量等级、污染范围和首要污染物等。

三、交换共享，数据信息联通

为保障中心业务工作的正常开展，完善信息共享交换，逐步丰富区域空气质量预报产品和数据，提高各城市预报能力，开展都市圈数据和信息共享。共享的信息包含但不限于都市圈常规空气质量监测数据、精细化污染源清单、气象观测资料及辅助信息、超级站等综合观测信息、多模型空气质量数值预报集合产品、预报发布信息、信息安全技术等。

依托共享信息和相关预测预报结果，指导成都都市圈内各城市在辖区内及交界区域开展联防联控工作。2023年以来，成德眉资空气质量预测预报中心每日向区域内城市推送空气质量预报结果，支撑启动重污染天气预警8次。

资料来源：成都市生态环境局。

用和露天禁烧。重污染应急期间，主动与接壤城市在柴油货车尾气排放检测、工业企业废气排放、道路扬尘防控等方面开展联合检查、交叉检查，移交涉嫌环境违法的案件，力争形成区域联治高压态势。

（四）推进大气监测站点建设

成都市建成1633个空气站点，可以完成对成都市空气质量的全面实时监测，快速定点污染点位。通过1.5万家工业企业基础信息及电力数据、在线监控数据全面监管涉气固定源；通过6700个工地基础数据及视频、运渣车轨迹、商混车轨迹等全面监管扬尘源；通过6000个交通流量卡口数据及黑烟车抓拍、油气回收实时数据全面监管移动源；通过2000余个餐饮油烟在线数据监管成都市重点面源。德阳、眉山、资阳三地也在有序推进监测点位建设。

二、创新

（一）联动开展走航监测

为做好区域夏季大气污染防治联防联控工作，成都、德阳、眉山、资阳四市同步开展大气挥发性有机物（VOCs）走航监测，主要对重点工业园区、卫星遥感高值区、主要交通干道、餐饮聚集区、露天烧烤、汽修喷涂场所等开展全面排查，根据卫星遥感监测高值区和工业园区分布情况，确定重点走航区域。根据走航结果绘制走

嘉宾点评

丁海芳 中国气象局一级调研员

《成都都市圈发展规划》于2021年12月正式印发。通过超前谋划，四川省构建的成都都市圈，在推进生态环境共保共治上，提供了多层次、网络化、功能复合的“一心一屏三网三环多片”生态空间格局模式，为探索生态价值转化提供了有效路径。

在整合污染预报的技术资源的基础上，引入院士团队和国家中心的技术力量作为新质生产力，大幅提升了成都都市圈开展污染预报的能力与水平；在污染治理上，四市整体联动应对重污染天气，打破原有的行政边界束缚，有效地解决了上游排放、下游污染的现实问题，为污染防治跨区协同治理提供了具有可操作的方法；在观测数据的共享共用上，打破部门边界，将气象等相关部门的数据统一纳入预报模型，可以更为真实地反映污染扩散的路径。经过三年的有序推进，成德眉资四市的污染预报水平与国家级预报水平形成并跑态势，提前完成了《成都都市圈发展规划》中设定的目标。

党的二十届三中全会提出了推动形成超大特大城市智慧高效治理新体系，建立都市圈同城化发展体制机制的要求。成都都市圈作为西部地区第一个获批的国家级都市圈，要根据党的二十届三中全会精神，进一步完善细化原有规划中的指标体系，切实将党和国家的要求落到实处。

航区域污染地图，梳理辖区内挥发性有机物（VOCs）高值区及疑似污染源，并上报走航分析简报。通过开展走航监测，利用高精度卫星地图，准确锁定空气污染位置、强度和时间，向环境执法人员移交疑似高值区或污染源线索，为环境执法人员及时进行处置提供了可靠依据和数据支撑（见图2）。一旦发现异常情况，执法人员立即向区（市）县、乡镇、企业和有关单位发出预警，采取针对性措施，使污染物浓度下降，确保区域空气质量持续改善。

（二）建立健全生态环境联动执法机制

成德眉资四市生态环境执法部门主动服务和融入都市圈高质量发展，积极探索执法新路径。2021年以来，连续3年签订《成德雅眉资污染防控攻坚联动执法行动方案》，在跨区域办案、执法帮扶、非现场科技执法等方面深化合作，推动成都都市圈环境监管和执法标准的统一，营造公平正义的都市圈营商环境。

图2 成德眉资联动开展走航监测

（三）保障重要活动期间空气质量

2023年，成德眉资四市多次召集相关部门召开大运会期间大气污染防治工作会议，围绕各市大气污染防治重点工作，在 VOCs 综合治理、重污染天气应对、联合执法检查、废气治理设施升级改造等方面开展探讨交流，达成工作共识。在省级部门的统一领导下，根据成德眉资空气质量预测预报形势分析，共同商议夏季空气质量改善强化攻坚行动具体事项。2024 年全年召开联防联控会议 12 次，重污染天气联合会商 10 次，组织召开“成德眉资大气污染联防联控会议”2 次。

三、成效

近年来，成德眉资四市持续不断采取多方位、多层次、多维度大气污染防治措施，以最大力气坚决打好污染防治攻坚战，空气质量总体逐年好转。2024 年，都市圈空气质量优良率达到 81.9%。

如何共建共管、联合保护“熊猫家园”？①

推进大熊猫国家公园建设，开展大熊猫、川金丝猴等国家重点珍稀野生动植物及其栖息地研究。

——《成都都市圈发展规划》第九章第一节

为进一步落实规划要求，协同推进大熊猫国家公园成都、德阳、眉山片区高质量建设，成都、德阳、眉山三地通力协作，立足相关机制，聚焦栖息地协同修复、生物多样性协同保护、社区发展协同共建、设施短板协同补齐等关键领域，持续抓好生态环境保护同城化工作，着力以更高标准守护好“熊猫家园”，加快建设名副其实、出色出彩的大熊猫国家公园，持续筑牢长江上游生态屏障。

一、探索

（一）坚持“人退猫进”，绿水青山和自然生态环境持续恢复

成都、德阳、眉山片区以自然生态系统原真性、完整性保护为目标，持续推动大熊猫国家公园核心保护区“人退猫进”，结合地质灾害点避让等政策实施生态搬迁 87 户 281 人，累计退出矿业权 93 宗、小水电站 90 座，消失 30 多年的小飞水瀑布再现山谷，相关生态保护成效得到中央电视台等媒体专题报道（见图 1）。加快推进碎片化栖息地串联成片，采用低干扰修复模式，稳步推进都江堰长河坝等地震受损点位恢复自然生境，进一步打通大熊猫种群基因交流关键性走廊枢纽。

① 本案例由大熊猫国家公园成都管理分局供稿，《创新同城化：成都都市圈探索实践》编委会组织编写。

图 1　大熊猫国家公园生态保护工作被央视报道

（二）释放“伞护效应”，生物多样性保护持续强化

成德眉三市以保护大熊猫等旗舰物种为牵引，不断健全从保护单一物种到保护整个生态系统的大熊猫国家公园生物多样性保护模式。成立大熊猫小种群保护联盟，实施大熊猫小种群保护地网络建设、大熊猫小种群信息库建设等“七大战略行动”，着力提升野外大熊猫种群生存力。持续摸清片区内生物多样性本底，协同推进大熊猫国家公园雪豹专项调查、雉类专项调查、野生动植物资源时空分布特征调查等项目，为保存完整生物多样性和生态系统结构提供有力数据支撑。积极开展“候鸟护飞”“非法放牧专项整治”等联合行动，持续开展网格化巡护监测，加快推进智慧国家公园建设，野生动物种群逐渐复壮，生态系统完整性不断提升。

（三）探索“共建共管”，“两山”价值转化持续推进

聚焦人与自然和谐共生理念，协同开展成都、德阳、眉山大熊猫国家公园“两山”价值转化与社区共建共管研究，试点探索乡村生态社区与城市生活社区“双社区联动”，积极组织“川熊猫”竹笋、道源仙翁茶、山之味老鹰茶等原生态产品集中宣传推广，营造共建共享良好氛围。结合西岭雪山运动康养产业功能区、瓦屋山熊猫生态小镇、绵竹中国熊猫谷等文旅产业功能区，营造“熊猫 + 旅游”“熊猫 + 文创”生态旅游场景，“串珠成链”，构建大熊猫国家公园旅游环线（见图 2）。

二、创新

（一）探索大熊猫国家公园“同城融圈”共建制度

组织召开大熊猫国家公园成都、德阳、眉山管理分局“同城融圈”座谈会，邀请四川省林草局（省公园局）、省大熊猫院、大熊猫小种群保护联盟等单位参与指导，共同发布《大熊猫国家公园成都、德阳、眉山“同城融圈”倡议书》，协同研究分析国家公园同城化重大项目实施清单，从生物多样性保护、入口社区建设、保护科研、自然教育、文旅融合等多维度共谋工作任务，共推大熊猫国家公园高质量建设。

（二）探索成立大熊猫小种群保护联盟

以维护大熊猫基因库完整性为核心，联合成都、德阳、绵阳、阿坝州等大熊猫国家公园管理分局及相关管护总站，成立大熊猫九顶山小种群保护联盟，推动实施大熊猫小种群科学巡护监测联合战略行动、大熊猫小种群栖息地修复与廊道建设、大熊猫小种群保护地网络建设、大熊猫小种群信息库建设、大熊猫国家公园友好社区共建、大熊猫国家公园科普宣教体系建设、大熊猫国家公园志愿者服务体系建设等七大战略行动，通过对大熊猫小种群保护策略的研讨，探索区域间的联合保护路径，进一步依托大熊猫国家公园体制破解大熊猫保护难题（见图 2）。

图 2　大熊猫国家公园生态保护场景图

嘉宾点评

陈波平　C40城市气候领导联盟东亚区总监

成都、德阳、眉山的都市圈同城化发展，不仅着力于基础设施、社会经济的互联互通，也充分关注到生态系统保护的联通携手，以大熊猫保护为核心，推进整个都市圈的生态系统完整性建设，为都市圈绿色发展树立了典范。

在全球，造成生物多样性退化的三大威胁包括气候变暖、栖息地退化和盗猎。我国过去几十年的城镇化进程和社会经济发展伴随着对土地的大量开发利用，其带来的栖息地退化和破碎化成为生物多样性保护的重要威胁。本案例中，成都、德阳、眉山三地通力协作，推进碎片化栖息地串联成片，致力于进一步打通大熊猫种群基因交流关键性走廊枢纽，对于近交衰退水平较高的大熊猫来说，这些措施可以发挥重要的物种保护作用。

同时，成都、德阳、眉山的联合保护机制不仅关注单个物种，更扩展到对整个生态系统的保护，并融入了生态产品的联合开发，更重要的是，在此过程中建立了共同保护的协调合作机制。很多重要生态系统的保护往往需要超越行政的边界，成都、德阳、眉山的联合保护机制很有推广价值，是都市圈绿色高质量发展的重要组成部分。

（三）高效推进“智慧国家公园”建设

依托科技赋能大熊猫国家公园共建工作，以“智慧国家公园”建设为抓手，持续推进前端监测设备、电子围栏、可视化 3D 数字沙盘等要素建设，目前已建成大熊猫国家公园成都片区自然资源监测、德阳片区“天空地”一体化监测、大熊猫国家公园眉山片区智慧林草监测等系统平台，累计捕捉大熊猫、雪豹、毛冠鹿等野生动物活动影像 9.3 万余条（见图 3）。

图 3　大熊猫国家公园珍稀动植物影像

三、成效

大熊猫国家公园成都、德阳、眉山片区聚焦栖息地协同修复、生物多样性协同保护、社区发展协同共建等关键领域，已累计完成栖息地保护修复 40.78 万亩、新（改）建基层管护站 23 个，持续抓好生态环境保护同城化工作。同时，片区内“川熊猫”竹笋、道源仙翁茶、山之味老鹰茶等 12 种原生态产品获得大熊猫国家公园（四川）原生态产品特许经营授权，占四川全省获批产品数量 92%。